民國文化與文學 研究文叢

二 編

李 怡 主編

第 1 冊

清末民國小說史論（修訂版）

錢 振 綱 著

國家圖書館出版品預行編目資料

清末民國小說史論（修訂版）／錢振綱 著 — 初版 — 新北市：
花木蘭文化出版社，2013〔民102〕
序 6+ 目 2+182 面；19×26 公分
（民國文化與文學研究文叢 二編：第 1 冊）
ISBN：978-986-322-304-7（精裝）
1. 晚清小說　2. 中國小說　3. 文學評論
541.26208　　　　　　　　　　　　　　　102012316

特邀編委（以姓氏筆畫為序）：

ISBN-978-986-322-304-7

9 789863 223047

丁　帆　　　王德威　　　宋如珊
岩佐昌暲　　奚　密　　　張中良
張堂錡　　　張福貴　　　須文蔚
馮　鐵　　　劉秀美

民國文化與文學研究文叢
二 編 第 一 冊　　　　　　　ISBN：978-986-322-304-7

清末民國小說史論（修訂版）

作　　者　錢振綱
主　　編　李　怡
企　　劃　四川大學現代中國文化與文學研究中心
　　　　　民國文學與海外漢學研究中心（籌）
　　　　　北京師範大學民國歷史文化與文學研究中心
總 編 輯　杜潔祥
印　　刷　普羅文化出版廣告事業
出　　版　花木蘭文化出版社
發 行 人　高小娟
聯絡地址　235 新北市中和區中安街七二號十三樓
　　　　　電話：02-2923-1455 ／傳真：02-2923-1452
網　　址　http://www.huamulan.tw 信箱 sut81518@gmail.com
初　　版　2013 年 9 月
定　　價　二編 22 冊（精裝）新台幣 38,000 元　　　版權所有·請勿翻印

清末民國小說史論（修訂版）

錢振綱　著

作者簡介

　　錢振綱，男，漢族，1954 年 9 月出生於山東省萊州市。現任北京師範大學文學院教授，博士生導師。兼任中國茅盾研究會會長和《茅盾研究》主編。

　　作者自 1985 年以來，長期在北京師範大學文學院從事中國現代文學研究，研究重點為清末民國小說、魯迅、茅盾、張愛玲、中國民族主義文藝運動。承擔國家社科基金項目「民族主義文藝運動研究」。出版專著《走向新大陸——中國現代作家與中美文化交流》、《清末民國小說史論》。與他人合著《魯迅與胡適——雙懸日月照文壇》。主編《20 世紀中國文學名作導讀》、《茅盾評說八十年》等。參加編寫其他學者主編的學術著作 10 餘種。至今已在《文學評論》、《中國現代文學研究叢刊》、《文史哲》、《魯迅研究月刊》等刊物上發表學術論文數十篇。

提　　要

　　本書論述了自 1902 年晚清小說界革命至 1949 年中華人民共和國成立近半個世紀中國小說史上的一些重要和疑難問題。

　　緒論和前三章討論的是宏觀問題。緒論梳理了中國小說自古至今的三次大變遷，並將中國現代小說的基本特徵概括為中國性和現代性相結合。第一章「清末民初小說的變革與演變」，主要討論的是中國小說的斷代問題，並強調清末民初小說最大的特點是具有由舊到新的過渡性。第二章「『30 年』嚴肅小說的發展」，對自五四文學革命至 1949 年「30 年」嚴肅小說作出了簡明的分類和介紹，而對其中以往學界較為忽視的民族主義文藝派小說則作了較為詳細的評介。第三章「『30 年』商業小說的變遷」，對「30 年」商業小說的源流、命名、本質特徵等學界正在探討的前沿問題提出了自己的答案。

　　從第四章到第七章，作者選取民國時期影響大，闡釋難度也較大的四位文學家的小說進行專論。第四章「魯迅小說專題」，前三節對《狂人日記》、《藥》和《阿 Q 正傳》提出了與前人不同的闡釋，第四節則對較為難懂的《故事新編》作了逐篇解讀。第五章「茅盾小說專題」，在介紹茅盾小說研究已有成果的基礎上，從經濟學角度論析了《子夜》創作的得與失。第六章「張愛玲小說專題」，對張愛玲其人其文作了較為全面的考察，強調了她的主情主義的思想特點和俗中求雅的創作定位。第七章「錢鍾書小說」，在評述其短篇小說集《人・獸・鬼》的前提下，重點討論了《圍城》的主題意蘊和藝術特色。

就「民國機制」與民國文學答問
——《民國文化與文學研究文叢》第二輯引言

李　怡

文學的「民國機制」是什麼

　　周維東：我注意到，最近有一些學者提出了「民國文學史」研究的問題，例如張福貴先生、丁帆先生、湯溢澤先生等等。而在這些「文學史」重新書寫的呼聲中，您似乎更專注於一個新的概念的闡述和運用，這就是文學的「民國機制」，您能否說明一下，究竟什麼是文學的「民國機制」呢？

　　李怡：「民國機制」是近年來我在中國現代文學史研究中逐漸感受到並努力提煉出來的一個概念。形成這一概念大約是在 2009 年，為了參加北京大學召開的紀念五四新文化運動 90 周年研討會，我重新考察了「五四文化圈」的問題，我感到，五四文化圈之所以有力量，有創造性，根本原因就在於當時形成了一個砥礪切磋、在差異中相互包容又彼此促進的場域，而這樣的場域所以能夠形成，又與「民國」的出現關係甚大，中國現代文學之有後來的發展壯大，在很大程度上得力於當時能夠形成這個場域。在那時，我嘗試著用「民國機制」來概括這一場域所表現出來的影響文學發展的特點。〔註1〕我將五四時期視作文學的「民國機制」的初步形成期，因為，就是從這個時期開始，推動中國現代文化與文學健康穩定發展的基本因素已經出現並構成了較為穩定的「結構」。〔註2〕

〔註1〕李怡：《誰的五四：論五四文化圈》，見《中國現代文學研究叢刊》2009 年 3 期。

〔註2〕李怡：《「五四」與現代文學「民國機制」的形成》，《鄭州大學學報》2009 年

　　2010 年，在進一步的研究中，我對文學的「民國機制」做出了初步的總結。我提出：「民國機制」就是從清王朝覆滅開始在新的社會體制下逐步形成的推動社會文化與文學發展的諸種社會力量的綜合，這裏有社會政治的結構性因素，有民國經濟方式的保證與限制，也有民國社會的文化環境的圍合，甚至還包括與民國社會所形成的獨特的精神導向，它們共同作用，彼此配合，決定了中國現代文學的特徵，包括它的優長，也牽連著它的局限和問題。為什麼叫做「民國機制」呢？就是因為形成這些生長因素的力量醞釀於民國時期，後來又隨著 1949 年的政權更迭而告改變或者結束。新中國成立以後，眾所周知的事實是，政治制度、經濟形態及社會文化氛圍及人的精神風貌都發生了重大改變，「民國」作為一個被終結的歷史從大陸中國消失了，以「民國」為資源的機制自然也就不復存在了，新中國文學在新的「機制」中轉換發展，雖然我們不能斷言這些新「機制」完全與舊機制無關，或許其中依然包含著數十年新文化新文學發展無法割斷的因素，但是從總體上看，這些因素即便存在，也無法形成固有的「結構」，對於文化和文學的發展而言，往往就是這些不同的「結構」在發生著關鍵性的作用，所以我主張將所謂的「百年中國文學」、「二十世紀中國文學」分段處理，不要籠統觀察和描述，它們實在大不相同，二十世紀下半葉的中國文學應該在新的「機制」中加以認識。〔註3〕

　　周維東：「民國機制」與同時期出現的「民國文學史」、「民國史視角」有什麼差別？

　　李怡：「民國文學史」提出來自當代學人對諸多「現代文學」概念的不滿，據我的統計，最早提出以「民國文學史」取代「現代文學史」設想的是上海的陳福康先生，陳福康先生長期致力於現代文獻史料的發掘勘定工作，他所接觸和處理的歷史如此具體，實在與抽象的「現代」有距離，所以更願意認同「民國」這一稱謂，其實這裏有一個值得注意的現象：真正投入歷史的現場，你就很容易發現文學的歷史更多的是一些具體的「故事」，抽象的「現代」之辨並不都那麼激動人心，所以在近現代史學界，以「民國史」定位自己工作者先前就存在，遠比我們觀念性強的「文學史」界為早。繼陳福康先生之後，又先後有張福貴、魏朝勇、趙步陽、楊丹丹、湯溢澤、丁帆等人繼續闡

　　　　4 期。
〔註 3〕 李怡：《民國機制：中國現代文學的一種闡釋框架》，《廣東社會科學》2010
　　　　年 6 期。

述和運用了「民國文學史」的概念，尤其是張福貴和丁帆先生，更以「國務院學位委員」特有的學科視野爲我們論述和規劃了這一新概念的重要意義與現實可能，我覺得他們的論述十分重要，需要引起國內現代文學同行的高度重視和認眞討論。在一開始，我也樂意在「民國文學史」的框架中討論現代文學的問題，因爲這一框架顯然能夠把我們帶入更爲具體更爲寬闊的歷史場景，而不必陷入糾纏不清的概念圈套之中，例如借助「民國文學史」的框架，我們就能夠更好地解釋「大後方文學」的複雜格局，包括它與延安文學的互動關係。〔註4〕

不過，「民國文學史」主要還是一個歷史敘述的框架，而不是具體的認知視角和研究範式，或者說他更像是一個宏闊的學科命名，而不是「進入」問題的角度，我們也不僅僅爲了「寫史」，在書寫整體的歷史進程之外，我們大量的工作還在對一個一個具體文學現象的理解和闡釋，而這就需要有更具體的解讀歷史的角度和方法，我們不僅要告訴人們這一段歷史「叫做」什麼，而且要回答它「爲什麼」是這樣，其中都有哪些值得注意的東西，對後者的深入挖掘可以爲我們的文學研究打開新的空間，「機制」的問題提出就來源於此。

周維東：我也意識到這一問題。「民國文學史」提出的學理依據和理論價值，在於它一時間化解了「中國現代文學史」框架中許多難以解決的難題，譬如中國現代文學的「起點」問題，中國現代文學的「包容度」問題，中國現代文學史寫作的價值立場問題等等。但「化解」並不等同於「解決」，當我們以「民國」的歷史來界分中國現代文學時，我們依舊需要追問「現代」的起源問題；當我們不在爲中國現代文學的包容度而爭議時，如何將民國文學錯綜複雜的文學現象統攝在同一個學術平臺上，又成了新的問題；我們可以不爲「現代」的本質而煩擾，但一代代中國現代知識份子的文化追求還是會引發我們思考：他們爲什麼要這樣而不是那樣？

李怡：還有一個概念也很有意思，這就是秦弓先生提出的「民國史視角」，〔註5〕「視角」的思路與我們對其中「機制」的關注和考察有彼此溝通之處，

〔註4〕 李怡：《「民國文學史」框架與「大後方文學」》，《重慶師範大學學報》2009年1期。

〔註5〕 秦弓先後發表《從民國史的角度看魯迅》（《廣東社會科學》2006年4期）、《現代文學的歷史還原與民國史視角》（《湖南社會科學》2010年1期）。

我們都傾向於通過對特定歷史文化的具體分析爲文學現象的解釋找到根據。在我們的研究中，有時也使用「視角」一詞，只是，我更願意用「機制」，因爲，它指涉的歷史意義可能更豐富，研究文學現象不僅需要「觀察點」，需要「角度」，更需要有對文化和文學的內在「結構性」因素的總結，最終，讓二十世紀中國文學上下半葉各自區分的也不是「角度」而是一系列實在內涵。

周維東：「民國機制」的研究許多都涉及社會文化的制度問題，這與前些年出現的「中國現當代文學制度研究」有什麼差別呢？

李怡：最近一些年出現的「中國現當代文學制度研究」爲中國文學的發生發展尋找到了豐富的來自社會體制的解釋，這對過去機械唯物主義的「社會反映論」研究具有根本的差異，我們今天對「民國機制」的思考，當然也包含著對這些成果的肯定，不過，我認爲，在兩個大的方面上，我們的「機制」論與之有著不同。首先，這些「制度研究」的理論資源依然主要來自西方學術界，這固然不必指責，但顯然他們更願意將現代中國的各種「制度現象」納入到更普遍的「制度理論」中予以認識，「民國」歷史的特殊性和諸多細節還沒有成爲更主動的和主要的關注對象，「民國視角」也不夠清晰和明確，而這恰恰是我們所要格外強調的；其次，我們所謂的「機制」並不僅是外在的社會體制，它同時也包括現代知識份子對各種體制包圍下的生存選擇與精神狀態。例如民國時期知識份子所具有的某種推動文學創造的個性、氣質與精神追求，這些人的精神特徵與國家社會的特定環境相關，與社會氛圍相關，但也不是來自後者的簡單「決定」與「反映」，有時它恰恰表現出對當時國家政治、社會制度、生存習俗的突破與抗擊，只是突破與抗擊本身也是源於這個國家社會文化的另外一些因素。特別是較之於後來極左年代的「殘酷鬥爭、無情打擊」，較之於「知識份子靈魂改造」後的精神扭曲，或者較之於中國式市場經濟時代的信仰淪喪與虛無主義，作爲傳統文化式微、新興文明待建過程中的民國知識份子，的確是相對穩健地行走在這條歷史的過渡年代，其中的姿態值得我們認眞總結。

周維東：經過您的闡述，我可不可以這樣理解：「民國機制」包含了一種全新的文學理解方式，「民國」是靜態的歷史時空，而「機制」則是文化參與者與歷史時空動態互動中形成的秩序，兩者結合在一起，強調的是在文學活動中「人」與「歷史時空」的豐富的聯繫，這種聯繫可以形成一種類似「場域」的空間，它既是外在的又是內在的。通過對「文學機制」的發現，文學

研究可以獲得更大的彈性空間，從而減少了因爲理論機械性而造成的文學阻隔。單純使用「民國」或「制度」等概念，往往會將文學置於「被決定」的地位，它值得警惕的地方在於，我們既無法窮盡對「民國」或「制度」全部內容的描述，也無法確定在一定的歷史時空下就必然出現一定的文學現象。

李怡：可以這樣理解。

爲什麼是「民國機制」

周維東：應該說，目前中國現代文學研究已經相當成熟了，各種研究模式、方法、框架都取得了引人注目的成就，在這個時候，爲什麼還要提出這個新的闡述方式呢？

李怡：很簡單，就是因爲目前的種種既有研究框架存在一些明顯的問題，對進一步的研究形成了相當的阻力。我們最早是有「新文學」的概念，這源於晚清「新學」，「新文學」也是「新」之一種，顯然這一術語感性色彩過強，我們必須追問：「新」旗幟的如何永遠打下去而內涵不變？「現代」一詞從移入中國之日起就內涵駁雜，有歐洲文明的「現代觀」，也有前蘇聯的十月革命「現代觀」，後者影響了中國，而中國又獨出心裁地劃出一「當代」，與前蘇聯有所區別，到了新時期，所謂「與世界接軌」也就是與歐美學術看齊，但是我們的「現代」概念卻與人家接不了軌！到 1990 年代，「現代性」知識登陸中國，一陣恍然大悟之後，我們「奮起直追」，「現代性」概念漫天飛舞，但是新的問題也來了：如何證明中國文學的「現代」就是歐美的「現代」？如果證明不了，那麼這個概念就是有問題的，如果眞的證明了，那麼中國文學的獨立性與獨創性還有沒有？我們的現代文學研究眞的很尷尬！提出「民國機制」其實就是努力返回到我們自己的歷史語境之中，發現中國人在特定歷史中的自主選擇，這才是中國文學在現代最值得闡述的內容，也是中國文學之所以成爲中國文學的理由，或者說是中國自己的眞正的「現代」。

周維東：我在想一個問題，「民國機制」的提出在很大程度上來自對目前「現代」概念的質疑和反思，這是不是意味著，我們從此就確立了與「現代」無關的概念，或者說應該把「現代」之說驅除出去呢？

李怡：當然不是。「現代」概念既然可以從其知識的來源上加以追問，借助「知識考古」的手段釐清其中的歐美意義，但是，在另外一方面，「現代」

從日本移入中國語彙的那一天起，就已經自然構成了中國人想像、調遣和自我感性表達的有機組成部分，也就是說，中國人已經逐步習慣於在自己理解的「現代」概念中完成自己和發展自己，今天，我們依然需要對這方面的經驗加以梳理和追蹤，我們需要重新摸索中國自己的「現代經驗」與「現代思想」，而這一切並不是 1990 年代以後自西方輸入的「現代性知識體系」能夠解釋的，怎麼解釋呢？我覺得還是需要我們的民國框架，在我們「民國機制」的格局中加以分析。

周維東：也就是說，只有在「民國機制」中，我們才可以真正發現什麼是自己的「現代」。

李怡：就是這個意思，「現代」並不是已經被我們闡述清楚了，恰恰相反，我覺得很多東西才剛剛開始。

周維東：「民國」一詞是中性的，這是不是更方便納入那些豐富的文學現象呢？例如舊體詩詞、通俗小說等等。提出「民國機制」是否更有利於現代文學史的「擴軍」？也就是說將民國時期的一切文化文學現象統統包括進去？

李怡：從字面上看似乎有這樣的可能，實際上已經有學者提出了這個問題。但是，對於這個問題，我卻有些不同的看法，實際上，一部文學史絕對不會不斷「擴容」的，不然，數千年歷史的中國古典文學今天就無法閱讀了，不斷「減縮」是文學史寫作的常態，文學經典化的過程就在減縮中完成。這就為我們提出了一個問題：一種新的文學闡釋模式的出現從根本上講是為了「照亮」他人所遮蔽的部分而不是簡單的範圍擴大，「民國」概念的強調是為了突出這一特定歷史情景下被人遺忘或扭曲的文學現象，舊體詩詞、通俗小說等等直到今天也依然存在，不能說是民國文學的獨有現象，而且能夠進入文學史研究的一定是那些在歷史上產生了獨立作用和創造性貢獻的現象，舊體詩詞與通俗小說等等能不能成為這樣的現象大可質疑，與唐宋詩詞比較，我們現代的舊體詩詞成就幾何？與新文學對現代人生的揭示和追求比較，通俗小說的深度怎樣？這都是可以探討的。實際上，一直都由學者提出舊體詩詞與通俗小說進入「現代文學史」，與新文學並駕齊驅的問題，呼籲了很多年，文學史著作也越出越多，但仍然沒有發現有這麼一種新舊雜糅、並駕齊驅的著作問世，為什麼呢？因為兩者實在很難放在同一個平臺上討論，基礎不一樣，判斷標準不一樣。我認為，提出文學的「民國機制」還是為了更好地解

釋那些富有獨創性的文學現象，而不是為了擴大我們的敘述範圍。

周維東：文學史研究從根本上講，就不可能是「中性」的。

李怡：當然，任何一種闡述本身就包含了判斷。

「民國機制」何為

周維東：在文學的「民國機制」論述中，有哪些內容可以加以考察？或者說，我們可以為現代中國文學研究開拓哪些新空間呢？

李怡：大體上可以區分為兩大類：一是對「民國」各種社會文化制度、生存方式之於文學的「結構性力量」的考察、分析，二是對現代作家之於種種社會格局的精神互動現象的挖掘。前者可以展開的論題相當豐富，例如民國經濟形態所造就的文學機制。從 1913 年張謇擔任農商務部總長起，在大多數情形下，鼓勵民營經濟的發展已經成了民國的基本國策，中國近現代的出版傳播業就是在這樣的格局中發展起來的，這賦予了文學發展較大的空間；至少在法制的表面形態上，民國政府表現出了一系列「法治」的努力，以「三民主義」和西方法治思想為基礎民國法律同樣也建構著保障民權的最後一道防線，雖然它本身充滿動搖和脆弱。這表層的「法治」形式無疑給了知識份子莫大的鼓勵，鼓勵他們以法律為武器，對抗獨裁、捍衛言論自由；多種形態的教育模式營造了較大的精神空間，對國民黨試圖推進的「黨化」教育形成抵制。後者則可以深入挖掘現代知識份子如何通過自己的努力、抗爭調整社會文化格局，使之有利於自己的精神創造。

周維東：這些研究表面上看屬於社會體制的考察，其實卻是「體制考察與人的精神剖析」相互結合，最終是為了闡發現代文學的創造機能而展開的研究。

李怡：對，尋找外在的社會文化體制與人的內部精神追求的歷史作用，就是我所謂的「機制」的研究。

周維東：這樣看來，民國機制的研究也就帶有鮮明的立場：為中國現代文學的創造力尋求解釋，深入展示我們文學曾經有過的歷史貢獻，當然，也為未來中國文學的發展挖掘出某些啟示。所以說，「民國機制」不是重新劃範圍的研究，不是「標籤」與「牌照」的更迭，更不是貌似客觀中性的研究，它無比明確地承擔著回答現代文學創造性奧秘的使命。

李怡：這樣的研究一開始就建立在「提問」的基礎上，是未來回答現代文學的諸多問題我們才引入了「民國機制」這樣的概念，因爲「提問」，我想我們的研究無論是在文學思潮運動還是在具體的作家作品現象方面都會有一系列新的思維、新的結論。例如一般認爲 1930 年代左翼作家的現實揭弊都來源於他們生活的困窘，其實認眞的民國生活史考察可以告訴我們，但凡在上海等地略有名氣的作家（包括左翼作家）都逐步走上了較爲穩定的生活，他們之所以堅持抗爭在很大程度上還是來自理想與信念。再如目前的文學史認爲茅盾的《子夜》揭示了民族資產階級在現代中國沒有前途，但問題是民國的制度設計並非如此，其實民營經濟是有自己的生存空間的，尤其 1927～1937 被稱作民國經濟的黃金時代，這怎麼理解？顯然，在這個時候，茅盾作爲左翼作家的批判性佔據了主導地位，而引導他如此寫作的也不是什麼「按照生活本來面目加以反映」的 19 世紀歐洲的「現實主義」原則，而是新進引入的馬克思主義的階級觀念。民國體制與作家實際追求的兩相對照，我們看到的恰恰是民國文學的獨特景象：這裏不是什麼遵循現實主義原則的問題，而是作家努力尋找精神資源，完成對社會的反抗和拒斥的問題，在這裏，文學創作本身的「思潮屬性」是次要的，構建更大的精神反抗的要求是第一位的。在這方面，是不是存在一種「民國氣質」呢？

周維東：根據您的闡述，我理解到「民國機制」所要研究的問題。過去我們研究文學史，也注重了歷史語境的問題，但從某個單一視角出發，就可能出現「臆斷」和「失度」的現象，這也就是俗話中的「只知其一不知其二」。「民國機制」研究民國「社會文化制度、生存方式之於文學的『結構性力量』」，實際還強調了歷史現場的全景考察。其次，「現代作家之於種種社會格局的精神互動現象」在過去常常被認爲作家的個體想像，您在這裏特別強調這種互動的集體性和有序性，並試圖將之作爲結構文學史的重要基礎。

李怡：是這樣的。過去我們都習慣用階級對抗在解釋民國時代的「左」、「中」、「右」，好像現代文學就是在不同階級的作家的屬性衝突中發展起來的，其實，就這些作家本身而言，分歧和衝突是一方面，而彼此的包容和配合也是不容忽視的一面，更重要的是，他們意見和趣味的分歧往往又在對抗國家專制統治方面統一了，在面對獨裁壓制的時候，都能夠同仇敵愾，共同捍衛自己的利益。當整個知識份子階層形成共同形成精神的對抗之時，即便是專制統治者也不得不有所忌憚，例如擔任國民黨中宣部部長的張道藩就在

1940 年代的「文學政策」論爭中無法施展壓制之術。民國文學創作的自由空間就是不同思想取向的知識份子共同造成的。

周維東：這樣看來，「民國機制」還有很多課題值得挖掘。譬如民國時期知識份子與大眾傳媒關係問題，過去我們基本從「稿費」和「經濟」的角度理解這一現象，不過如果我們注意到這一時期的「零稿費」現象、「虧本經營」現象，以及稿件類型與稿酬水平的關係問題等等，就可以從單純的經濟問題擴展到民國文人、民國傳媒的趣味和風尚問題，進而還能擴展到民國知識份子生存空間的細枝末節。這樣研究文學史，真可謂「別有洞天」呀！

作爲方法的「民國機制」

周維東：我覺得，提出文學的「民國機制」不僅可以爲我們的學術研究開闢空間，同時它也具有方法論的價值。

李怡：我以爲這種方法論的意義至少有三個方面：一是倡導我們的現代文學學術研究應該進一步回到民國歷史的現場，而不是抽象空洞的「現代」，即便是中國作家的「現代」理念，也有必要在我們自己的歷史語境中獲得具體的內容；二是史料考證與思想研究相互深入結合，近年來，對現代文學史料的重視漸成共識，不過，究竟如何認識「史料」卻已然存在不同的思路，有人認爲提倡史料價值，就是從根本上排除思想研究，努力做到「客觀」和「中性」，其實，沒有一種研究可以是「客觀」的，從來也不存在絕對的「中性」，最有意義的研究還是能夠回答問題，是具有強烈的問題意識的研究。如何將史料的考證和辨析與解答民國時期文學創造的奧秘相互結合，這在當前還亟待大家努力。第三，正如前面我們所強調的那樣，我們也努力將外部研究（體制考察）與內部研究（精神闡釋）結合起來，以「機制」的框架深入把握推動文學發展的「綜合性力量」，這對過去「內外分裂」的研究模式也是一種突破。

周維東：最近幾年，中國出現了「民國熱」，談論民國，想像民國，出版民國讀物，蔚爲大觀，有人擔心是否過於美化了那一段歷史？

李怡：這個問題也要分兩重意義來說，首先是爲什麼會出現這樣的「熱」？顯然是我們的歷史存在某種需要反省的東西，或者將那個時候的一切統統斥之爲「萬惡的舊社會」，從來沒有正視過歷史的應有經驗，或者是對我們今天——市場經濟下虛無主義盛行，知識份子喪失理想和信仰的某種比照，在這

樣兩種背景上開掘「民國資源」，我覺得都有明顯的積極意義，因爲它主要代表了我們的不滿足，求反思，重批判，至於是否「美化」那要具體分析，不過，在「民國」永遠不會「復辟」的前提下，某些美好的想像和誇張也無需過分擔憂，因爲，「民國」資源本身包含「多元」性，左翼批判精神也是民國精神之一，換句話說，眞正進入和理解「民國」，就會引發對民國的批判，何況今天分明還具有太多的從新體制出發抨擊民國的思想資源，學術思想的整體健康來自不同思想的相互抵消，而不是每一種思想傾向都四平八穩。

周維東：的確是這樣。所謂「美化」的背後其實是缺失和批判。學術史上又太多類似的「美化」，屈原、陶淵明、李白、杜甫等文化名人形成的光輝形象，不正是研究者「美化」的結果嗎？魯迅也曾經「美化」過魏晉。在研究者「美化」歷史人物和歷史時期時，我想他（她）不是諂媚也不是褒貶，而是在更大的文化空間上，揭示我們還缺少什麼，我們如何可以過的更好。

李怡：還有，也是更主要的一點，我們的「民國機制」研究與目前的「民國熱」在本質上沒有關係。我們要回答的是民國時期現代文學的創造秘密，這與是否「美化」民國統治者完全是兩回事，我們從來嚴重關切民國歷史的黑暗面，無意爲它塗脂抹粉，恰恰相反，我們是要在正視這些黑暗的基礎上解答一個問題：現代知識份子如何通過自己的抗爭和奮鬥突破了思想的牢籠，贏得了民國時期的文學輝煌，我們把其中的創生力量歸結爲「民國機制」，但是顯而易見，民國機制並不屬於那些專制獨裁者，而是根植於近代以來成長起來的現代知識份子群體，根植於這一群體對共和國文化環境與國家體制的種種開創和建設，根植於孫中山等民主革命先賢的現代理想。

周維東：「民國機制」不是民國統治者的慈善，不是政治家的恩賜，而是以知識份子爲主體的社會力量主動爭取和奮鬥的結果，在這裏，需要自我反省的是知識份子自己。

李怡：「民國機制」的提出歸根結底是現代文學學術長期發展的結果，絕非當前的「風潮」鼓動（中國是一個充滿「風潮」的社會，實在值得警惕），近三十年來，中國現代文學研究一直在尋找一種更恰當的自我表達方式，從1980年代「二十世紀中國文學」在「走向世界」中抵消政治意識形態的干預到1990年代「現代性」旗幟的先廢後存，尷尷尬尬，我們的文學研究框架始終依靠外來文化賜予，那麼，我們研究的主體性何在？思想的主體性何在？我曾經倡導過文學研究的「生命體驗」，又集中梳理過中國現代文學批評的術

語演變，這一切的努力都不斷將我們牽引回中國歷史的本身，我們越來越眞切地感受到更完整地返回我們的歷史情境才有可能對文學的發展作進一步的追問。對於現代的中國文學而言，這一歷史情境就是「民國」，一個無所謂「美化」也無所謂「醜化」的實實在在的民國，回到民國，才是回到了現代中國作家的棲息之地，也才回到了中國文學自身。

周維東：最後一個問題，我們研究民國時期的文學，是否也應該考慮當時歷史狀況的複雜性，比如是不是民國時代的所有文學都從屬於「民國機制」？比如解放區文學、淪陷區文學？除了「民國機制」，當時還存在另外的文學機制沒有？

李怡：這樣的提問就將我們的問題引向深入了！我一向反對以本質主義的思維來概括歷史，社會文化的內在結構不會是一個而是多個，當然，在一定的歷史時期，肯定有主導性的也有非主導性的，有全局性的也有非全局性的。在「民國」的大框架中，也在特定條件下發展起了一些新的「機制」，但是民國沒有瓦解，這些「機制」的作用也還是局部的。延安文學機制是在蘇區文學機制的基礎上發展起來的，軍事性、鬥爭性和一元性是其主要特徵，但這一機制全面發揮作用是在「民國」瓦解之後，在民國當時，延安文學能夠在大的國家文化體系中存在，也與民國政治的特殊架構有關，在這個意義上，也可以說是民國機制在特殊的局部滋生了新的延安機制，並最終爲發展後的延安機制所取代。至於淪陷區則還應該仔細區分完全殖民地化的臺灣以及置身中國本土的東北淪陷區、華北淪陷區和上海孤島等，對於完全殖民地化的尚未光復的臺灣，可能基本置於「民國機制」之外，而對其他幾個地區，則可能是多種機制的摻雜，雖然摻雜的程度各不相同。但是，從總體上看，我並不主張抽象地籠統地地議論這些「機制」比例問題，我們提出「民國機制」最終還是爲了解決現代中國文學發生發展的若干具體問題，只有回到具體的文學現象當中，在分析解決具體的文學問題之時，「民國機制」才更能發揮「方法論」的作用，啓發我們如何在「體制與人」的交互聯繫中發掘創造的秘密。我們無需完成一部抽象的「民國機制發展史」，可能也完成不了，更迫切的任務是針對文學具體現象的新的符合中國歷史情境的闡述和分析。

周維東：對，我們的任務是進入具體的文學問題，將關注「民國機制」作爲內在的思想方法，引導對實際現象的感受和分析。

序

李　岫

　　振綱的新著《清末民國小說史論》即將問世，要我在書前寫幾句話。我因此得以先睹爲快。在脫離教學工作多年以後，藉此機會重溫了一遍中國現代小說史，感到書稿很有一些新意。

　　清末民國是指 1902 年晚清小說界革命至 1949 年新中國成立即 20 世紀上半葉 50 年的時間。這 50 年間，世界和中國都經歷了太多的事情。人類經歷了兩次世界大戰，中國人民則經歷了兩個不同的社會革命階段：舊民主主義革命和新民主主義革命。晚清以來，王韜、黃遵憲、嚴復、林紓、梁啓超、王國維、蘇曼殊等在「西學東漸」的過程中都盡了普羅米修斯的傳火任務。外交官陳季同則可視爲「中學西播」的第一人，他的長篇小說《黃衫客傳奇》是一部雖取材自《霍小玉傳》却是用法文寫成的具有現代意義的歐式小說。19 世紀末 20 世紀初，梁啓超發表了《政治小說〈佳人奇遇〉序》（後改名《譯印政治小說序》）及《論小說與群治之關係》。這兩篇文章無疑是我國小說從古代向現代過渡的綱領性文獻，對現代小說理論與創作的發展都起了積極的推動作用，也深刻影響了「五四」以後的小說創作。一是本土的傳統，一是异域的營養，這是文學發展的兩翼，有了彼此的碰撞和融彙，才有了新文學現代性的開端。因此，我們談現代小說，勢必談到晚清小說的繁榮和小說理論的確立。五四運動，無論從思想革命和文學革命的角度看，對中國社會都產生了無比深刻的影響。「五四」新文學的發展，一方面繼承了晚清小說的現實主義傳統，爲現代小說奠定了基礎；另一方面，新思潮和新學說的涌入使國人耳目一新。

　　近年來，對中國現代小說的研究，絢爛起來了。除了現代文學史、現代

通俗文學史中的論述，還有小說敘事、小說導論、小說流派等等，各有側重，展示了小說研究的多層次、多角度，可謂碩果累累。振綱的這本《清末民國小說史論》並非側重一個方面，而是對清末民國小說史做了一個全面而清晰的勾勒、梳理、編排和分類。這大概也是教學的需要，其中不乏新意。有對文學史斷代的意見，作者是贊成「二分法」的，主張以晚清文學改良作為新文學現代化改革的起點，而以五四文學革命作為中國現代小說史的正式開端；有對小說分類的意見，如對「世情小說」、「民生小說」、「浪漫哲思小說」的提法和闡釋；有對小說類型的界定，如對現代消遣小說與通俗小說不應混為一談的意見，他從消遣小說的本質特徵出發，與清末民初的時代背景相結合，從讀者群與作者群的需要與可能加以闡釋；有對魯迅、茅盾等作家作品的分析：凡此種種均可看到作者治學的軌迹和審慎的思考。

講史、編史、治史，任何一個史家對歷史現象和歷史事件都必須客觀、公正、實事求是。文學史家也不例外。不論歷史有多麼悠久，不論我們生活的時代離我們論述的事件相隔有多麼久遠，不論社會生活和社會價值觀發生了怎樣的變化，事實還是事實，可以從不同角度去觀察去分析，但不可抹煞，也不可臆造。對文學現象和作家作品，堅持歷史主義的文學觀，可以幫助我們最大限度地接近事物的真相和本質。《清末民國小說史論》一書正是這樣做的，作者是一位誠實的史家和嚴謹的學者。

在過去的現代文學史上，民族主義文學是作為左翼文藝運動的對立面、作為反革命文化「圍剿」的組成部分而加以批判的，其創作是反動文化的藝術標本。書稿的第二章則對「民族主義文藝派」分析得比較細緻，文字也較其它部分多些，這和作者的博士論文有關。他的博士研究就是有關這方面的。書稿把黃震遐、萬國安的作品獨立進行分析，而不是先和《民族主義文藝運動宣言》掛鈎（其實，一個派別的創作和這個派別的政治宣言、文藝宣言有關係，但也不完全有關係，同一流派裏的作家與作家不同，作品與作品不同，需要具體分析）。書稿指出黃震遐的長篇小說《大上海的毀滅》「思想傾向是比較複雜的」：作品首先「讚揚了十九路軍和便衣隊的抗戰」，同時也描寫了「上流社會男女青年的安樂和一些知識分子的空談」，但書稿又指出，我們絕不能據此就認為黃震遐是主張抗戰的，相反，小說另一方面則宣傳了中國必敗論、亡國論，是對蔣介石「攘外必先安內」的投降政策的圖解，「但他又怕受到輿論的譴責，所以小說用很大篇幅讚美抗戰英雄，有些想說的話也沒有

直接說出來」。摒弃把作品和政治宣言貼標掛鈎的分析模式，並注重三十年代的特定政治語境，既批判了小說的思想傾向，又指出小說文本的某些現場感和眞實感，這便是歷史主義文學觀的具體運用。同樣，對「浪漫哲思小說」、「右翼作家小說」和「中國現代消遣小說」的分析也是本著這一原則，可惜這幾部分沒有完全展開。

茅盾是我國現代進步文化的先驅、偉大的革命文學家、中國現代文學的開拓者和奠基人之一。在他馳騁文壇 60 多年的歲月裏，他以傑出的現實主義創作、精闢的文學理論和大量的文學翻譯在文學史上留下了不可磨滅的功績。他留給後人的文化財富是極其豐厚和深刻的。記得在紀念茅盾逝世 20 週年的國際學術研討會上，作協副主席陳建功先生說：「他在風雲激蕩的 20 世紀，以自覺的精神，投身於代表著先進文化前進方向的偉大事業，爲我們留下了一筆豐厚的思想遺產和藝術遺產，這筆遺產對於構建我們民族的精神支柱，對於豐富我們民族的情感世界，對於拓展我們民族的審美經驗，都是一筆巨大的、有待進一步開掘、闡釋、繼承、發展的財富。在市場經濟迅猛發展的今天，財富和關於財富的論壇正高視闊步地走在我們的生活之中，然而在一些人眼中，精神財富和關於精神財富的論壇，却被忽視甚至被嘲笑。」最後一句是針對上世紀八九十年代出現的貶低茅盾文學史地位的思潮而發的。其實，出現貶低茅盾的思潮並不是偶然的。當時魯迅的地位也同樣受到了質疑。在文學史上，茅盾的《蝕》三部曲塑造了時代女性的形象系列，《子夜》等後期作品塑造了民族資本家的形象系列，他爲中國現代文學畫廊增添的這些形象，是他對中國現代文學的重大貢獻。馮雪峰曾說，「這個貢獻，是別的作家所不曾提供的」。尤其是《子夜》，早已被老一輩文學史家劉綬松稱之爲「我國現代長篇小說最早的成熟的標誌」。書稿在第二部分選取四個作家加以論述，這四人的確很有代表性，其中「茅盾小說」占的份量比較大，論述也比較翔實。振綱恰恰是在出現貶低茅盾文學史地位的思潮之後加入中國茅盾研究會的。他參與了學會的實際會務，爲推進茅盾研究事業做了許多紮紮實實的工作。我相信，當人們回歸了理性和成熟，以歷史主義的文學觀看待文學現象時，一定能得出符合實際的評價和結論。我們的任務是提高自身的理論修養，開拓自己的視野，打破過去定於一尊的審視尺度，歷史主義地評價作家作品，才能傳承、弘揚並不斷超越前人的高度。

書稿作者是平等地展開對話、交流、商榷和切磋的。這是值得提倡的文

風和學風。在第四章「魯迅小說」部分，討論了《狂人日記》的表現方法。作者不同意「寄寓說」，也不同意「象徵說」。其實這兩種說法都是產生過影響的，作者提出「借人抒懷法」，借狂人之口抨擊野蠻的吃人現象，從而暴露家族制度和舊禮教的弊害。對《藥》的結構，有學者提出過「雙綫結構」的分析，並被納入人民教育出版社的中學語文教學參考書中，估計這種提法也曾成爲高考的範示。作者在書中提出了情節綫索和敘事綫索的關係，認爲《藥》是「一寫二」結構。書稿作者注重作家對自己作品的解析，與同行學者進行平等的對話和討論，都是推動學術研究的正確途徑。

這是一本從講義發展成論著的著作，還帶著很重的教學「原生態」，包括敘述方式都還保留了授課時的口吻。如果作爲一門選修課的講義，書稿的內容已經相當豐富，可以說是綽綽有餘，然而從課題本身而言，則還留有很大的擴充空間。我相信，也期待著，在不久的將來，振綱會奉獻給大家一本更豐富更完善的大書。

2012 年 12 月 5 日於北京

自　序

　　本書探討的是自 1902 年晚清小說界革命至 1949 年中華人民共和國成立
近半個世紀中國小說史上的一些問題。按著慣例，本書也可以題為「中國現
代小說史論」。但目前學界已經對「中國現代文學史」這一概念的傳統用法提
出質疑，而這質疑是有道理的。因此，為了明確起見，本書題為「清末民國
小說史論」。

　　筆者多年來一直為中國現當代文學專業的碩士研究生（旁聽的也有博士
生和高校進修教師）講授「中國現代小說研究」學位專業課。本書便是在這
門課的講義基礎上整理而成的。講義的特點也決定了本書的特點。

　　聽課的同學已經先期修過中國現當代文學史課程，有的甚至已經修過其
他教師或者本科所在學校教師開設的「中國現代小說研究」或者「中國現代
小說史論」選修課。他們已經掌握了中國現代小說史的一般知識。如果再按
部就班地泛泛講述從「五四」至建國這一時期嚴肅小說的一般知識，肯定得
不到學生的認可。基於這一考慮，我採取宏觀綜論和微觀專論相結合的方式
來設計講義。與之相應，本書也由兩大部分組成。

　　第一部分包括緒論和前三章。這一部分雖然也包含具體作家作品的評
述，但關注的重點是有關清末民國小說史的一些宏觀的，理論性較強的問題。
「緒論」首先對小說這一概念進行了較周嚴的界定，並對「小說」這一漢語
詞語的概念演變進行了「考古」。然後梳理了中國小說自古至今的三次大變
遷，並用中國性和現代性概括中國現代小說的基本特徵。第一章是「清末民
初小說的變革與演變」。這一章在評述一般現代文學史著作重視不夠的清末民
初小說的基礎上，主要討論的是中國小說（其實也是中國文學）的斷代問題，
並從這一角度強調這一時期小說的過渡性。第二章是「『30 年』嚴肅小說的發

展」。這一章的具體內容是學生比較熟悉的。因此本書作從簡處理。但由於這部分小說數量多，頭緒亂，對它們進行歸類並非易事。這一章的主要意義在於對這 30 年嚴肅小說作出了較爲簡明的分類。同時對以往學界較爲忽視的 30 年代民族主義文藝派的小說作了較爲詳細的評介。第三章是「『30 年』商業小說的變遷」。目前，中國現代商業小說（也就是通常學界所說的通俗小說）的研究已經取得一定成就，但除了具體作家作品和期刊仍需要深入研究外，許多關鍵性問題也尚待解決。例如，商業小說的本質特徵是什麼？應將它們稱爲通俗小說還是商業小說？如何確定中國現代商業小說的起點？在這一章中，筆者對這三個問題作出了自己的回答。

第二部分包括後四章。在這四章中，筆者結合自己的學術積纍，對一些較有難度的小說作品進行了專論和細讀。第四章是「魯迅小說專題」。魯迅小說研究雖然已經成果累累，是一個比較成熟的研究領域，但一些難點問題仍有待攻堅。這一章前三節分別對《狂人日記》、《藥》和《阿 Q 正傳》進行了專論，提出了與前人不同的觀點。第四節則對較爲難懂的《故事新編》作了逐篇解讀。第五章「茅盾小說專題」在介紹目前茅盾小說研究成果的基礎上，重點分析了《子夜》創作的得與失。《子夜》是一部大視野反映 1930 年中國社會現實的名著，從經濟學角度切入是其重要特點。多年來討論《子夜》的論文雖然不少，而且毀譽懸殊，但眞正能够從經濟學角度進行解析的學術成果却並不多見。筆者在這方面作了自己初步的嘗試。第六章是「張愛玲小說專題」。張愛玲小說近些年受到廣泛關注甚至熱捧。這一章以比較客觀的態度對其人其文作了較爲全面的考察，強調了她的主情主義的思想特點和俗中求雅的創作定位。第七章是「錢鍾書小說」。這一章首先對其短篇小說集《人・獸・鬼》作了評述，然後重點討論了《圍城》的主題意蘊和藝術特色，提出這是一部世情小說的看法。

爲了說清問題，本書有些章節會討論到一些學者的學術觀點，自然有時也會提出自己的不同意見。「予豈好辨哉？予不得已也。」相信會得到這些學者的理解。同時，本書難免有缺點錯誤，眞誠希望讀者朋友不吝指正。

2008 年 2 月 23 日於北師大
2012 年 12 月 2 日修改於北師大

目次

序（李岫）

自　序

緒　論 …………………………………………… 1

　　一、「小說」考古 ……………………………… 1

　　二、中國小說的三次大變遷 …………………… 5

　　三、中國現代小說的基本特徵 ………………… 8

第一章　清末民初小說的變革與演變 ………… 15

　第一節　晚清小說界革命 ……………………… 15

　第二節　政治小說與譴責小說 ………………… 23

　第三節　歷史小說、科學小說與狹邪小說 …… 24

　第四節　黑幕小說、鴛鴦蝴蝶派小說與社會言情
　　　　　小說 …………………………………… 27

第二章　「30年」嚴肅小說的發展 …………… 33

　第一節　20年代（1917～1927） ……………… 33

　第二節　30年代（1928～1937） ……………… 37

　第三節　40年代（1937～1949） ……………… 47

　第四節　臺港小說與海外華僑小說 …………… 53

第三章　「30年」商業小說的變遷 …………… 57

　第一節　關於「30年」商業小說 ……………… 57

第二節　世態人情小說 ……………………………………… 67

第三節　武俠小說 …………………………………………… 73

第四節　偵探小說 …………………………………………… 76

第五節　歷史演義 …………………………………………… 78

第四章　魯迅小說專題 ……………………………………… 81

第一節　《狂人日記》創作之謎解析 …………………… 81

第二節　《藥》不是「雙線結構」 ……………………… 92

第三節　《阿Q正傳》：無魂國民的傳神寫照 ……… 99

第四節　《故事新編》解讀 ……………………………… 109

第五章　茅盾小說專題 ……………………………………… 121

第一節　生平與創作概述 ………………………………… 121

第二節　八十年評說史 …………………………………… 125

第三節　《子夜》論析 …………………………………… 129

第六章　張愛玲小說專題 …………………………………… 143

第一節　生平與創作歷程 ………………………………… 143

第二節　評說史與成套著作出版概況 …………………… 147

第三節　小說綜論 ………………………………………… 152

第七章　錢鍾書小說專題 …………………………………… 169

第一節　生平與《人‧獸‧鬼》評介 ………………… 169

第二節　《圍城》論析 …………………………………… 172

主要參考文獻 ………………………………………………… 179

修訂說明

光陰荏苒，這本《清末民國小說史論》自 2008 年 5 月由河北人民出版社出版至今，已過了四年半時間。在這四年多的時間中，我仍然每年給研究生和本科生各講授一次這門課。在備課和與學生交流過程中，對一些問題又有了新的思考。隨著時間的推移，自然也需要補充一些新的材料。另外，在教材的使用過程中，還發現了其中的一些明顯紕漏。

蒙「民國文化與文學研究文叢」的主編李怡先生不棄，花木蘭文化出版社慨諾重印此書。欣喜之餘，自然不願放棄修訂的機會。於是從年初至今，在繁重的教學工作之餘，緊張地對全書作了全面的檢視和修改。現在總算了却了心願。修訂後的版本較原版的思路要順暢清晰了許多，大概可以用「差強人意」四個字來描述此刻自己對該書的印象。自然，不足和錯誤仍然在所難免，真誠地歡迎讀者朋友批評指正。

本人電子郵箱地址：qianzhengang1@163.com。

錢振綱

2012 年 12 月 2 日

緒　論

一、「小說」考古

（一）小說的文體定位

英國 20 世紀著名的小說家和文學批評家福斯特在其《小說面面觀》一書中曾引述並讚同法國文學批評家阿貝爾‧謝瓦萊的說法：一部小說是「用一定篇幅的散文寫成的一部虛構作品」。〔註 1〕中國現代文學理論研究家以群主編的《文學的基本原理》中則說：「小說是一種綜合地運用語言藝術的各種表現方法，來塑造人物形象、反映社會生活的文學體裁。」〔註 2〕兩種表述雖然並不衝突，但差別很大，且均有不够縝密之處。實際上，中外學者對於小說的界定歷來聚訟紛紜，莫衷一是。為使本書的討論能在自身明確的概念基礎上進行，筆者在這裏不揣冒昧，也提出一個小說定義：小說是一種散文語體的，允許虛構的，以描寫為主要表達手段的敘事性文學體裁。

用「敘事性」來限定小說，是為了將小說與抒情詩、抒情散文等抒情性文學體裁相區別。

用「以描寫為主要表達手段的」來限定小說，既是為了將以描寫為主要表達手段的小說與以敘述為表達手段的寓言、故事等文學體裁相區別，也是為了將小說與代言體（特點是敘事者隱身）的各類劇本（舞臺劇本、電影劇

〔註 1〕〔英〕福斯特著，朱乃長譯：《小說面面觀》，中國對外翻譯出版公司 2002 年 1 月第 1 版，第 9 頁。

〔註 2〕以群主編：《文學的基本原理》下冊，上海文藝出版社 1962 年 12 月第 2 版，第 395 頁。

本和電視劇本）相區別。當然，小說與各類劇本還有另一個區別：小說是獨立自足的文學體裁，各類劇本則是舞臺劇和影視劇等綜合性藝術形式的組成部份。

用「允許虛構的」來限定小說，是爲了將小說這種純粹的文學體裁與記敘散文、報告文學、傳記文學等雜文學體裁相區別。小說是純粹的文學體裁，因而是允許虛構的。記敘散文、報告文學、傳記文學等體裁則屬於文學體裁與回憶錄、通訊、傳記等紀實性文體相結合的雜文學體裁。雜文學體裁是排斥虛構或者在較大程度上排斥虛構的。在小說中，歷史小說是一個例外。因爲加了一個「歷史」的限定語，它就成爲了文學與史傳的某種結合體，因而其創作也要受到史實的某種程度的限制。

用「散文語體的」來限定小說，主要是爲了將散文語體的小說與韻文語體的敘事詩相區別。因爲僅用「允許虛構的，以描寫爲主要表達手段的敘事性」這一限定語是難以將小說與敘事詩區別開來的。現在人們一般認爲，小說和詩歌兩種文學體裁的主要功能不同：詩歌側重於抒情，而小說則側重於敘事。這一論斷僅就晚近的文學體裁現象而言尚可勉強說得通，而一旦面對較早的文學體裁現象時就會遇到驗證的困難。在各民族的文學史上，詩歌的形成都早於小說的形成。而在古代多數民族的詩歌中，敘事詩又占著主要地位。例如，古希臘有荷馬史詩《伊里亞特》和《奧德賽》，印度有史詩《摩訶婆羅多》和《羅摩衍那》，英國有《貝奧武甫》，德國有《尼伯龍根之歌》，西班牙有《熙德之歌》，法國有《羅蘭之歌》，俄羅斯有《伊戈爾遠征記》，中國藏族有《格薩爾王傳》，蒙古族有《江格爾》。所以，爲了與同樣允許虛構的以描寫爲主要表達手段的敘事詩相區別，小說的定義中有必要加上「散文語體的」這一限定語。另外，在討論這個問題時還有一個小說現象即駢文小說需要提及。在古代，特別是民國初年，中國曾出現過少量駢文語體的小說。但駢文不方便描寫，駢文小說不會成爲小說的典型形態。因此這裏不予概括。

在我所闡釋的這個小說定義中，我故意省略了謝瓦萊所下定義中「一定篇幅的」這一限定語。這是因爲在我看來，既然是敘事作品，篇幅自然會有一定長度，因而這一限定語可以省略。

在討論小說的文體定位時，我們還會遇到種種反文體現象帶來的困惑。小說史上曾有不少作品具有詩化或者散文化的傾向，如廢名的《菱蕩》和蕭紅的《呼蘭河傳》。有人因此曾懷疑小說文體定位的合理性。而實際上，任何

事物都有其典型形態和非典型形態。理論概括只能指向事物的典型形態。因此，反文體現象的存在不會妨礙人們對文體的定位。相反，反文體現象的出現恰恰可以說明文體基本特徵的存在。如果小說沒有基本的文體特徵，反文體還反什麼呢？反文體豈不也就失去了存在根據。

（二）漢語中「小說」一詞的概念演變

在英文中，小說概念通常用 fiction 來表示，有時也用 novel。（長篇小說稱為 novel，中篇小說稱為 novelette，短篇小說稱為 story，或者 short story）fiction 有「虛構」的意思，因此英國人用 fiction 來指稱小說這種以虛構為特徵的文學體裁。Novel 則有「新奇」的意思，所以他們也用 novel 來稱謂小說。而在漢語中，小說卻為什麼被稱為「小說」呢？是因為它的篇幅小，還是因為它是小道？是歷來就如此稱謂，還是後來才如此稱謂？為了弄清這一問題，我們不妨對古代漢語中「小說」一詞的概念演變也進行一次簡略的「考古」。

在古代漢語中，「小說」一詞所指涉的的概念是相當複雜的。

1、莊子的「小說」概念。據魯迅在《中國小說史略》（以下簡稱《史略》）第一篇中考察，「小說」一詞，最早見於《莊子·外物》：「飾小說以干縣令，其於大達亦遠矣。」這裏的「小說」是小道理、瑣屑之言的意思，與大達，大道理相對舉。「干」是求的意思，「縣」通「懸」，是高的意思，「令」是美的意思。這句話的意思是通過粉飾小道理以獲取高名美譽，而這小道理與大道理還差得遠呢！《莊子·外物》篇中的「小說」與後來種種的「小說」，其含義差別很大，但就其含有貶義來說，卻又有相同之處。

2、班固等人的「小說」概念。莊子之後，班固提出的「小說」概念也十分重要。班固在《漢書·藝文志·諸子略》中羅列了諸子十家：儒家、道家、陰陽家、法家、名家、墨家、縱橫家、雜家、農家、小說家。他說：「小說家者流，蓋出於稗官，街談巷語，道聽途說者之所造也。」據魯迅在《史略·第一篇》中考察，班固在《漢書·藝文志·諸子略》中所著錄的小說十五家，「大抵或託古人，或記古事，託人者似子而淺薄，記事者近史而悠謬也」。可見，班固所謂的「小說」是一些不足徵信的野史和不夠深刻的雜說。他的這一「小說」概念，對後來的史書作者和文獻學學者影響甚大。後來中國史書的「藝文志」或者「經籍志」多據此說著錄文獻。明代學者胡應麟在其《少室山房筆叢》中分小說為六類：志怪、傳奇、雜錄、叢談、辯訂、箴規。他

的「小說」中，除「傳奇」類中包含有現代意義的小說外，其他均屬野史和雜說，其「小說」範圍也與班固的仍非常接近。

3、《四庫全書總目提要》的「小說」概念。清代的《四庫全書總目提要》，其「小說」的外延明顯縮小。魯迅在《史略·第一篇》中談到該書時曾說：「傳奇不著錄；叢談辯訂箴規則多改隸於雜家，小說範圍，至是乃稍整潔矣。」實際上，《四庫全書總目提要》的「小說」，已經僅包括野史類的雜錄、異聞和瑣語，既不包括傳奇，也不包括似子而淺薄的雜說。

在古代，除上述三種之外，還有與通俗小說甚至通俗文藝密切相關的三種「小說」概念。

1、宋代說話人的「小說」概念。在宋代說話中，講史的長篇說話被說話人稱爲講史，短篇而又講當代事情的說話才被他們稱爲「小說」。這裏的「小說」，應當是短篇小說的意思。

2、明清部分學者的「小說」概念。到了明朝，長篇通俗小說也被一些人稱爲小說了。茅盾在其《小說研究 ABC》一書的第一章中曾說：「王圻《續文獻通考·經籍考》謂：羅貫中編撰小說數十種，《水滸傳》敘宋江事。其後錢曾以《三國演義》，《水滸傳》等稱爲『通俗小說』。明清學者稱《西遊記》，《儒林外史》，《紅樓夢》等凡非演述古史的作品均爲小說。於是『小說』乃指描寫世態述衍歷史等白話的作品而言。」〔註3〕明代天許齋刻本的《全像古今小說》扉頁題辭中，也稱《三國志》、《水滸傳》爲小說，與上述說法一致。

3、清代及民初部分學者的「小說」概念。到了清代的中後期，又有人又將小說範圍擴展到包括彈詞和戲曲等。茅盾在《小說研究 ABC》第一章中寫道：「梁章鉅《歸田瑣記》云：『小說九百，本自虞初；此子部之支流也；而吾鄉村裏輒將由故事編成七言可彈可唱者，通謂之小說。』據此則『彈詞』俗亦稱爲小說了。」據我所知，將可彈可唱者稱爲「小說」者並不限於梁章鉅的家鄉人。梁章鉅（1775～1849）是福建長樂人。而籍貫爲廣東新會的梁啓超在其《論小說與群治之關係》一文中論列小說「刺」的作用時，也曾舉「實甫之《琴心》《酬簡》，東塘之《眠香》《訪翠》」爲例。《琴心》和《酬簡》是元代王實甫創作的《西廂記》中的片斷，《眠香》和《訪翠》則是清代孔尚任創作的《桃花扇》中的片斷。可見，梁啓超心目中的「小說」也是包括戲曲的。另外，出版於民國初年的蔣瑞藻編輯的《小說考證》可能也是這一小

〔註3〕《茅盾全集》第 19 卷，人民文學出版社 1991 年第 1 版，第 6 頁。

說概念的一個印證。蔣氏在《小說考證》中雖然沒有明言「小說」包括戲曲，
但書名是「小說考證」，書中所考證的對象卻大半是戲曲作品。蔣瑞藻的《小
說考證》影響很大，有不少學者對其在《小說考證》中有大量考證戲曲的內
容感到不解。如果我們結合當時人們對小說概念的不同理解再作進一步探
討，這疑惑或者可以得到解釋。

　　根據以上的考察可知，在中國古代，「小說」一詞至少有六個概念。而且
不可否認，除了宋人指稱白話短篇小說的「小說」可能不含有貶義之外，其
他五種「小說」都含有視之為「小道」的貶義。

　　同時，今天我們所謂的小說，也並非從來就稱之為「小說」。唐代出現了
真正的小說。但當時的人們並不稱之為「小說」，而是稱之為傳奇，如當時裴
鉶有小說集即題為《傳奇》。另外又有「野史」、「異史」、「外史」、「稗官」、「說
部」等稱謂。直到「五四」時期，人們才比較固定地用「小說」一詞來表述
現代意義上的小說概念。雖然「小說」一詞的詞源中含有貶意，不如「說部」
一詞中性，但已經約定俗成，不可更改。

二、中國小說的三次大變遷

（一）唐人「始有意為小說」

　　中國小說發展到今天的形態，中間曾經歷過無數次變遷。其中較大的變
遷共有三次。在此我們也略作回顧。

　　魯迅認為，中國小說與其他民族一樣，起源於神話和傳說。為什麼說小
說起源於神話傳說呢？因為神話和傳說包含了人物、情節、環境等小說要素，
並具有趣味性、故事性、虛構性等小說特徵。但神話傳說並非真正的小說，
而是當時的人們對於自然與社會的不自覺的藝術加工，是一種原始混沌的意
識形態。它是小說的源頭，也是史傳的權輿和宗教的萌芽。

　　隨著社會的發展，後來人們開始用文字記載發生過的事情。史官所記為
正史，私人所記為野史。野史當中搜奇記逸的雜記，便是當時所謂「小說」
的一支，也是現代意義上的小說的前身。六朝志怪與六朝志人是先唐這類小
說的典型形態。六朝志怪的代表作是干寶的《搜神記》，六朝志人的代表作是
劉義慶的《世說新語》。現各錄一則以窺一斑。

　　　《搜神記·董永妻》：漢董永，千乘人。少偏孤，與父居。肆力
　　田畝，鹿車載自隨。父亡，無以葬，乃自賣為奴，以供喪事。主知

其賢，與錢一萬遣之。永行三年喪畢，欲還詣主，供其奴職。道逢一婦人曰：「願爲子妻。」遂與之俱。主謂永曰：「以錢丐君矣。」永曰：「蒙君之惠，父喪收藏，永雖小人。必欲服勤致力，以報厚德。」主曰：「婦人何能？」永曰：「能織。」主曰：「必爾者，但令君婦爲我織縑百匹。」於是永妻爲主家織，十日而畢。女出門，謂永曰：「我，天之織女也。緣君至孝，天帝令我助君償債耳。」語畢，凌空而去，不知所在。

《世說新語·傷逝》：王仲宣好驢鳴，既葬，文帝臨其喪，顧語同遊曰：「王好驢鳴，可各作一聲以送之。」赴客皆一作驢鳴。

六朝志怪多以神道設教，所記有虛構。但這虛構卻不是藝術虛構，因爲作者仍希望讀者視其所虛構的故事爲事實。六朝志人也仍以記逸聞爲己任。魯迅在《史略·第七篇》中曾舉例說：裴啓的《語林》，「時頗盛行，以記謝安語不實，爲安所詆，書遂廢」。一本書因爲記錄名人所說的話不實而遭到冷落，說明這書的文體還是雜記，而不是現代意義上的小說。如果是現代意義上的小說，虛構就不會使其喪失存在價值，而且作者還會在其作品的扉頁上故意寫道：「此故事純屬虛構，如有雷同，實爲巧合。」

包括神話傳說、六朝小說在內的先唐小說均非現代意義上的小說。魯迅稱之爲「古小說」。他曾編輯隋以前小說軼文集並稱之爲《古小說鉤沉》。古小說者，潛小說也，是具有一定小說特徵的神話傳說和雜記。

中國小說的第一次大變遷是由自發創作走向自覺創作。這一變遷發生於唐代。魯迅在《史略·第八篇》中說唐人「始有意爲小說」。也就是說，唐代是一個小說的自覺時代，小說至此始從雜史中分離而出，成爲一種獨立的文學體裁。

唐人有意爲小說有兩個標誌。第一個標誌是唐代小說寫得細膩生動，美妙動人。魯迅曾說：唐傳奇「雖尚不離於搜奇記逸，然敘述宛轉，文辭華艷，與六朝粗陳梗概者較，演進之迹甚明」。那麼，爲什麼寫得細膩生動，美妙動人，就是有意爲小說呢？我認爲這應當從史與文兩種文體的區別上去說明。史傳追求的是所述歷史的眞實性，而文學追求的是所創造的藝術形象的可欣賞性。史傳也可以寫得生動可感，但那不是這種文體的絕對要求；文學也可以追求眞實性，但它追求的是反映歷史本質的眞實性或者表現思想情感的眞實性，而不是與歷史事實相符的事實眞實性。史與文追求目標的不同必然導

致它們寫作方式的不同。這就是「史粗文細」。除非自己所目覩，在沒有攝像機的時代，人們對於歷史事件只能知道個大概，不加想像是不能細寫的。而史傳又不允許想像。所以史傳的文筆只能粗略。文學追求藝術形象的可欣賞性，這就需要作者寫得細膩生動。它不追求事實的眞，所以又是允許虛構的。而允許虛構又爲其細膩描寫提供了可能。需要和可能共同規定了文學文筆的細膩特徵。因此，唐傳奇寫得細膩生動，可以作爲唐人「始有意爲小說」的一個重要標誌。

　　第二個標誌是唐代小說家公然宣稱自己在進行藝術虛構，例證是牛僧孺的《元無有》和無名氏的《東陽夜怪錄》。這兩篇傳奇的貫串人物分別被命名爲元無有和成自虛，這是作者公然承認自己在進行藝術虛構。後來曹雪芹在《紅樓夢》中通過貫穿人物甄士隱、賈雨村的命名來暗示「眞事隱去，假語存焉」，與此有異曲同工之妙。藝術虛構是純粹的審美意識形態的基本特徵。對於藝術虛構的自覺，是文學創作進入自覺階段的一個明確標誌。唐人有了藝術虛構的自覺意識，足以說明他們已經開始自覺地進行小說創作。中國的藝術虛構並非自唐代才開始出現。西漢司馬相如《子虛上林賦》中就有虛構人物子虛、烏有和亡是公。但《子虛上林賦》不是用散文語體描敘事件的小說。在小說中自覺運用藝術虛構始於唐傳奇。

（二）話本小說的興起

　　中國小說的第二次大變遷是宋人話本小說的興起。話本小說的興起，不僅標誌著中國白話小說的的誕生，而且初步規範了此後中國古代白話小說的基本形式。

　　宋代在市井間興起了說話技藝。其中與小說有關的有兩種：一種是演義古代史實的長篇講史，一種是以當代生活爲題材的短篇「小說」。說話人有底本，稱爲話本。在這種話本的基礎上又發展出供案頭閱讀的話本小說。話本小說用白話寫成，同時由於受說話技藝的影響，體裁上也形成自己的特點。例如，長篇講史往往從開天闢地講起，中間分節，每節結束時加上「欲知後事如何，且聽下回分解」的套話，文中又常常以詩詞爲點綴；短篇「小說」則有「入話」等特別的格式。這類話本小說對後來中國小說的影響很大。明清時期的長篇章回體小說以及「三言二拍」等短篇話本小說，都是在此基礎上發展起來的。所以魯迅說：「這類作品，不但體裁不同，文章上也起了改革，用的是白話，所以實在是小說史上的一大變遷。」（《中國小說的歷史的變遷‧第四講》）

（三）由古代走向現代

中國小說的第三次大變遷發生於晚清小說界革命與五四文學革命之間。這一變遷是在西方文化影響下發生的。變遷的結果是使中國小說具備了較爲充分的現代特徵，從而使中國小說史由古代走向了現代。這一變遷的結果我將在下面講到中國現代小說的現代性時加以論述，此處從略。

三、中國現代小說的基本特徵

什麼是中國現代小說？是中國現代人寫的小說？還是寫中國現代生活的小說？還是用中國現代語言文字寫的小說？我認爲，中國現代人寫的小說是中國現代小說。所謂中國人，是指具有中國國籍的人。華僑是中國人。所以林語堂在 20 世紀 40 年代和 50 年代在美國用英語寫的小說屬於中國現代小說。外籍華裔不是中國人，所以美籍華裔作家馬克辛・金斯敦（湯婷婷）所寫的小說不屬於現代中國小說，而屬於美國現代小說。

那麼，中國現代小說具有怎樣的基本特徵呢？這並不是一個容易回答的問題。有人用「啓蒙性」、「反思性」、「鬥爭性」、「世界性」、「平民性」等等來概括中國現代小說或者中國現代文學的基本特徵。這種概括要麼失之於片面，要麼失之於瑣碎。我認爲，中國現代小說除了具有小說的一般屬性之外，它還具有中國性與現代性相統一的基本特徵。

（一）中國性

所謂中國性，指的是中國現代小說所具有的中國的特點。雖然自哥倫布於 15 世紀末發現美洲大陸以來，人類的聯繫越來越密切，世界各民族文化也在互相融合當中，但直到現在，各民族之間的文化區別還明顯存在，作爲利益集團的國家也還沒有消失。所以作爲意識形態之一的小說必然還會保有它的民族性和國別性。中國現代小說的民族性和國別性主要體現在以下四個方面。

第一，從題材上講，中國現代小說主要反映的是中國人的生活。一般的中國現代小說不必說，即使是其中反映外國人生活可能性最大的域外小說，大部分也仍然是寫中國人生活的。例如郁達夫的《沉淪》、老舍的《二馬》、曹桂林的《北京人在紐約》、周勵的《曼哈頓的中國女人》、李蔚的《闖蕩非洲》均是如此。例外當然也有，如林語堂的《遠景》是寫美國人生活的，張

愛玲的《沉香屑第二爐香》是寫英國人生活的。但像《遠景》和《沉香屑第二爐香》這類作品在數量上極少。

第二，從思想感情上講，中國現代小說表達的是中國人的思想感情，如魯迅的《阿Ｑ正傳》表現的是首先覺醒的中國知識分子對中國國民性的反思，茅盾的《子夜》表現的是30年代左翼知識分子對於中國當時社會性質和未來走向的思考，老舍的《四世同堂》表現的是中國現代愛國知識分子的民族感情和對於中國傳統文化應當如何揚棄的見解。這些作家雖然都吸收了來自外國的思想營養，但他們在作品中所表達的卻都是他們自己思考中國現實問題和感受中國現實生活而形成的思想感情。

第三，從語言上講，中國現代小說主要以中國語言文字為傳達媒介。中國現代小說家絕大多數使用中國語文寫作，同時使用外文和母語寫作的雙語作家不多。在這一點上中國與一些有過完全殖民地歷史的國家明顯不同。在中國，只有林語堂、張愛玲等少數幾個作家曾用英語創作過較多的小說作品。林語堂30年代旅居美國後，許多小說是用英文創作的，如《京華烟雲》、《風聲鶴唳》、《唐人街》、《紅牡丹》、《賴柏英》、《逃向自由城》、《奇島》、《遠景》等。張愛玲50年代出境後，也曾用英文寫作過《秧歌》、《赤地之戀》、《北地胭脂》、《雷峰塔》、《易經》等作品。但與浩如烟海的中國現代小說作品相比，這些作品也只是滄海一粟。

第四，從文化傳承的角度講，中國現代小說作者更多地接受了中國傳統文化的影響。中國現代的小說家，生於斯長於斯，必然更多地受中國文化的影響。魯迅的小說很少描寫背景，是受了中國年畫的影響；沈從文的《邊城》有傳統山水畫、田園詩的意境；張愛玲的小說不僅借鑒了《紅樓夢》的美學原則和語言，甚至也繼承了其主情主義的精神內核；孫犁的小說也受到《紅樓夢》、《聊齋志異》等小說的影響，寫了另一個大觀園；趙樹理的小說接受了中國傳統章回小說的影響；金庸的小說更有較深厚的中國傳統文化意蘊。

外國小說家可能受中國傳統文化的影響，也可能不受中國傳統文化的影響，但中國現代小說家則必然要受到中國傳統文化的影響。

中國現代小說在題材、思想感情、語言文字和文化繼承等幾個方面都具有中國特點，這是由中國現代小說家的現實生活處境所決定的，他們幾乎別無選擇。因而中國現代小說具有的中國性是相對穩定的。

（二）現代性

我們本來可以將「現代性」（modernity）作爲一個與「中國性」一樣的普通概念來直接使用，但由於近些年國際國內的學術界對這一概念進行過廣泛討論，眾說紛紜，因此有必要對相關情況作出說明。

現代中國人很早就在使用「現代」、「現代化」或者「現代特徵」這些詞語。除了一些歷史學家在爲中國歷史斷代時賦予「現代」以「新民主主義革命時期」的特殊含義之外，在一般語境下，人們大都將「現代」與「古代」對舉，「現代」指的是與古代不同的新時代。「現代性」（modernity）這一概念在中國流行較晚，上世紀 90 年代才由國外引入，並在中國學術界被廣泛使用。而在西方的學術界，對於「現代性」的討論又是由討論「後現代」問題所引發的。

西方學術界在上世紀 70 年代和 80 年代曾熱烈地討論過「後現代」和「後現代文化」問題。所謂「後現代」，在不少西方學者那裏，指的是二次世界大戰後西方進入的時代。如美國社會學家丹尼爾‧貝爾就認爲，後工業時代（信息時代）就是後現代。美國學者傑姆遜則認爲，晚期資本主義時代就是後現代。所謂「後現代文化」，也有種種不同的看法。有人將通俗藝術、大眾文化、新媒體文藝視爲後現代文化。有人將二次世界大戰後出現的一些具有悲觀主義和表現主義傾向，並特別重視形式變革的文藝流派稱爲後現代文藝思潮，並將其視爲後現代文化的組成部分。這些文藝流派如形成於法國的「存在主義文學」、「荒誕派戲劇」、「新小說」，形成於英國的「憤怒的青年」，形成於美國的「垮掉的一代」、「黑色幽默」，形成於拉美的「魔幻現實主義」等。也有人將一些帶有反理性傾向、解構主義傾向的哲學流派和文藝理論流派包括在後現代文化之內。如法國的德里達、福科等就被一些人視爲著名的後現代主義學者。還有人將平庸的生活態度和隨意的生活方式如波西米亞生活方式或者「酷兒」（Queer）生活方式視爲後現代文化。

由於「現代」和「現代性」是討論後現代和後現代文化的必要參照，所以西方學者在討論後現代和後現代文化時也就必然要討論所謂「現代性」問題。那麼什麼是「現代性」呢？西方學者常常將 17 世紀以來的崇尚理性的理性主義和強調現代倫理原則普世性的普遍主義視爲現代性，並以之與後現代文化的非理性主義和特殊主義對舉。

西方是否已經進入了與現代有質的區別的「後現代」？所謂後現代文化是否可以視之爲不能包括在現代文化範疇中的另一種異質文化？「現代性」是否應當被理性主義和普遍主義所界定？這些問題都還需要討論。至少我個人對「後現代」、「後現代文化」這類概念是持否定態度的。的確，西方國家在科技方面一直不斷有新的進展，自 20 世紀 30 年代羅斯福新政之後，西方國家的當政者也對其社會制度進行了不小的調整。但這種調整是在原有的社會政治倫理觀念指導下進行的調整，而不是由重大的科技進步而促使產生了新的政治倫理觀念和新的社會形態。至於非理性主義哲學和悲觀主義文學的出現，不過是對以往理性主義哲學和理想主義文學的一種糾偏和補充，這類文化現象的出現並不能改變現代文化的基本性質。因此，「後現代」和「後現代文化」這些概念是缺乏科學根據的，只能導致人們思想的混亂。而一些人用理性主義和普遍主義來界定「現代性」，顯然也是一種削足適履之舉。因此我這裏使用的「現代」一詞仍然是與「古代」對舉的，而不是與所謂「後現代」對舉的。我這裏使用的「現代性」一詞也是與「古代性」對舉的，而不是與所謂「後現代性」對舉的。

我認爲，現代性應當是人類文化的一種階段性特質，從發生學的角度說，它是由工商業發展所引發的一系列時代特質。因此「現代性」應當是一個包容性很強的概念。它可以指稱生產力方面的時代特徵，如工業化和新工業化都是具有現代性的生產力；它也可以指稱生產關係方面的時代特徵，如市場交換與宏觀調控相結合是一種具有現代性的經濟關係；它還可以指上層建築方面的時代特徵，如民主制度是具有現代性的政治制度，平等、自由、博愛是具有現代性的倫理原則，與平民主義精神和現代科技手段相適應的文化形態是具有現代性的文化形態，等等。

中國古代小說中就已經包含著現代性的因素或萌芽，只是在當時它未能得到充分發展，未在小說中占居主導地位。而自晚清小說界革命以來，在西方文化的影響下，現代性在中國小說中得到了長足的發展，五四文學革命以後，中國小說的現代性已經佔了主導地位。體現在以下幾個方面：

第一，與現代政治倫理思想相聯繫

小說總是會直接或者間接地體現著某種政治倫理思想。不同時代不同國家的小說所體現的政治倫理思想也會有所不同。與中國現代小說密切相關是民族主義、民主主義、社會主義、自由主義、人道主義等五大世界性近代政治倫理思想。

民族主義（nationalism）以民族自決和民族獨立為其主要內涵。在中國，民族主義作為三民主義的第一項，因孫中山的提倡而影響巨大。孫中山所倡導的民族主義其內涵是發生過變化的。他最初所提倡的民族主義主要針對腐敗無能的清政府而發，也明顯帶有排滿傾向。但隨著清朝政府的被推翻，他意識到原來提倡的民族主義已不合時宜。1924 年，《中國國民黨第一次全國代表大會宣言》中的民族主義，則已經表述為「中國民族自求解放」，「免除帝國主義之侵略」，「中國境內各民族一律平等」。這實際上已經與現代愛國主義內涵相同。中華人民共和國成立後，民族主義口號逐步為愛國主義口號所代替。而將來隨著世界各民族的進一步融合，民族主義和愛國主義必然要以主張世界大同的世界主義（cosmopolitism）為最終取向。但就已往的中國現代小說而言，主要體現的則是民族主義和現代愛國主義。

民主主義（democratism）在孫中山的三民主義中曾以「民權主義」的名稱出現，在「五四」時期，也有人將 democratism 翻譯為「平民主義」。民主主義是現代中國許多志士仁人所追求的政治理想，也是許多中國現代小說的思想內涵之一。

社會主義（socialism）作為一種政治理念，有許多不同的派別。其中最有影響的是馬列主義的社會主義和社會民主派的社會主義。這兩種社會主義在不同歷史時期對中國的影響也是不同的。俄國十月革命之前，對中國影響較大的是社會民主派的社會主義。孫中山在經濟思想方面就深受這種社會主義思想的影響。他所提倡的三民主義中的「民生主義」，就是一種社會民主派所提倡的社會主義。十月革命後，信仰馬列主義的中國共產黨按著自己所信仰的社會主義改變了中國的面貌。然而中國共產黨內部對於社會主義也有不同的理解。「文革」結束後，中國共產黨又提出了「中國特色的社會主義」的口號，對社會主義作出了新的闡釋。但無論哪個時期，追求公平，關注民生的社會主義政治理念始終對中國現代小說創作有著巨大的影響。

自由主義（liberalism）主張公民人身自由和思想信仰自由應當得到充分的尊重。西歐人在奴隸社會和中世紀，其人身和信仰方面的自由曾受到無情的剝奪，所以近代以來他們追求和捍衛人身自由和信仰自由的決心也十分堅定。在中國，人們對於自由的關注沒有西方人那樣強烈，但這一理念在中國現代婚戀小說中仍然得到了較為充分的體現。這是因為中國古代婚戀方面的自由是被嚴格限制的。

人道主義（humanism）也可以翻譯爲人文主義和人本主義。另有一英文詞 humanitarianism 既可翻譯爲博愛主義，也可翻譯爲人道主義。這裏所說的人道主義是與英文 Humanism 對應的人道主義。這種人道主義主張以人爲本，既追求個性主義（individualism），也提倡博愛主義，從自立和互助、愛己與愛人不同的側面護衛著人類整體的尊嚴。作爲一種現代倫理理念，人道主義在中國現代小說中也有廣泛的體現。

檢視一下中國現代小說，很少有作品不體現上述思想的一種或者多種。這與中國古代小說以儒、釋、道爲主導思想是完全不同的。這是中國現代小說現代性的突出標誌。

第二，以白話為權威的書面語

中國自宋代開始就產生了白話小說。與文言小說相比，古代的白話小說在數量上或許還佔有優勢。但當時白話不是權威的書面語，白話小說只是一種通俗讀物，許多文人仍喜歡使用文言創作小說。晚清在西方文化的影響下，黃遵憲、裘廷梁等先覺者開始主張言文一致，提出崇白話廢文言的主張。五四文學革命徹底打倒了文言書面語的權威地位，白話成爲正宗的書面語。此後白話小說也一統天下。以雙音節詞爲主的白話在表達的精確性上比文言有優勢，易於表達現代人日益複雜的思想感情，同時又與口語接近，易於爲平民所掌握，所以白話成爲小說創作的權威的書面語也是一種現代性的體現。

第三，小說成為重要的文學體裁

在中國古代，詩文是文人使用的文體，小說和戲曲則是下層人民可以接受的娛樂形式。小說，尤其是通俗小說是不能登大雅之堂的。因此，小說也從未得到過與詩文平等的文學體裁地位。晚清文學改良運動之後小說地位提高，已經成爲最重要的文學體裁之一。這是西方文學體裁思想影響的結果，同時也標誌著平民地位的提高，所以這也是一種小說現代性的體現。

第四，具有世界文學特徵

中國古代小說屬民族文學範疇。也就是說，當時小說的生產和消費是在民族範圍內進行的。當然這只是與世界化的現代小說的生產和消費比較而言，並非說中國古代小說作者絲毫不受周圍民族文化的影響。在古代，相鄰民族之間在文化方面也是有交流的，如中國文化受印度佛教的影響，日本文化受中國文化影響等等。但總的來說，古代民族間的文化交流是受到很大局

限的。中國古代文人嚮往「行萬里路，讀萬卷書」。但大多數人走的是中國路，讀的是中國書。鴉片戰爭後，中國與西方國家的聯繫逐步建立，民族的局限性和片面性不斷被打破，與物質生產一樣，精神生產部門也越來越世界化。晚清文學改良運動之後，中國開始大量翻譯西方文學。中國小說作者所吸收的思想資料已經具有世界性，我們很難找到一個中國現代小說家沒有直接或者間接地讀過外國書。西方古典主義、浪漫主義、現實主義、現代主義等文學思潮從思想到藝術都對中國現代小說產生了很大的影響。同時，中國小說也不再只是中國人的讀物，而是很容易通過翻譯成爲其他國家讀者的消費對象。從這兩個方面來看，中國小說與外國文學已經聯爲一體，成爲世界文學的一個組成部分。

美國歷史學家斯塔夫里阿諾斯所著的《全球通史》（漢譯本 1999 年由上海社會科學院出版社出版）分上下兩部，上部的副標題是「1500 年以前的世界」，下部的副標題是「1500 年以後的世界」。上部是古代史，下部是現代史。而現代史開始的標誌之一是哥倫布對美洲大陸的發現和麥哲倫的環球旅行。看來，作者是將世界性聯繫的建立作爲現代史開始的標誌的。世界性聯繫的建立也是工商業發展的結果，將其作爲現代性的一種標誌是有道理的。因此，中國小說與世界文化建立聯繫也是其現代性的一個標誌。

具有世界文學性質是從另一角度對中國現代小說現代性的概括。前面提到的三種現代性都與中國小說已經與西方文化發生了密切聯繫有關。

中國性與現代性是對於中國現代小說特徵的最高位概括，能够充分說明中國現代小說的基本特徵。或許有人會問：中國古代小說也具有中國性，其他國家的現代小說也具有現代性。中國性與現代性怎麼會是中國現代小說的基本特徵呢？我的回答是，將中國性與現代性分開討論只是一種分析方法，中國性與現代性的統一，才是中國現代小說的基本特徵。而這一基本特徵是中國現代小說所獨有的。

當然，就具體的小說作品而言，體現這一基本特徵的側重面和程度是有著較大的差異的。有些小說體現現代性多些，有些小說體現中國性多些。

第一章　清末民初小說的變革與演變

第一節　晚清小說界革命

　　中國現代小說史應當以何時為上限，至今沒有統一的答案。但對此卻很少有人進行討論。原因是它已經包含在中國文學史如何斷代的問題當中了。關於中國文學史如何斷代是個爭議頗多的問題。對於這個問題，大致有「四分法」和「兩分法」兩種斷代思路。

一、關於「四分法」斷代思路

　　「四分法」是上世紀 50 年代在中國大陸形成的一種關於中國文學史的斷代思路。這一思路就是將整個中國文學史斷為四個時代：1840 年鴉片戰爭爆發之前為中國古代文學史，1840 年至 1919 年五四運動為中國近代文學史，1919年五四運動至 1949 年中華人民共和國成立為中國現代文學史，1949 年以後為中國當代文學史。這一斷代思路是以毛澤東在 1940 年發表的《新民主主義論》中所闡述的對於中國歷史的劃分為理論依據的。毛澤東在這篇文章中認為，自周秦至 1840 年鴉片戰爭爆發，中國是封建社會；鴉片戰爭之後至五四運動，中國處於舊民主主義革命時期；而五四運動之後，中國進入了新民主主義革命時期；而將來中國還將進入社會主義革命時期。正是在這樣一種關於中國歷史分期的觀念的支配下，當 50 年代中國進入社會主義革命和建設時期時，中國大陸的學者們提出了上述可以稱為四分法的關於中國文學史的斷代思路。

「四分法」斷代思路在上世紀 80 年代之前的中國大陸曾佔有統治地位，至今仍然有著很大的影響。例如，現在大部分的中國古代文學史的編著者仍然將鴉片戰爭至五四文學革命的文學史以「近代文學」之名放在他們的文學史著作中，並將他們的這種文學史著作稱之爲「中國文學史」，而不是稱之爲「中國古代文學史」。袁行霈主編的《中國文學史》（高等教育出版社 2005 年 7 月第 2 版）就是如此。管林和鍾賢培主編的《中國近代文學發展史》（中國文聯出版公司 1991 年 6 月第 1 版）也標明了編者對近代文學史概念的認同。不少新文學史著作仍然將五四文學革命到 1949 年的文學史稱爲中國現代文學史，而將 1949 年之後的文學史稱爲中國當代文學史，則是「四分法」的斷代觀念的另一種體現。例如郭志剛、孫中田主編的《中國現代文學史》（修訂版）（高等教育出版社 1999 年 6 月第 2 版），洪子誠撰寫的《中國當代文學史》（北大出版社 1999 年 8 月第 1 版），浙江師大金漢主編的《中國當代文學發展史》（上海文藝出版社 2002 年 9 月第 1 版），都是如此。范伯群主編的《中國近現代通俗文學史》（江蘇教育出版社 2000 年 4 月第 1 版）和楊義撰寫的《中國現代小説史》（人民文學出版社 1986 年 9 月第 1 版），也是同樣的例證。

二、關於「兩分法」斷代思路

所謂「兩分法」斷代思路就是將中國文學史分爲古代文學史和現代文學史。這一文學史斷代思路在五四文學革命之後不久就開始逐步形成。1922 年胡適發表了《五十年來中國之文學》一文。這是一篇較早回顧中國文學變革過程的文章。此後，一些較爲正式的文學史著作也陸續出版。例如，1930 年中華書局出版了陳子展撰寫的《中國近代文學之變遷》，1933 年上海書局出版了錢基博撰寫的《現代中國文學史》，同年，北平杰成印書局出版了王哲甫撰寫的《中國新文學運動史》，1935 年，上海良友圖書印刷公司又出版了趙家璧主編的《中國新文學大系》。這些文章或者文學史著作或者準文學史著作都是將中國文學史劃分爲古代文學史和新文學史兩個段落。直到建國後的 50 年代，這一「兩分法」的斷代思路才在中國大陸被「四分法」的斷代思路所代替和遮蔽。然而當中國社會進入新時期之後，隨著中國社會制度的轉型，到 1985 年，學術界又開始討論中國文學史的斷代問題，「四分法」的斷代思路受到挑戰，而「兩分法」的斷代思路重新受到人們的重視。主張「兩分法」斷代思路的學者有一個共識，即中國文學的現代化變革並沒有與第一次鴉片戰

爭的爆發同時發生，而是此後發生的；而中國文學的現代化變革在五四文學
革命時期或者此前發生後，中國沒有再次發生足以給文學劃時代的變化。

　　但同是讚成「兩分法」斷代思路的學者，對於中國新文學史的上限卻有
著不同的看法。多數學者以五四文學革命爲中國新文學的正式開端。趙家璧
主編的《中國新文學大系》是 20 世紀 30 年代眾多著名文化人參與編輯的一
部文學史資料集。當時雖然還沒有展開關於中國現代文學起點的學術討論，
但這部資料集已經明確將五四文學革命作爲新文學的正式起點。參與這部資
料集編輯工作的魯迅，其《中國小說史略》又是以「清末之譴責小說」結篇
的。這說明包括魯迅在內的許多中國現代文學的開創者或者參與者是主張以
五四文學革命作爲中國現代文學史的正式開端的。錢理群、溫儒敏、吳福輝
等撰寫的《中國現代文學三十年》（修訂本）（北京大學出版社 1998 年 7 月第
1 版）、朱棟霖、丁帆、朱曉進等主編的《中國現代文學史 1917～1997》（高
等教育出版社 1999 年 8 月第 1 版），其上限都定在 1917 年。這一斷代觀點可
以被視爲「兩分法」斷代思路中的主流觀點。除此之外，至少還有五種關於
中國新文學史上限的觀點。它們的共同特點是將中國新文學史的上限推到五
四文學革命之前的某個歷史節點。其中之一是讚成以晚清文學改良運動爲新
文學的起點。陳子展的《近代中國文學之變遷》以及上世紀末和本世紀初出
版的一些以「20 世紀文學」冠名的文學史或者文學專史體現的是這一觀點。
陳平原的《中國現代小說的起點——清末民初小說研究》（北京大學出版社
2005 年 9 月第 1 版）一書也持此種觀點。之二是將中國新文學史的上限推到
民國元年。錢基博著《現代中國文學史》是這一觀點的最早代表，近年來又
有不少學者主張這一觀點。之三是將中國新文學史的上限確定在中國第一份
報紙《申報》刊行的 1872 年。于潤琦爲總主編的《插圖本：百年中國文學史
（1872～1986）》（四川人民出版社 2002 年 6 月第 1 版）體現了這一觀點。之
四是將問世於 1892 年的《海上花列傳》作爲中國現代通俗小說的開山之作，
同時也將其視爲中國新文學的開端。范伯群撰寫的《中國現代通俗文學史》（北
京大學出版社 2007 年 1 月第 1 版）持這一觀點。之五是將 1890 年陳季同法
文小說《黃衫客傳奇》的出版視爲中國新文學的開端。嚴家炎主編的《二十
世紀中國文學史》（高等教育出版社 2010 年 9 月第 1 版）持這一觀點。

　　「兩分法」斷代思路重新出現之後，得到了不少學者的讚同。除上面提
到的一些按「兩分法」斷代思路編著的著作外，一些以新中國成立之後爲論

述範圍的文學史著作也不再使用「當代文學史」這一名稱。如北師大劉錫慶主編的《新中國文學史略》（北京師範大學出版社 1996 年 8 月第 1 版），楊匡漢、孟繁華主編的《共和國文學 50 年》（中國社會科學出版社 1999 年 8 月第 1 版），就是如此。

兩分法的斷代觀點不僅在學術界產生了重要的影響，而且也體現在此後國家制定的學科目錄上。1997 年國務院學位委員會和原國家教委聯合頒布了新修訂的《授予博士碩士學位和培養研究生的學科專業目錄》。在這個目錄中的「中國語言文學」一級學科之下，就中國文學史而言，只有「中國古代文學」和「中國現當代文學」兩個二級學科，而沒有設立中國近代文學學科。雖然目錄中仍然將五四文學革命之後的文學稱之為「中國現當代文學」，但實際上已經採用了兩分法的文學史斷代思路，因為我們可以將這一學科名稱中的「當代文學」理解為隨著文學史的發展而所指不斷前移的當下文學。

我贊成「兩分法」的斷代思路，並認為新文學的上限應當確定為五四文學革命。現在談一談我的理由。

首先，晚清文學改良運動之前的中國文學屬於古代文學範疇

晚清文學改良運動之前中國沒有發生現代化的文學思潮。晚明有過一些民主主義思想的萌芽，如李贄提出了童心說，湯顯祖寫了主情主義的《牡丹亭》。但萌芽而已，這些萌芽並沒有改變中國文化的基本格局，也沒有改變中國文學的根本面貌。鴉片戰爭之後，一些先進的知識分子提出了「師夷之長技以制夷」的口號，中國人開始向西方學習。但在戊戌變法運動之前，中國人向西方學習主要是在科技層面上進行，文學層面的現代化變革尚處於濫觴階段。黃遵憲在 1868 年寫的一首《雜感》詩中提出「我手寫我口」的文學主張。在寫成於 1887 年而刊行於 1895 年的《日本國志》中，他又論述了言文一致的重要性。他在該書的「學術志」中寫道：「蓋語言與文字離，則通文者少；語言與文字合，則通文者多，其勢然也。」他的文學主張具有非常重要的現代意義。但在當時，這一主張還只是他個人的看法，而沒有形成文學變革的社會思潮。所以就連他自己所作的詩文，也並沒有真正踐行其「我手寫我口」的主張。1890 年，外交官陳季同的法文中篇小說《黃衫客傳奇》在法國出版，這篇改編自唐人傳奇《霍小玉傳》的小說具有反封建思想意義，但對當時的中國幾乎沒有產生影響。這篇小說直到 2010 年才由人民文學出版社出版中文譯本足以說明這一點。1892 年，

韓邦慶的《海上花列傳》在其自辦的小說期刊《海上奇書》上連載。近年來有學者稱這部小說爲現代「通俗小說」的開山之作。然而在我看來，除了其中一部分曾在期刊上連載之外，這部狹邪小說幾乎沒有什麼現代性要素，因而它根本無法承受「開山之作」的桂冠之重。實際上，這一時期統治文壇的是桐城派古文和同光體詩，通俗小說領域則爲俠義小說和狹邪小說所充斥。鴉片戰爭之後雖然中國已是半殖民地社會，雖然中國的現代化變革已在孕育當中，雖然中國文學的現代化變革的因素也在量的積纍過程中，但中國文學的現代化根本變革當時還沒有發生。因而這一時期仍然應當歸屬於古代文學史範疇。

其次，五四文學革命是中國現代文學的正式開端

晚清文學改良運動是在中國發生的第一次文學現代化的改革運動。此時，文學變革不再是個別人的主張和行爲，而是一場文學運動。改良派人物如梁啓超、黃遵憲、夏曾佑、譚嗣同、裘廷梁等人不僅提出了詩界革命、文界革命、小說界革命、戲曲改良的口號，還提出了興白話廢文言的主張，不僅創辦了許多文學刊物，創作了一系列具有一定新意的文學作品，還較大規模地展開了對於外國文學的翻譯活動。這次文學運動就其影響和規模而言都值得我們重視。但這次文學改良運動不僅在思想和形式兩方面都帶有不徹底性，而且這也是一次夭折了的文學改良運動。夭折的最明顯的標誌是文言的書面語地位沒有被動搖。眞正完成了中國文學變革的是五四文學革命。五四文學革命不僅在思想上對中國封建文化進行了徹底否定，而且在書面語方面也完成了由文言到白話的徹底變革。所以我認爲，黃遵憲等人的活動是中國文學現代化變革的醞釀，晚清文學改良運動是中國文學現代化變革的開始，而五四文學革命則是中國文學現代化變革的完成。如果要在其中尋找一個中國文學現代化變革從量變到質變的關節點，我只能將其確定爲五四文學革命。五四文學革命無疑是劃分中國古代文學史和中國現代文學史最具有標誌性的事件，是最恰當的分界線。

第三，五四文學革命以來的新文學史不宜再斷代

作出這一判斷的理由可以從兩個方面來談。首先從文學實際來看。「五四」之後的新文學雖然不同時期具有不同特徵，但一些基本特徵是一致的，如思想上以民族主義、民主主義、社會主義、自由主義和人道主義爲主導思想，

語言上以白話爲正宗。中華人民共和國建立後近三十年的時間內，主流意識形態一直是批判人道主義和自由主義的，並出現了階級鬥爭文學畸形發展的現象，似乎可以作爲斷代的依據。但如果將眼光放得更遠一些就可以看到，「文革」結束後，特別是 1978 年 12 月中國共產黨召開十一屆三中全會之後，中國共產黨放棄了以階級鬥爭爲綱的政治綱領，人道主義、自由主義又重新得到張揚。也就是說，新時期以來的文學回歸了「五四」文學傳統，文學又出現了多元化的格局。這樣一來，從實際的文學史來看，是難以從中找到再次斷代的依據的。如果認爲可以將 1949 年新中國成立作爲標誌斷代，那麼也就可以將 1978 年中國社會開始新的轉型爲標誌再一次斷代了。而這顯然是無法被人們所接受的。

再從中國現代的社會走向來分析。中國的現代化走的不是先發內生型道路，而是後發外鑠型道路。也就是說，中國走現代化道路不是自發的，而是在西方資本主義已經發展到壟斷資本主義階段時，由於西方列強的武裝入侵和文化影響，中國才開始向現代社會轉型的。而這時西方資本主義的弊端已經充分暴露，工人運動已經蓬勃興起，社會主義思潮已經開始影響中國。康有爲的《大同書》就已包含了社會主義世界大同理想，孫中山更明確認識到中國不能再邯鄲學步地學習西方原始的資本主義制度，而是要「畢其功於一役」，將民生主義與民族主義、民權主義一起引入中國。而孫中山所說的民生主義，也就是西方社會民主派所說的社會主義。在《三民主義》一書中，孫中山明確說過，「故民生主義就是社會主義，又名共產主義，即是大同主義。」〔註 1〕孫中山所要建立的新的社會，既不是原始資本主義社會，也不是馬克思主義的社會主義社會，而是一種實行混合經濟，節制資本，重視民生的社會。由於種種原因，孫中山生前沒有實現他的政治綱領。毛澤東是一位馬列主義者，他要走的是俄國人的路。然而經過許多艱難曲折的探索之後，中國既沒有走向原始資本主義道路，也沒有走向蘇聯式的社會主義道路，而是走向了中國特色的社會主義道路。而我們今天所說的中國特色的社會主義道路，如果僅從經濟形態的角度看，基本上就是孫中山所說的民生主義道路。所以站在今天的歷史高度來觀察，即使從社會走向的角度，從孫中山時代到當下，仁人志士的政治理想也有著驚人的一致性，因而也不應以 1949 年新中國成立爲標誌給中國文學史斷代。

〔註 1〕 孫中山：《三民主義》，嶽麓書社 2000 年 9 月第 1 版，第 167 頁。

　　無論就中國新文學發展的實際情況而言，還是從中國現代社會的整體走向而論，中國文學史斷代都應採用兩分法，而不應繼續使用「四分法」。當代文學這一名詞仍然可以使用，但其含義應當是「當下的」，「與言說者同時的」，其所指應當是動態的，對應的英文詞組應當是 contemporary literature。當然，為了方便研究和方便任課教師選用教材，中國現代文學史可以沿用傳統的方法分段進行研究或者獨立編寫教材。但當分段獨立編寫時，不宜再使用「中國現代文學史」和「中國當代文學史」等容易引起混亂的名稱，而應使用「30年文學史」和「共和國文學史」等所指明確的名稱。

　　實際上，不論是「四分法」與「兩分法」的不同，還是「兩分法」內部的差異，中國文學史斷代的意見分歧主要不是因為事實認定上的差異，而是學者們的文學史斷代思路有所不同。一種是將社會史重大的變化作為劃分文學史的依據。如將鴉片戰爭作為中國近代文學史的起點，將 1919 年的五四政治運動或者 1912 年的民國建國作為中國現代文學的起點，將中華人民共和國的成立作為中國當代文學史的起點，採用的都是這種思路。一種思路則是將文學史自身的變化作為文學史斷代的依據。但這後一思路本身又可分為兩種方法。其中的一種方法是將新文學元素不同程度的量變的出現作為新文學的開端，如將《申報》的刊行作為新文學的開端，將夭折的晚清文學改良運動作為新文學的開端。而其中另一方法則是將標誌著新舊文學發生質變的關節點的出現作為斷代的依據，如將五四文學革命作為中國新文學的起點。筆者主張以標誌著新舊文學發生質變的關節點的出現作為斷代依據，因而讚成以五四文學革命為分界點將中國文學史一分為二。同樣的理由，筆者也讚成以五四文學革命為分界點將中國小說史一分為二。

　　然而事物的質變總是在量變積纍到一定程度時才會發生。所以我們既應當以質變點作為劃分中國小說史的依據，同時在討論和介紹中國現代小說現象時又要適當地回溯質變之前的較為重要的量變現象，以便更好地理解質變現象的發生。因此，筆者在討論中國現代小說史問題時，將從晚清小說界革命界開始。

三、晚清小說界革命

　　戊戌變法前後，改良派發動了晚清文學改良運動。小說界革命是其中的一個重要方面。

　　小說界革命的內容之一是創辦了不少發表新小說和提倡新小說的文學刊物。最初，他們是在一些綜合性的報刊上提倡小說改革的。1897 年，嚴復與夏曾佑在天津創辦《國聞報》，並在創刊號上發表《本館附印說部緣起》。其中寫道：「且聞歐、美、東瀛，其開化之時，往往得小說之助。是以不憚辛勤，廣爲採輯，附紙分送。」這篇文章已經開始強調小說的新民作用。1902 年陰曆 10 月，梁啓超爲實際主編的《新小說》在日本橫濱創刊。創刊號上發表了梁啓超的《論小說與群治之關係》，並開設了如「歷史小說」、「政治小說」、「科學小說」、「冒險小說」、「哲理小說」、「偵探小說」等欄目，刊載創作小說。其他一些綜合性刊物也與之呼應。如《新民叢報》就刊載過梁啓超翻譯的西方小說《十五小豪傑》。隨《新小說》之後出現的重要小說雜誌是《繡像小說》，1903 年 5 月創刊於上海，李伯元主編。這個刊物曾刊登過許多長篇小說，如李伯元的社會寫實小說《文明小史》、《活地獄》，洪都百鍊生（劉鶚）的《老殘遊記》。後來又有《月月小說》於 1906 年創刊，吳趼人爲總撰述。接著又有《小說林》出現。它的存在時間是 1907 年至 1908 年。曾樸爲雜誌社的總理，黃人、徐念慈爲主編。《新小說》、《繡像小說》、《月月小說》和《小說林》號稱四大小說雜誌。據有人統計，從 1902 年的《新小說》開始，到 1916 年止，創辦的文學期刊達 57 種，其中雜誌名稱中有「小說」二字的有 20 餘種。

　　小說界革命的內容之二是小說理論方面的變革。當時小說理論主要有兩方面的進展。一是開始主張小說要爲新民（即改造國民性）服務，使小說與現代的政治倫理思想聯繫在一起。二是提高了小說在文學體裁中的地位。例如梁啓超在《論小說與群治之關係》中就提出「小說爲文學之最上乘」，從此小說登上了文學的大雅之堂。這兩方面都是中國小說理論方面的重大變化。

　　小說界革命的內容之三是小說創作方面出現了很大的變化。首先，這些小說在思想內容方面對於傳統小說已經有了明顯突破。如金天翮、曾樸的小說《孽海花》，寫了俄國無政府主義革命者，並肯定了「天賦人權萬物平等」的思想。這部小說署名「愛自由者發起，東亞病夫編著」。愛自由者即金天翮，東亞病夫即曾樸。一個小說作者自稱爲「愛自由者」，這在古代小說史上是絕對沒有過的。其次，這些小說在形式也發生了變化。例如故事內敘事方式成爲一種重要的敘事方式。吳趼人的《二十年目睹之怪現狀》是一部長篇小說，卻以其中一個人物九死一生的口吻敘述 20 年的所見所聞。當然，與五四文學

革命之後的小說相比，當時的這些革新還是很不徹底性的，思想內容與藝術形式兩方面都是如此。

　　小說界革命的內容之四是外國小說的翻譯出現了高潮。林譯小說代表了這方面的成就。他的譯作雖然以意譯爲主，對於原著的忠實程度不夠，但在當時對於開闊國人的文學視野卻功不可滅。此後，中國小說與世界文學逐步建立了廣泛而密切的聯繫。

　　據此，晚清小說界革命可以被視爲中國小說從古代向現代開始過渡的一個標誌。

第二節　政治小說與譴責小說

　　清末小說中影響最大的是政治小說和譴責小說兩種。

一、政治小說

　　政治小說是用來表述作者政治觀點的小說。這類小說是由梁啓超首先在中國提倡的。他見到日本作家柴四郎的政治小說《佳人奇遇》後，便將其翻譯成中文，並在《清議報》上連載。1902 年他創辦《新小說》雜誌後，又自己創作政治小說《新中國未來記》（1902 發表，只有五回，未完成）。小說寫六十年後，孔子的後裔孔覺民先生在講堂上大講六十年來中國社會的變化，而造成這一變化的是一個維新派的立憲期成同盟黨，簡稱「憲政黨」。小說中第一任總統羅在田，影射的是光緒皇帝愛新覺羅・載湉。小說站在維新派的立場上，對當時的革命黨進行了嘲罵，藝術上也比較粗疏。此後，革命派也寫了自己的政治小說。蔡元培的《新年夢》（1904）寫的是「中國一民」的夢境：一個「冒牌管賬人」（影射清政府），將家中的東西盜賣給外人，後被眾人驅逐。他的「老法子」也被通通廢止，實行了新法，於是擊敗列強，收復實地，人民過上了平等自由的幸福生活。陳天華的《獅子吼》（未完成）寫作者夢中在中華光復五十年後，於共和國圖書館裏見到一部《光復紀事本末》，據以寫成小說。作品著重描寫了舟山島上一個民權村的一系列變革活動。張肇桐的《自由結婚》、靜觀子的《六月霜》、頤瑣的《黃繡球》也是類似的作品。這類小說多採用遙想式的構思，暢想未來中國的美好前景，所以又被稱爲理想小說。維新派與革命派的政治小說雖然政治觀點上有很大區別，但一

個共同特點是有較強的政治傾向性，而缺乏藝術性。而且由於種種原因，往往半途而廢，沒有完成。政治小說是晚清最早出現的「新小說」，在當時發生了較大影響。

二、譴責小說

在政治小說風行的同時或者稍後，還出現了一類當時稱為社會小說的作品，如李寶嘉（字伯元）的《官場現形記》（1903 年開始在《世界繁華報》上刊登，至 1906 年出版單行本全書）、《文明小史》（1903 年開始連載於《繡像小說》）、《活地獄》（1903 年至 1906 年連載於《繡像小說》），劉鶚的《老殘遊記》（1903 年開始刊登於《繡像小說》，1906 年出版單行本），吳趼人的《二十年目?之怪現狀》（1903 年開始連載於《新小說》，1909 年成書），曾樸的《孽海花》（1903 年開始在《江蘇》、《小說林》上連載，後不斷增訂，至 1928 年始定稿）等。其中李伯元的《官場現形記》、吳趼人的《二十年目?之怪現狀》、劉鶚的《老殘遊記》和曾樸的《孽海花》影響較大。這類小說在思想上新舊交織，體現了時代的過渡性，藝術上雖則較政治小說為高，但達不到諷刺小說《儒林外史》「戚而能諧，婉而多諷」的水平，而是「辭氣浮露，筆無藏鋒」。所以魯迅在《史略》中稱這類小說為「譴責小說」。

第三節　歷史小說、科學小說與狹邪小說

歷史小說、科學小說與狹邪小說也是清末重要的小說類型。

一、歷史小說

從取材的角度看，清末的歷史小說有兩種：一種取材於中國歷史，另一類取材於外國歷史。前者如吳趼人的《痛史》、《兩晉演義》、《雲南野乘》，黃小配的《洪秀全演義》，痛哭生第二的《仇史》。後一類如署名雨塵子的《洪水禍》，魯迅的《斯巴達之魂》，嶺南羽衣女士的《東歐女豪杰》等。這方面最有成就的是吳趼人。《痛史》是吳趼人歷史小說方面的代表作，共 27 回，刊載於《新小說》1 卷 3 期至此 2 卷 12 期（1902～1906），1911 年廣智書局出版單行本。小說寫的是南宋亡國的歷史。奸臣賈似道欺君誤國，國勢衰微，一些愛國人士則奮力抗敵，小說通過描寫文天祥等忠臣義士的英雄形象，表

現了強烈的愛國主義精神。他寫歷史顯然有著很強的現實針對性。嶺南羽衣女士的《東歐女豪杰》以 19 世紀 70 年代俄國民粹派運動爲題材，寫中國女子華明卿與瑞士的留俄學生的友情，中間夾敘了虛無黨的活動，描寫了一個叫蘇菲亞的女英雄形象。這類小說的革命性也十分明顯。1897 年，章伯初、章仲和在上海創辦了第一份白話報紙《演義白話報》。上面連載了長篇歷史小說《通商原委演義》。該小說描寫鴉片戰爭，雖然敘事粗略，但當時也很有影響，後改名《罌粟花》出版單行本。

二、科學小說

科學小說（Science fiction）也是當時一種新的小說類型，類似於後來的科學幻想小說。科學小說的創作與當時對於西方科學小說的翻譯密切相關。我國最早翻譯的科學小說是 19 世紀後期法國著名科幻小說作家儒勒·凡爾納（Jules Verne）的《八十日環遊記》，逸儒（陳壽彭）譯，秀玉（薛紹徽）筆記，1900 年由世文社出版發行。1902 年，《新小說》上刊登了南海盧藉東和東越紅溪生合譯的凡爾納（當時被譯爲蕭魯士）的《海底旅行》。同年，梁啓超與披發生合譯了凡爾納（當時被譯爲焦士威爾奴）的《十五小豪杰》。1903 年，魯迅翻譯又譯了凡爾納（當時被誤爲美國作家培倫）的《月界旅行》（譯者署名「中國教育普及社」）。1906 年，魯迅又翻譯了他的《地底旅行》（作者當時被誤爲英國的威男）。在翻譯小說的影響下，很快有人開始從事科學小說的創作。現知中國最早的科學小說是荒江釣叟的《月球殖民地小說》（1904 年連載於《綉像小說》）。小說寫的是龍孟華夫婦環遊世界的經歷。龍家爲報世仇，前往南洋，不料遇上海難，夫妻失散。後孟華與日本友人玉太郎一起乘氣球，經日本、英國和非洲等地環遊。終於在月球上與妻子相遇。1905 年又有徐念慈等人的《新法螺》小說集出版。該書共收小說三篇。《法螺先生譚》、《法螺先生續譚》和《新法螺先生譚》。前兩篇是吳門天笑生的翻譯之作，未標原著者的名字。後一篇《新法螺先生譚》是徐念慈所作。小說寫的是法螺先生遨遊太空的故事。一天早上，他的靈魂與肉體分離了，離開地球到月球、水星和金星上作了一次旅行。回來後在學校設置「電腦」課程。由於「電腦」的推廣，使許多工作自動化了，結果導致許多人失業。一些失業者要殺死法螺先生。他被迫離開家鄉。他的小說中使用了不少科學術語，如「離心力」、「循環系統」、「衛星」、「墜物漸加速之公例」、「電腦」等。徐念慈之後，又

有不少科學小說問世。如支明的《生生袋》，蕭然鬱生的《烏托邦遊記》，卓呆的《秘密室》，毅漢、天笑的《發明家》，謝直君的《科學的隱形術》、《中國之女飛行家》，默兒的《賊博士》，梅夢的《水底潛行艇》、《月世界》、《中秋月》，端生的《元素大會》，半廢的《亞養化淡》等。

三、狹邪小說及其他言情小說

除上述新小說的創作外，當時還有一些按著傳統的路子創作的小說。其中最主要的是狹邪小說。

19 世紀後期狹邪小說曾經在中國風行一時。作品如石函氏（陳森）的《品花寶鑒》（1852）、眠鶴主人（魏秀仁）的《花月痕》（1858）、俞吟香（俞達）的《青樓夢》（1879）、韓邦慶（韓子雲）的《海上花列傳》（1892）等。它們各有特點：《品花寶鑒》寫名士與伶人的關係，是寫同性戀題材的代表作；《青樓夢》是溢美的狹邪小說；《海上花列傳》是寫實的狹邪小說。《海上花列傳》一書因真實地反映了上海妓院的生活，受到魯迅、胡適、張愛玲等人的好評。

20 世紀初，雖然發生了小說界革命，但狹邪小說創作仍在繼續，先後出現了警夢痴仙（孫家振）的《海上繁花夢》（1903）、漱六山房（張春帆）的《九尾龜》（1906）、評花主人的《九尾狐》（1908）等。魯迅曾將《九尾龜》視為溢惡的狹邪小說的代表，將其中的主人公章秋谷視為才子加流氓式的人物。這類小說既缺乏思想價值，也缺乏藝術成就。

狹邪小說之外，當時還有一些其他類型的言情小說。如符霖的《禽海石》，吳趼人的《恨海》、《劫後灰》，天虛我生（陳蝶仙）的《泪珠緣》，李涵秋的《瑤瑟夫人》，等。這些小說思想比較複雜，有新有舊。如符霖的《禽海石》反對父母之命媒妁之言，主張自由結婚。但吳趼人的《恨海》則反對追求自由戀愛的「兒女之情」，而倡導忠孝大節。

清末還有一些其他的小說類型，如偵探小說、哲學小說、軍事小說、國民小說、俠情小說、寫情小說等。但成就更加微不足道。總的來看，清末小說在小說界革命大潮和影響下，發生了前所未有的現代化變革，但同時這一變革無論在思想上，還是在藝術形式上，都是不徹底的。

第四節　黑幕小說、鴛鴦蝴蝶派小說與社會言情小說

　　民國初年，隨著辛亥革命的失敗，人們的革命熱情也隨之減弱。因而出現了小說創作的商業化傾向。民初小說主要有三種類型，黑幕小說、鴛蝴小說和社會言情小說。

一、黑幕小說

　　黑幕小說在 1915 至 1918 年間盛行於上海。當時多種雜誌、大小報副刊均刊載這類小說。如《時事新報》就開闢有「上海黑幕」專欄，還曾向社會徵求過這類文章。黑幕小說可以被視為譴責小說的末流。這類小說以揭發社會黑幕為最基本特徵，但由於缺乏藝術批判力，其社會效果是比較複雜。一方面有揭露黑幕的作用，另一方面也有教唆為惡的作用。所以後來受到了五四文學先驅的嚴厲批判。這類作品大多採用的是筆記小說形式。因而也被稱為「黑幕書」。黑幕書以 1918 年出版的《中國黑幕大觀》及其續集為代表。《中國黑幕大觀》分政界、軍界、學界、商界、黨會、匪類、報界、僧道、慈善事業等類，編撰者自謂其目的是「醒世」或「勸誡」，但內容不外「某某之風流案」、「某小姐某姨太之秘密史」、「某女拆白黨之艷質」、「某處之私娼」、「某處盜案之巧」，等等。以下是《中國黑幕大觀》「初集」的《翻戲之黑幕》中的《放白鴿》一篇：

> 　　鎮江李某鰥居數載，欲續弦。一日，媒人帶一孀婦裝束少婦至，自言僅一手足殘廢之胞弟，但願得身價一二百金贍養胞弟足矣。李某按其所指到江邊視之，柳陰下之破船中果臥一手足攣束之少男，呻吟不絕。李某信之，拿出一百五十金，即日成婚。婚後，婦人持家井井有條，李某遂將所有家產悉交婦人掌執。一日，李某外出歸來，婦人已鴻飛冥冥，並卷走貴重衣物及現款數百元。李某才知若輩係放白鴿者，惟連呼上當而已。

　　除了這類黑幕筆記之外，黑幕小說中還有一類是真正意義上的小說。向愷然的一些小說就被認為是這類作品，如他的《留東外史》、《留東外史續集》、《留東外史補》、《留東新史》、《留東艷史》等。但也有人認為《留東外史》還是在譴責小說與黑幕小說之間的一部小說。這部小說寫於他日本留學期間。作者把當時在日本的中國人分為四類：第一類是公費或者自費的留學生，在那裏認真求學的。第二類是經商的。第三類是使用著國家公費，既不經商

也不求學，只是在那裏講嫖經、讀食譜的。第四類是二次革命失敗後亡命到日本的。小說主要寫的是後兩類人物。作品似乎要譴責那些國難當頭仍然只顧玩樂的人，同時歌頌了愛國志士。但由於作品過多描寫了一些留學生的放蕩行為，並試圖通過這類行為的描寫宣洩仇日情緒，所以小說的客觀效果頗有爭議。後來因為《留東外史》賣得好，向愷然又應書局要求寫了《留東外史續集》、《留東外史補》、《留東新史》、《留東艷史》等。這時作者不再「與惡德黨宣戰」，不再與諸君共勉，完全成為金錢和低俗趣味的傀儡。這類小說也就是典型的「黑幕小說」了。

美國的辛克萊在於 20 世紀初寫了一些揭露黑幕的小說，如《屠場》、《煤炭大王》、《石油》等，取得了很大的成就。美國的這類揭露黑幕的小說對中國的黑幕小說提倡與創作有一定影響。

二、鴛鴦蝴蝶派小說

「鴛鴦蝴蝶派小說」通常有兩個所指。狹義的專指民國初年的言情小說，廣義的則包括自民國初年至中華人民共和國成立期間所有的主要供大眾消遣的商業小說。這裏使用的是狹義的概念。

鴛鴦蝴蝶派小說創作是民初小說創作的另一主潮。這類小說已經不像狹邪小說那樣以妓女和嫖客為主角，而是以才子佳人作為其主要描寫對象。這類小說實際上是才子佳人小說。才子佳人小說在唐代就已產生，清初形成過創作高潮。民初的鴛鴦蝴蝶派小說延續的便是清初才子佳人小說的文脉。但民初的此類小說多用駢文寫成，可以算是它們的一大特色。這些小說雖然以娛心為主，但也可以看出時代新思想的影響和作者對於婚姻戀愛問題的思考。

在這類小說中，最早發生了較大影響的是徐枕亞的《玉梨魂》。徐枕亞（1889～1937），江蘇常熟人。這部長篇駢文小說最初於 1912 年連載於《民權報》副刊上，1913 年出版單行本。小說寫才子何夢霞在無錫崔家做私塾先生，與崔家的一位寡婦白梨影相互愛慕。兩人常以詩詞酬答。二人雖然情投意合，「無如梨娘固非蕩子婦，夢霞亦非輕薄兒，不能不止乎禮儀」。為了償還何夢霞的情債，白梨影試圖移花接木，將小姑崔筠倩嫁給了何夢霞。但進過女校的「新潮人物」崔筠倩不滿於這門包辦婚姻，何夢霞也仍然痴情於白梨影。結果三個人都陷入感情的泥淖。白梨影和崔筠倩雙雙抑鬱而死，何夢霞則在參加武昌起義時以身殉國。小說既寫了封建禮教對愛情的束縛和扼

殺,又寫了主人公之間的纏綿淒切的痴情,因而深得讀者同情。小說用駢文寫成,又穿插了大量詩詞,具有強烈的抒情性。這部小說在當時影響很大,數年間銷量達數十萬冊。徐枕亞接著又寫了《雪鴻泪史》(1916),以何夢霞日記的形式對《玉梨魂》的故事做了一些補充。下面是《玉梨魂》開頭的一段,可見駢文小說文字之一斑:

> 曙烟如夢,朝旭騰輝。光線直射於玻璃窗上,作胭脂色。窗外
> 梨花一株,傍墙玉立,艷籠殘月,香逐曉風。望之亭亭若縞袂仙,
> 春睡未醒,而十八姨之催命符至矣。香雪繽紛,泪痕狼藉,玉容無
> 主,萬白狂飛,地上鋪成一片雪衣。此時情景,即上群玉山頭,遊
> 廣寒宮裏,恐亦無以過之。而窗之左假山石畔,則更有辛夷一株,
> 輕苞初坼,紅艷欲燒,曉露未乾,壓枝無力,芳姿嬝娜,照耀於初
> 日之下,如石家錦障,令人目眩神迷。

當時與徐枕亞齊名的言情小說作者還有吳雙熱和李定夷。

吳雙熱(1884～1934),江蘇常熟人,代表作是駢文小說《孽冤鏡》(1912)。該書共24章,採用故事內敘事方式。小說男主人公王可青是姑蘇城內的世家子弟。他的婚姻是父親包辦的。其妻是鹽商之女,富貴驕人,又醜又惡,但婚後不久就病死了。王可青後來到常熟的尚湖遊湖時遇到美貌少女薛環娘,一見鍾情。王可青打聽到薛環娘的身份後,登門求婚,獲得了薛母的同意。但王可青回家後卻發現父親又為他訂了一個高官之女為妻。王可青反抗不過,只得認命。薛環娘母女接到王可青告知這一結果的書信後,一急之下,雙雙嘔血而死。王可青也因此神情恍惚,時醒時癲,後來扶病到薛環娘墓前祭奠,客死他鄉。小說通過這一愛情悲劇,猛烈地抨擊了封建包辦婚姻,在當時引起了很大的反響。吳雙熱在反對包辦婚姻方面,態度比徐枕亞要更激烈一些。

與前二人不同,李定夷則基本上是一個傳統婚姻制度的維護者。李定夷(1889～1964),江蘇常州人,其小說創作有《霣玉怨》、《伉儷福》、《廿年苦守記》、《自由毒》等。駢文小說《霣玉怨》(1912)寫的是已經家道中落的官家子弟劉綺齋與少女史霞卿的愛情悲劇。但在作品中,這悲劇是由史霞卿的庶母的挑撥造成的,並非包辦婚姻制度所致。他的另一篇駢文小說《伉儷福》(1915)在形式上使用了倒敘的手法,在當時是有新意的。但內容則是歌頌傳統婚姻下的夫妻生活。在作者看來,夫妻生活是否和諧不在於包辦或者自

主，而在於夫妻兩人的人品。《廿年苦守記》（1916）更是赤裸裸地宣揚封建主義的節烈觀。小說塑造了一個節婦的形象。丈夫死後，她盡心侍奉公婆 17 年。公婆死後，她認為使命完成，便吞金自殺，隨夫而去。李定夷後來又寫了《自由毒》。小說寫一對青年男女在自由學說的感召下同居了。結果，男的嫖娼，女的偷人。作者感歎道：「男也無行女也蕩，畢竟自由誤終身」。李定夷小說的思想實在太煞風景。

除了上面提到徐枕亞的《玉梨魂》、《雪鴻泪史》，吳雙熱的《孽冤鏡》，李定夷的《霣玉怨》、《伉儷福》為駢文小說之外，當時發表的駢文小說還有徐枕亞的《余之妻》、《雙環記》、《蘭閨恨》、《刻骨相思記》，吳雙熱的《蘭娘哀史》、《斷腸花》，李定夷的《茜窗泪影》、《鴛湖潮》、《紅粉劫》、《湘娥泪》、《曇花影》、《千金骨》，吳綺緣的《冷紅日記》，蔣箸超的《蝶花劫》，王無生的《恨海鵑聲譜》，許一廠的《武林秋》，俞天憤的《薄命碑》，劉鐵冷的《求婚小史》、《鬥艷記，朱鴛雛的《痴鳳血》等。

民初盛行駢文小說並非偶然現象。唐初張鷟就曾寫過駢文小說《遊仙窟》。後來由於古文運動的影響，駢文地位有所下降，自然也不再有人人用駢文創作小說。但歷史進入到清代中葉，駢文卻大有捲土重來之勢，所以嘉慶年間又有陳球寫的駢文小說《燕山外史》。民國初年駢文小說的大量出現正是以清代中後期駢文的興盛為背景的。

另外，陳蝶仙、周瘦鵑、包天笑等也是當時言情小說的重要作者，只是他們的小說創作以古文和白話為主要語體。陳蝶仙（1879～1940），浙江錢塘人。他在 1900 年就創作了模仿《紅樓夢》的長篇言情小說《泪珠緣》，後來又用第一人稱創作了抒寫夫妻之情的《玉田恨史》（1903）。周瘦鵑（1894～1968），江蘇蘇州人。他的創作以中短篇小說為主，多為言情之作，如《留聲機片》、《此恨綿綿無絕期》、《恨不相逢未嫁時》等。包天笑（1876～1973），江蘇吳縣人，曾與他人合譯過《迦因小傳》。創作方面主要是短篇小說《一縷麻》、《補過》、《影梅憶語》、《牛棚絮語》等。

三、社會言情小說

在鴛蝴小說這類言情小說盛行的同時。也出現了內容更為豐富的社會言情小說。李涵秋在這方面首先做出了努力。李涵秋（1874～1923），江蘇揚州人。《廣陵潮》是其代表作。這部白話章回體小說通過雲、伍、田、柳四戶人

家的婚姻糾葛和興衰悲歡，具體生動地描寫了自鴉片戰爭直到五四運動近 80
年揚州城及其周圍地區的時潮和風習。揚州古稱「廣陵國」或「廣陵郡」，因
而小說題名《廣陵潮》。小說從 1909 年動筆，到 1919 年完成，隨寫隨在報紙
上發表，共一百回。作品雖然結構鬆散，對於社會變革的態度也存在矛盾，
但所反映的生活十分宏富。《廣陵潮》曾引起過較大的社會反響，並帶動許多
人寫這類小說。海上說夢人（朱瘦菊）的《歇浦潮》、網蛛人（平襟亞）的《人
海潮》就是受其影響而創作的小說。

　　以上三類小說都帶有較明顯的迎合性和商業性。

　　當時除了上述三類小說外，民初還有其他類型的小說創作。蘇曼殊就是
當時重要的小說作家。蘇曼殊（1884～1918），廣東香山人，創作有《斷鴻零
雁記》、《天涯紅淚記》、《絳紗記》、《焚劍記》、《碎簪記》、《非夢記》等六篇
文言小說。這些小說雖然也有一定的言情小說的色彩，但取材個人經歷，態
度認真，情感真摯，一向受到文學史家的推重。另外，當時魯迅發表了《懷
舊》，葉紹鈞發表了《窮愁》，惲鐵樵發表了《工人小史》。這些小說多用文言
寫成，是態度嚴肅的小說作品。

　　綜上所述，可以看出，清末民初小說無論在思想方面，還是在藝術形式
方面，都是新舊交織，非常蕪雜的。在語言方面，直到民國初年，中國小說
未能改變中國傳統小說文言與白話二水分流的基本格局。而民初小說中文言
小說的比例，甚至高於清末小說。清末民初小說的最大特點是具有由舊向新
的過渡性。

第二章 「30年」嚴肅小說的發展

　　根據上一章的論述，五四文學革命，是中國現代文學史的正式開端，也是中國現代小說的正式開端。因此筆者將清末民初作爲中國小說從古代向現代的過渡時期，而將五四文學革命之後出現的中國小說稱爲中國現代小說。按著兩分法的思路，現代文學史是要不斷向前延伸的，所以這裏將五四文學革命至 1949 年中華人民共和國成立的 32 年間稱之爲「30 年」。

　　嚴肅小說與商業小說的劃分是一個比較複雜的小說分類問題，筆者將在下一章第一節中進行專門討論。由於本章所要評介的「30 年」嚴肅小說在許多新文學史著作和小說史著作中已經有比較充分的評介，所以這裏作從簡處理。但如何對這 30 年間的眾多小說進行歸類卻至今還是一個有待深入探討的問題。筆者試圖在這方面做出自己的探索。也希望讀者多從這一方面關注本章的內容。

第一節　20 年代（1917～1927）

　　五四文學革命之後，直到 1927 年，這是中國新文學的第一個十年，也可以稱爲 20 年代文學。這一時期的嚴肅小說創作帶有很強的啓蒙目的，藝術上也進行了大膽的探索，以全新的面貌出現於文壇。從體裁角度看，中、短篇小說成就輝煌，長篇則少有成功之作。當時的嚴肅小說可以分成以下五個部分。

一、魯迅的《吶喊》《仿徨》

「五四」文學革命時期，小說一方面在晚清小說界革命之後重新擔負起思想啟蒙的任務，另一方面在形式上也有了更為徹底的變革。充分顯示了小說領域這種新變化的是魯迅的小說。1918 年 5 月，魯迅的《狂人日記》在《新青年》上發表。這篇小說以深刻的反封建的思想內容和新穎別致的藝術形式，猛烈地震撼了當時的文壇。一般認為，它是中國第一篇現代白話小說。此後，魯迅的小說創作「一發而不可收」。1923 年和 1926 年，他的小說分別結集為《吶喊》、《仿徨》出版。魯迅小說是中國現代小說的奠基之作。關於魯迅的小說，本書第四章將作專門評析。

二、問題小說

「問題小說」，是茅盾在《中國新文學大系・小說一集・導言》中提出的一個名稱。在茅盾那裏，問題小說主要指文學研究會一些成員從 1919 年的下半年到 1922 年這段時間所創作的一些比較直露地探討某個社會問題的小說，如冰心的《兩個家庭》、《斯人獨憔悴》、《莊鴻的姊姊》、《超人》、《悟》，廬隱的《一個著作家》、《兩個小學生》、《靈魂可以賣嗎》、《或人的悲哀》、《麗石的日記》、《海濱故人》，王統照的《沉思》、《微笑》，許地山的《命命鳥》、《商人婦》、《綴網勞蛛》，等等。茅盾當時的概括，受到《中國新文學大系》編輯分工的限制。今天看來，廬隱小說可以歸入感傷小說中，而問題小說中還可以包括創作時間稍早的陳衡哲的小說、胡適的小說和新潮社成員的小說。

陳衡哲曾與胡適同在美國留學，因而較早受到胡適提倡白話文學的影響。1917 年 6 月，她在《留美學生季報》第 4 卷第 2 號上發表了一篇白話作品《一日》。這篇作品描寫的是美國一所女子大學學生們一日內的生活，雖然描寫得較為生動，但還屬於寫生式的速寫一類。作者後來將其收入小說集《小雨點》時也曾說它「既無結構，也無目的，所以只能算是一種白描，不能算為小說」。不過這篇小說畢竟顯示了作者用現代白話寫作小說的努力，因此值得一提。1918 年 10 月，陳衡哲在《新青年》上發表了一篇讚咏家庭溫暖的小說《老夫妻》。這是繼《狂人日記》後，《新青年》發表的第二篇現代白話小說。1920 年，陳衡哲又在《新青年》上發表了小說《小雨點》和《波兒》，其中《小雨點》還是中國現代最早的童話小說。1928 年，陳衡哲出版了小說集

《小雨點》，其中收入 1926 年以前所作小說 10 篇。陳衡哲的小說沒有深刻的思想和嫻熟的技巧，但《波兒》描寫美國一個貧民家庭生活的艱辛，體現了作者對貧病者的同情。《巫峽裏的一個女子》訴說的是一個受婆婆壓迫，與丈夫逃到山峽裏生活，後又失去丈夫的女子的經歷，寫出了中國婦女的悲慘處境，在一定程度上觸及到當時的一些社會問題。胡適寫了一篇《一個問題》的小說，在 1919 年 7 月的《每周評論》上發表。這篇小說提出了中國男子早婚早育的問題，是一篇典型的問題小說。新潮社是北大學生為主力的一個社團。其存在時間基本上是 1919 年 1 月到 1920 年年底。新潮社成員在《新潮》雜誌上發表小說 26 篇。有汪敬熙《雪夜》、《一個勤學的學生！》，羅家倫《是愛情還是苦痛？》楊振聲《漁家》，俞平伯《花匠》、《狗和褒章》，葉紹鈞《這也是一個人？》，等等。魯迅在《新文學大系・小說二集・導言》中曾這樣評論過新潮社成員的小說創作：當時「有一種共同前進的趨向，是這時的作者們，沒有一個以為小說是脫俗的文學，除了為藝術之外，一無所有的。他們每作一篇，都是『有所為』而發，是在用改革社會的器械」。《新潮》上的小說雖然有一些較為優秀的，但總的說來，技術是幼稚的。不少作品選材不嚴，開掘不深，結構上平鋪直敘，表現上一瀉無餘。

三、自敘傳感傷小說

　　1921 年到 1925 年這段時間裏，中國文壇上曾出現過大量表現知識分子苦悶仿徨的感傷小說。這類小說出現的歷史條件是這樣的。「五四」思想啟蒙喚醒了大批知識青年。他們具有追求理想社會和個人幸福的強烈願望。但「五四」以後的社會現實卻依然令人失望。外有列強欺凌，內有軍閥跋扈，知識分子生活艱難，前途無望。要反抗又覺得個人力量的渺小，要隨波逐流又需要忍受極大的內心痛苦。於是他們便苦悶仿徨。在這種情況下，表現知識青年精神痛苦的感傷小說便風靡一時。

　　這方面最有影響的小說家是創造社的郁達夫。郁達夫創作的中短篇小說共 40 餘篇。其中《沉淪》、《茫茫夜》、《過去》、《薄奠》、《春風沉醉的晚上》、《遲桂花》等是較有名的篇目。他的小說具有表現知識青年的苦悶、自敘傳、大膽的自我暴露、注重感傷情調的釀造等特點。藝術風格獨特，缺點是形式上的變化較少。與他的小說風格接近的作家有創造社的郭沫若、滕固、何畏、周全平、倪貽德，張資平、葉靈鳳，另有未參加創造社但卻在創造社刊物上

發表作品的馮沅君、白採，還有「文研會」的盧隱、王以仁，淺草—沉鍾社的林如稷，陳翔鶴等。

四、鄉土田園小說

1922 年以後，一些來自農村而僑居北京的作家開始描寫故鄉農村的生活，從而出現了不少鄉土小說。鄉土小說在當時的出現有這樣幾個原因：一是受魯迅的影響。魯迅是很有成就的小說家。他的許多小說如《風波》、《故鄉》、《社戲》、《阿Ｑ正傳》都取材於故鄉生活。這些創作對當時的青年作者產生了示範作用。二是不少作家來自農村。他們對農村生活比較熟悉，有生活基礎，所以能够寫出地方色彩濃郁的鄉土小說。三是文學研究會的理論倡導。文學研究會曾提倡文學創作要擴大題材，表現工農生活，反映廣闊的社會。這一倡導對青年作家創作鄉土小說也有促進作用。基於這三個原因，鄉土小說一時間蓬蓬勃勃地發展了起來。當時鄉土小說的主要作家有魯彥、彭家煌、許杰、蹇先艾、許欽文、臺靜農等。他們有的是文研會的成員，有的是未名社的成員，有的是語絲社的成員，還有的沒有加入任何社團。20 年代的鄉土小說廣泛地反映了中國農村的落後、愚昧，開闊了人們的視野。大部分作品寫得生動鮮活，具有泥土氣息，也有一定的思想深度和藝術水平。

與上述這些鄉土小說作家不同，廢名的小說別具一格。他也寫了一些與其他鄉土小說類似的作品，如《浣衣母》描寫的是寡婦李媽的生活酸辛。然而這類小說並不是體現廢名獨特風格的作品。廢名是以寫田園風格的詩化小說著名的。《竹林的故事》以沖淡的筆調描述少女三姑娘淳樸善良的性格和平凡寂寞的生活，富有田園詩的意味。《菱蕩》則寫了陶家村的自然風光和陳聾子的田家樂生活。這類田園詩風格的小說有兩個特點，一是擅長描寫善良的人性、淳樸的民風和優美的鄉村風光，二是融合詩歌和散文的要素入小說。

五、葉紹鈞的小說

葉紹鈞從事小說創作是從 1914 年開始的。《窮愁》是最早的一篇文言小說，顯示了他對下層人民生活的關心。「五四」時期他是《新潮》小說作家之一，1921 年後他又是文學研究會的重要成員之一。從 1922 年到 1928 年共出版了 5 個短篇小說集：《隔膜》、《火災》、《線下》、《城中》、《未厭集》。其中《潘先生在難中》和《抗爭》是短篇中的名篇。《倪煥之》寫於 1928 年，是

葉紹鈞創作的一部長篇小說。這部小說所反映的歷史跨度很大,從「五四」前一直寫到大革命失敗後。五四運動、五卅運動、北伐戰爭這些重大歷史事件在這部作品中都有所反映。小說以小學教員倪煥之的經歷為線索展開情節。通過對他的生活經歷的描寫,反映了從「五四」到 1927 年大革命時期某些小資產階級知識分子的思想歷程和精神面貌。

葉紹鈞的小說創作隨著時代的發展而發展。初登文壇之時,他一方面客觀地描繪灰色的人生,一方面努力展現兒童身上的「愛」、「生趣」和「愉快」的天性。他認為這種天性是「世界的精魂」,是應當通過良好的教育來發揚光大的。如《阿鳳》、《伊和他》就是這類小說。五卅運動前後他的創作發生了變化。此後的作品一方面仍然描寫灰色的人生,另一方面則表現出一種反抗意識,如《城中》中的丁雨生,《抗爭》中的郭先生,《夜》中的老婦人的女兒女婿,都是現實黑暗的反抗者。到了《倪煥之》時期,他已經主張進行有組織的鬥爭了。葉紹鈞由於長期在教育界工作,因而他有影響的作品都是描寫教育界生活的。

葉紹鈞的小說具有樸實、嚴謹的風格,沒有曲折的情節,也不用新奇的形式,結構嚴謹自然,描寫真切而簡潔,語言純淨而規範,較少用方言土語和外來語。

第二節　30 年代（1928～1937）

30 年代中國的政治形勢發生了重大變化,由國共合作轉向國共對峙。幾乎同時,30 年代的思想文化界也形成了左右對峙的格局。小說創作除了嚴肅小說與商業小說的區別之外,又有了政治態度上的左右翼的對峙。嚴肅小說的創作受作家政治態度影響很大。從政治態度的角度給這一時期的小說分類,有利於把握這一時期小說創作的基本面貌。因此,這裏將當時嚴肅小說根據不同的政治態度,分成以下五個部分介紹。

從體裁的角度看,30 年代比 20 年代有了新的進展。這一時期不僅中短篇小說取得了很大的成績,而且長篇小說也取得了很大的成績。

一、左翼作家的小說

左翼陣營的小說創作可以根據其作者登上左翼文壇的先後,分為三個時期:早期、前期和後期。

早期：蔣光慈是中國最早創作左翼小說的作家。1925 年他就完成了並於 1926 年出版了中篇小說《少年漂泊者》。後來又有短篇小說集《鴨綠江上》，中篇小說《短褲黨》、《野祭》、《菊芬》、《最後的微笑》、《麗莎的哀怨》和長篇小說《咆哮了的土地》問世。從整體上看，蔣光慈的小說藝術上比較粗糙，但這些作品能够較爲充分地展示當時中國共產黨的政治路線的演變和左翼知識分子的激進情緒，至今仍有較高的歷史認識價值。1928 年前後出現，創作特點與蔣光慈比較接近的左翼小說家還有創造社的華漢（陽翰笙）、郭沫若，太陽社的錢可?，我們社的洪靈菲等人。

同時出現但代表了另一種情緒的左翼小說作家是茅盾。他於 1927 年至 1928 年在《小說月報》上發表了他的《蝕》三部曲。這部小說寫出了大革命失敗後一部分左翼知識分子的幻滅和惶惑。因此這部小說在當時受到其他一些左翼作家的批評。茅盾在 1932 年和 1933 年發表的《春蠶》、《林家鋪子》、《子夜》等小說則寫出了左翼文化人對於中國社會性質的思考。這些作品奠定了他在左翼文壇上的主將地位。

較早成爲左翼作家的還有魯迅。他在 30 年代雖然小說數量不多。但 1936 年出版的歷史小說集《故事新編》仍給人們留下了難以磨滅的印象。

前期：「左聯」成立前後，一批年青的作家以左翼作家的面貌出現於文壇。胡也頻的長篇小說《光明在我們的前面》充滿革命激情。柔石繼長篇小說《二月》之後創作了短篇小說《爲奴隸的母親》。他的作品內涵深刻豐富，文筆流麗，堪稱佳作。丁玲繼《莎菲女士的日記》之後創作了《一九三０年春上海》、《水》、《奔》等短篇小說，體現了她的小說創作在思想與藝術上的變遷。張天翼發表了《包氏父子》等一系列作品，展示了他的冷峻的諷刺才能。艾蕪的短篇小說集《南行記》、記載了他漂泊我國西南和東南亞的傳奇經歷，富有濃郁的浪漫色彩。魏金枝的《奶媽》抒寫了革命者的崇高精神和濃濃的人情味。當時北方「左聯」的兩位小說家孫席珍和謝冰瑩也比較活躍。孫席珍以寫戰爭小說引起人們的注意。他的戰爭小說是 1930 年前後出版的三個中篇《戰場上》、《戰爭中》和《戰後》，統稱「戰爭三部曲」。「戰爭三部曲」寫的是北伐戰爭對於下層士兵的無意義性。小說對北伐戰爭性質的這一認識似乎過於簡單，因而受到了其他左翼作家的批評。謝冰瑩是以散文集《從軍日記》和傳記文學《女兵自傳》著名的。但她這一時期也寫了一些探討革命與戀愛關係以及關注女性命運的作品，如中篇《青年王國材》，短篇《拋棄》、《給 S 妹的信》和《梅姑娘》等。

後期：1932 年之後，又有一批左翼小說作家登上文壇。葉紫雖然因為英年早逝而創作量不多，但其《豐收》等短篇對於當時中國農民艱難生活境況的描寫卻是非常生動的。吳組緗的《一千八百擔》對於中國農村的反映也比較深刻。與他們同時出現於文壇的左翼小說家還有蔣牧良、周文等。

隨著民族危亡的加深，後期登上左翼文壇的小說家已經開始關注抗日題材。葛琴的《總退卻》發表於 1932 年，因其所寫的題材是上海一二·八抗戰而受到了文壇的注意。小說寫了下層士兵的抗戰熱情，同時對於來自上層的總退卻的命令則表示了極度的憤慨。

後期左翼小說隊伍還包括東北作家群。東北作家群是對於東北淪陷後陸續南下的東北作家一個稱謂。他們中有的作家參加了北方「左聯」或上海「左聯」，如李輝英、端木蕻良、舒群、羅峰、白朗等。有的雖然沒有參加「左聯」，但不僅其作品有左翼傾向，而且與魯迅等左翼作家的關係已經非同一般，如蕭軍、蕭紅。總的看來，東北作家群是一個屬於左翼的作家群。在東北作家群中，李輝英發表於 1932 年至 1933 年的短篇《最後一課》和長篇《萬寶山》首先引起人們的注意。雖然他的這些小說還比較稚嫩，但卻是較早表現東北人民抗日活動的作品。隨後，蕭軍和蕭紅的出現又給上海文壇帶來新的震撼。蕭軍出版於 1935 年的長篇《八月的鄉村》既寫出了國共第二次合作前，中共面對國內和國外雙重敵人壓迫的艱難處境，也寫出了一個富有理想的左翼知識分子對於革命隊伍內部關係的想像。同時出版的蕭紅的《生死場》則以其細膩和飽含情感的筆觸描寫了東北人民的愚昧落後和粗獷強悍。到 1936 年，東北作家群中的其他一些作家也都奉獻了自己的作品，如舒群的《沒有祖國的孩子》，端木蕻良的《鷺鷥湖的憂鬱》，羅烽的《第七坑》，等等。

二、親左翼作家的小說

親左翼作家主要包括葉紹鈞、王統照、巴金、老舍、李劼人、羅淑等人。一些文學史著作將這部分作家稱之為「民主主義作家」或者「堅實的現實主義作家」。但在我看來，「民主主義作家」是不能指稱巴金這樣的無政府共產主義者的，而稱這部分作家為「堅實的現實主義作家」則容易產生貶低其他現實主義作家的歧義。這部分作家或者與左翼陣營有著比較友好甚至密切的關係，或者深受左翼思想的影響，所以我這裏姑且稱他們為親左翼作家。

　　葉紹鈞這一時期寫出了長篇《倪煥之》，短篇《多收了三五斗》等作品。從思想上看已經很接近左翼小說。他只是組織上沒有參加「左聯」而已。王統照的長篇《山雨》描寫農村的動蕩和破敗，是一部現實主義的力作。其主人公奚大有還是較早出現的進城農民形象。巴金曾經信仰過克魯泡特金的無政府共產主義，有些作品也比較明顯地體現了這一信仰，如《滅亡》、《新生》、《霧》、《雨》、《雷》、《電》等作品。但他為人稱道的卻是這一思想傾向表現得比較隱晦而意在暴露大家族制度弊端的「激流三部曲」《家》、《春》、《秋》。老舍早期的作品多從文化的角度探索民族自新的道路，如《老張的哲學》、《二馬》、《趙子曰》、《貓城記》等，但 1935 年之後寫成的短篇《月牙兒》、中篇《我這一輩子》和長篇《駱駝祥子》，則是同情城市貧民的民生小說。他在《貓城記》中有對左翼的嘲諷，但其創作又可以明顯看出左翼思想的影響。李劼人的系列小說《死水微瀾》、《暴風雨前》和《大波》，反映了從甲午戰爭到辛亥革命近 20 年四川的政治風雲的變幻和地方風俗的變遷，是一部史詩性的巨著。羅淑的短篇《生人妻》寫的是窮人被迫賣妻的過程，在當時也很有影響。這些作家直視現實，關心民生，又少受政黨的直接干預，其成就是很可觀的。

三、京派作家的小說

　　京派與海派本來是京劇的流派稱謂。20 世紀 30 年代發生了文壇京派與海派的論爭後，這兩個名詞才就被用來稱呼文壇上的作家群。京派指聚集在北平、天津等北方城市的一個作家群。他們多為大學師生，以周作人、沈從文、朱光潛為重心，與政治保持距離，追求寧穆、古典、沖淡的美，比較重視對於中國文學傳統的繼承。京派在小說、散文、詩歌、戲劇、理論批評方面都有建樹。

　　如果想通過抽象出所有京派小說作品的共性來概括京派小說的特點是困難的，而如果對這個作家群作由核心到邊緣的分層次分析來把握其基本狀態則比較容易。廢名和沈從文是京派小說的代表性作家。廢名這一時期的代表作是長篇小說《橋》。其中所寫的史家莊民風淳樸，古風習習，猶如世外桃源。這是一部田園牧歌式的作品。沈從文的小說顯然受到了 20 年代鄉土小說尤其是廢名小說的影響。他以描寫故鄉風情的湘西小說引起文壇關注。其代表作中篇《邊城》歌頌邊地的原始人性美和淳樸的民風，藝術上也可以看出對於

田園詩和山水畫藝術營養的吸收。當然沈從文是一位富有探索精神的文體作
家，他所創作的小說類型頗多，除了詩意的之外，還有寫實的，諷刺的，浪
漫的，等等。廢名和沈從文的小說偏重於從道德的角度觀察社會生活。而他
們所讚美的原始人性和淳樸民風，常常以自然主義的形式體現某些人道主義
的內容，既與封建道德和習俗相異，又帶有明顯的傳統和鄉土色彩。其小說
題材，偏重於鄉土生活和自然風光，而在體裁方面，則有將小說詩化和散文
化的傾向。

　　蕭乾和師陀也屬京派小說家。蕭乾在 1935 年進入《大公報》社，接替沈
從文編輯《大公報・文藝副刊》。從 1936 年到 1938 年，他出版了短篇集《籬
下集》、《栗子》及長篇《夢之谷》。他的小說多帶有自敘傳色彩，同時揭示著
社會的不公平。與郁達夫相比，他的小說注意節制情感，也有京派作家「鄉
下人」的情懷。《夢之谷》代表了他小說創作的最高成就。1936 年，師陀（即
蘆焚）出版了小說集《穀》，翌年獲《大公報》文藝獎金。這一年裏，他又出
版了《里門拾記》、《落日光》等小說集。這些小說反映了北方農村的衰敗，
重視場景描寫，有著憂傷的抒情特質。蕭乾與師陀在對於當時社會的態度上
比廢名和沈從文要激進一些，但他們在多取材於鄉村社會和追求抒情性等方
面與廢名和沈從文也有不少一致之處。

　　新月社周圍也有一些小說家。凌淑華早在 20 年代中期就開始了創作。並
以擅長寫高門巨族中女性的情趣與煩惱而受到關注。進入 30 年代，她仍然有
所創作。繼《花之寺》之後，又出版了《女人》和《小哥兒倆》兩部小說集。
與新月社關係密切的另一位女小說家是蘇雪林。1928 年出版的短篇集《綠天》
和 1929 年出版的長篇《棘心》是她這一時期的小說創作。這些作品取材作者
自己的親身經歷，或者描繪包辦婚姻的美滿，或者抒寫兒女在婚姻問題上順
從家長的孝心，其保守主義的文化立場顯而易見。陳銓的早期小說也與新月
社有著一定關係。長篇《天問》1931 年由新月書店出版。小說寫主人公林雲
章為了獲得心上人，不擇手段，但最後還是向心上人坦白了自己的罪惡，表
示懺悔。1934 年出版的長篇《革命的前一幕》，寫的是多角戀愛，表現的是美
對於人生的重要意義。新月社周圍的這些小說家其創作風格與沈從文等是不
同的。但在與現實鬥爭保持距離，而側重於探討普遍人性方面，又有著一定
的聯繫。所以可以將它們視為京派小說的一個支流。

四、海派作家的小說

「海派」文人一般指 30 年代上海政治傾向性較弱而商業性較強的作家群，並不包括所有在上海的文人。30 年代的海派小說由三部分組成：張資平等人的性愛小說、新感覺派小說和心理分析小說。

創造社一些成員原來就嗜寫性愛生活。張資平、葉靈鳳後來進一步發展了這一傾向，寫了大量的性愛題材的小說。他們的作品已明顯地在迎合讀者的低級趣味，實際上已經背離了嚴肅文學的創作原則，因而受到魯迅、沈從文等人的嚴厲批評。

新感覺派小說作家有劉吶鷗、穆時英、徐霞村、黑嬰等。其中最具代表性的作家的是劉吶鷗和穆時英。劉吶鷗是新感覺派小說的最早引進者，穆時英則是最有成就者，當時被譽為「新感覺派的聖手」。中國的新感覺派小說是在日本的新感覺派小說的影響下發展起來的。其創作特點有三：第一，傾向於描寫都市生活現象；第二，流露較多的是厭世的頹廢的思想情調；第三，多運用感覺化、蒙太奇化的表現手法。穆時英的《上海的狐步舞》、《夜總會裏的五個人》是這方面的代表作。

心理分析小說的代表作家是施蟄存。他雖然也有不少寫實的小說作品問世，但他在 30 年代卻是以寫心理分析小說著名的。他的這類創作多數是較為客觀地描寫兩性心理，如《周夫人》、《梅雨之夕》、《春陽》等，但也有少數作品具有顛覆傳統文化認知的意義，如《石秀》。他的創作受到奧地利作家施尼茨勒的影響。

五、民族主義文藝派的小說

30 年代，為了對抗左翼文學，國民黨實權派組織文人發動了一個民族主義文藝運動。民族主義文藝派是當時文壇的右翼。這一派的代表作家是黃震遐和萬國安。其小說方面代表性的作品有黃震遐的長篇《隴海線上》、《大上海的毀滅》，萬國安的長篇《國門之戰》。這些作家和作品是其他文學史著作或者學術論文中較少提到的，所以筆者在這裏作較為詳細的介紹。

黃震遐（1907～1974），廣東南海人。1929 年曾在曾樸、曾虛白創辦的《眞美善》雜誌上發表詩歌《韃靼人的墳》、《死駱駝的長呼》。1930 年 5 月，在上海投筆從戎，參加國民黨中央黨校教導團，隨軍參加中原大戰。戰爭結束後，在《前鋒月刊》上發表中篇小說《隴海線上》和劇詩《黃人之血》。1932 年，

又在《大晚報》副刊上連載長篇小說《大上海的毀滅》。抗日戰爭結束後曾任《新疆日報》社長。1949 年去香港。1974 年病逝於九龍。

《隴海線上》發表於 1931 年 2 月出版的《前鋒月刊》第 5 期。據《前鋒月刊》的編者朱應鵬說，這篇小說是他得知黃震遐從戰場上歸來後特約黃震遐寫的。

1930 年 5 月 3 日，正當中原大戰（也稱南北大戰）的戰雲密佈於中原大地之際，23 歲的黃震遐悄悄來到上海閘北區的國民黨中央軍校教導團的招兵處，以「黃宗漢」的名字報名入伍。第二天，他就與其他新兵一起，離開上海來到南京一個叫做「炮標」的練兵操場接受軍事訓練。三個多月後，在 8 月 18 日，他作為教導團第二師騎兵團輕甲車連（即第三連）第一排第一班班長（一等兵），與全連官兵一起，開赴中原大戰的前線。他在河南境內的隴海線上參加過幾次與閻錫山馮玉祥軍隊的戰鬥。10 月上旬，閻馮軍潰敗，黃震遐也隨輕甲車連回到南京。

中篇小說《隴海線上》就是以作者的這一段軍隊生活為題材用故事內敘事方式寫成。小說約 3 萬字，除「小引」外，共分 11 章：「出發的一瞥」、「從南京到柳河」、「趙老家七日記」、「在張莊的戰壕中」、「重返柳河」、「從柳河到張壩崗」、「總攻擊」、「從張壩崗到野雞崗」、「七人的遠征隊」、「開封與『開風』」、「凱旋麼？」在小說的描寫中，作者的政治態度非常明確。他站在「中央軍」的立場上，將馮玉祥、閻錫山、李宗仁的北方視為「逆」、視為「殘餘的封建勢力」。在小說的最後一章裏，作者更通過大段的議論將其政治傾向性表露無遺。我們不妨讀一下其中的一個段落：

> 所以，還是諸生者努力，死者安息吧。所有中央軍死難的將士們喲，在突然受著槍彈貫穿了你們的胸口，炮彈的碎屑打在你們的面上，或是鋒利的大刀斬到你的頭上來的那一刹的時候，在那一刹那的痛苦，絕望，悲顫，死滅的時候，你們也許會感到生命的寶貴與眷念，然而你不曉得這便是光榮的犧牲，這便是世界大同最初的犧牲啊！殘餘的封建勢力是國家和三民主義的障礙，是世界大同的障礙，所以才用著你們去打平它，打平它就是替國家、世界、人類打不平，這樣想來，那你我又是多麼的光榮，多麼的流芳千古。
>
> ——《前鋒月刊》第 5 期，第 77～78 頁

　　黃震遐的另一部長篇小說是《大上海的毀滅》。這部小說最初連載於 1932 年 5 月 28 日至同年 9 月 11 日的上海《大晚報》上，共約 13 萬字。1932 年 11 月由大晚報館出版單行本。內容稍有修改，去掉小標題，分爲三部。第一部：曠野與都會；第二部：某便衣兵的日記；第三部：一切毀滅。小說寫的是 1932 年發生於上海的一·二八抗戰。作品的思想傾向是比較複雜的。

　　首先，小說讚揚了十九路軍和便衣隊的抗戰。作品採取對比描寫的構思，約一半篇幅寫軍民的可歌可泣的抗戰，其餘的篇幅則寫上流社會男女青年的安樂和一些知識青年的空談。作者在第二部第十一章通過一個自發抗戰的便衣兵草靈的口說：「租界，好像一道萬里長城似的，劃分開這兩種的人類——一面是演說，爭辯，謾罵，而另一面則爲犧牲，流血，奮鬥。」在第一部第十二章中，則通過十九路軍的湯營長的心理描寫這樣寫道：「十九路軍打得這樣苦，而這些人在租界卻如此安樂！」小說以讚賞的態度描寫像羅連長、龍連長、湯營長、草靈等爲國捐軀的人們，而以不滿的態度描寫像盧耀明、密司脫張、露露、阿霙等只顧自己安樂的人和那些只會空談的「蘇秦張儀們」。作者認爲，比較起來，前一類人只是少數。在這少數人身上，還保留著古代人的「忠誠」和「義勇」，而在後一類人身上，這種品質已經喪失殆盡。作者的態度是明確的，他讚賞前者，而輕蔑後者。

　　但我們並不能因此就認爲作者在是主張堅持抗戰的。小說中還表現了另一方面的思想：中國打不過日本，堅持抗戰只能導致亡國，或者陷人民於大災難之中。爲了表現這一思想，小說首先在第二部第二十三章中通過龍連長給草靈的信說明日軍的武器裝備水平大大高於中國軍隊，兩軍作戰，簡直不是戰爭，而是日軍對中國軍隊的屠殺：

　　　　「攻他們麼？當然是可以，然而事先替我們偵察的飛機在哪裏？臨時掩護我們前進的火炮又在哪裏？敵人是陸海空軍全備，我們卻只有陸軍，陸軍是具備步、騎、炮、工、戰車五種，而我們卻只有步兵，而步兵，敵人在每一連的正面上，有兩挺重機關槍和六挺輕機關槍，我們卻只有兩挺輕機關槍。啊，草靈同志，比例是這樣，我們有沒有攻呢，大膽地告訴你吧，我們是攻了，而且是前仆後繼地衝鋒前進，不過，結果卻不像戰爭，只像屠殺而已。

　　　　　　　　　　　　——單行本《大上海的毀滅》第 308 頁

　　接著，小說又通過草靈的日記預測堅持抗戰的後果：

十九路軍，無疑地，已是做了我常備軍犧牲至死最好的榜樣，那封信上説：六天裏，我們死了七千人，照這樣來算，不消三個月的功夫，敵人就可以撲殺我國軍十萬人。一年功夫，就可以撲殺我四十萬人。若按照戰爭死傷公算的定律來講，那麼，不到一年半，我國的常備軍犧牲至七十萬人，全國軍隊二百萬，實力消耗三分之一，即可失去其戰鬥力，而到了那時，民眾們若再懷著「打呀！打呀！」一方面還迷信著關羽張飛的大刀，中國全部十八省就完全在敵人的憐憫之下。

——單行本《大上海的毀滅》第 315～316 頁

作者要表達的意思是，對於日本的侵略，中國軍隊不能不抵抗一下，表示一個態度，但不能堅持打下去，打一下就應與日本求和。求和以後中國人做什麼呢？那就是抓緊時間來「準備」，「訓練」，「努力」。

那麼，黃震遐爲什麼要寫這樣一部小説呢？這只要看一看 1932 年的政治語境就可以明白。一・二八事變發生後，蔣介石不支持十九路軍抗戰，在十九路軍打敗之後，就與日本簽訂了《上海停戰協定》。蔣介石實行的是「攘外必先安內」的基本國策，也就是先消滅國內的政治異己力量，然後再去抵抗外來入侵者。蔣介石的基本國策遭到舉國輿論的譴責。在這種情況下，黃震遐創作了這部小説，其意圖是明顯的，就是要爲蔣介石的對日妥協國策辯解。但他又怕受到輿論的譴責，所以小説用很大的篇幅讚美抗戰英雄。

另一位代表性作家是萬國安。他是民族主義文藝派的第二位重要作家，其影響僅次於黃震遐。但與黃震遐不同，萬國安卻是一位名不見經傳的人物。關於他的生平，我們只能根據一些零碎的材料連綴如下：

萬國安，奉天人，出生於 1907 年左右。1925 年，萬國安中學畢業後進入奉軍，在機關槍連擔任過槍長，並參加了張作霖與郭松齡的戰爭。1929 年下半年，作爲奉軍駐守滿洲里的第十五旅的一個連長，親歷了 1929 下半年的中蘇邊境之戰。他有一個叫流波的俄羅斯妻子。但流波又是蘇聯遠東軍別動隊的間諜。萬國安發現她是間諜後就打死了她。後來萬國安所在的十五旅在滿洲里被蘇聯紅軍包圍。其中一部分被俘虜，萬國安與另一部分中國官兵則突圍而出。1930 年，他又作爲中央黨校教導團的一名新兵參加了中原大戰，並與黃震遐結識。後來曾一度發表過一些作品。再後的經歷就不爲人所知了。

但對於萬國安娶過一個蘇聯間諜爲妻的真實性，茅盾曾經提出過懷疑。

茅盾在《〈黃人之血〉及其他》一文中寫道：「《國門之戰》是謠言說謊的結晶。一切戰爭小說裏應有的謊都有在那裏。蘇俄利用女子作間諜，早已成為帝國主義國家說破了作用的謠言了，可是在政治幼兒的中國國民黨及資產階級還當是靈驗的寶貝，國民黨的報紙時時在散佈在發明這樣的莫須有的女間諜。因而《國門之戰》內的主人公——作者萬國安也就有了一個言語不通的俄國女間諜的老婆。而且他因為『民族意識』的激發，槍斃了這間諜老婆，及她的同黨三四人。而這事件，可在戰時後方的哈爾濱發生。黃震遐的序文中說這是萬國安的真正事實。但是何以當時中國資產階級以及國民黨的報紙上竟沒有片言隻字提及這樣一件『熱心愛國』，『大義滅親』的大事件呢？是國民黨的宣傳部太發昏呢，還萬國安的造謠，二者必居其一的。不用說，國民黨宣傳部人員決不會發昏到如此地步。造謠而又露馬腳，民族主義的作家真正一切太蠢！」〔註1〕

現在可以明確的萬國安發表的作品有：

1、《剎那的革命》（短篇小說，《前鋒月刊》第5期）

2、《國門之戰》（中篇小說，《前鋒月刊》第6期）

3、《準備》（短篇小說，《前鋒月刊》第7期）

4、《義合屯之戰》（短篇小說，《民族文藝》1卷1期）

《國門之戰》，1931年初發表於《前鋒月刊》第6期，約6萬字，未見出版單行本，也未見收入其他作品集或者資料集。黃震遐曾經在給萬國安的《國門之戰》所寫的序中這樣寫道：「因為從前在河南的時候曾經極力慫恿萬君將他口述的事寫成文章，現在他既大功告成，而且寫出來的比他口述的還要生動有力，當然是很高興寫這段小引。」〔註2〕這說明萬國安在河南打仗時曾向黃震遐談到過他所經歷的中蘇戰爭的事，得到了黃震遐的鼓勵，於是寫成《國門之戰》，並得以發表。

小說描寫的是中蘇在1929年下半年的邊境武裝衝突。1929年，國民黨因蘇聯借中蘇合辦的中東鐵路工會在中國宣傳赤化而驅逐了蘇方的中東鐵路職員，由此引起兩國武裝衝突。當時蘇聯出兵五萬進攻現位於內蒙東北部的滿洲里。斷斷續續經過半年的時間，中國軍隊被打敗。守衛滿洲里的第十五旅

〔註1〕《茅盾全集》第19卷，人民文學出版社1991年第1版，第290～291頁。
〔註2〕《前鋒月刊》第六期，第6頁。

和守衛扎蘭諾爾的第十七旅幾乎全軍覆沒，一部分官兵被俘到蘇聯，只有少部分得以突圍而出。《國門之戰》反映了這次武裝衝突的全過程。小說除了描寫戰爭過程之外，還講述了主人公萬連長大義滅親的的故事：萬連長娶了一個俄羅斯姑娘；但當他發現這位妻子竟然是一個蘇聯間諜時，他毅然決然地槍斃了她。這是一部將反蘇反共與愛國主義結合在一起的，能够充分體現民族主義文藝派文學主張的作品。小說在人物塑造方面較弱，但對戰爭過程則做了較爲眞實的描寫。

第三節 40年代（1937～1949）

40年代的中國社會又發生了新的變化。抗日戰爭和國共之間的戰爭幾乎覆蓋了這一時期的全部。在抗日戰爭時期，中國的政治區域可以大致分爲大後方、淪陷區和抗日民主根據地。第三次國內革命戰爭時期，中國政治區域可以大致分爲國統區和解放區。爲了行文方便，這裏統稱之爲國統區、淪陷區和解放區。小說在這三個政治區域裏發展，並呈現出不同的面貌。然而國統區、淪陷區、上海孤島以及香港、新加坡一帶，作家流動性較強，聯繫也比較密切，所以這裏將這些地區的小說統一加以評介。解放區的小說雖然也是一種左翼小說，但其創作具有獨特的面貌。這裏專門進行評介。

到了40年代，30年代左中右的作家隊伍格局並沒有根本的改變，他們只是隨著政治形勢的變化而改變著各自的政治策略和話語策略。就世界範圍而言，20世紀30年代是「紅色的30年代」，就中國而言，40年代仍然是紅色的，左翼小說在40年代仍然是主潮。

一、國統區、淪陷區等地區

（一）左翼作家的小說

張天翼在40年代因爲健康關係創作不多。但他發表於1938年4月《文藝陣地》創刊號上的短篇《華威先生》，卻開了國共合作抗日後暴露國民黨官僚的先河，並在當時引起了激烈的爭論。作爲左翼文壇的主將之一，茅盾在這一時期仍然有不少小說問世。日記體小說《腐蝕》是一部暴露國民黨大後方特務統治的作品。同時他也寫了與現實鬥爭關係較遠的《霜葉紅似二月花》。吳組緗1943年出版了他的長篇小說《鴨嘴澇》（後改名《山洪》）。這部

長篇在表現群眾的抗戰心理方面達到了較高的水平，同時也體現了左翼知識分子對於抗戰的特殊理解。

艾蕪這一時期寫成三部長篇《豐饒的原野》、《故鄉》、《山野》和一個中篇《一個女人的悲劇》。沙汀是與艾蕪一起登上文壇的。他在 30 年代並沒有引人注目的作品。這一時期則寫出了一系列作品，如短篇《在其香居茶館裏》，長篇《淘金記》、《困獸記》、《還鄉記》。其中《在其香居茶館裏》和《淘金記》可以說是暴露國統區黑暗的力作。這兩位四川籍作家對 40 年代四川社會的反映是相當廣泛的。

馬寧在 30 年代初期就寫過長篇《處女地》和中篇《鐵戀》、《灰戀》和《新戀》。後來輾轉華南和東南亞一帶，40 年代又創作了三部長篇：《香島烟雲》、《揚子江搖籃曲》和《將軍向後轉》。《香島烟雲》寫的是太平洋戰爭期間香港的社會百相。《揚子江搖籃曲》用喜劇的形式塑造了一位農民出身的新四軍戰士，既寫了他作為農民殘留的愚昧，也寫了他的樸實和英勇。《將軍向後轉》則是一部論辯性較強的批評國民黨統治的小說。司馬文森這一時期的小說創作也很豐厚。有的作品描寫女性心理非常細膩，如長篇《雨季》。有的作品抒發殘疾人的堅強意志相當充分，如中篇《人的希望》。而這些作品都噴發著抗戰的時代氣息。黃谷柳是 40 年代後期出現的一位小說家。其代表作《蝦球傳》描寫了一個流浪少年成長為游擊隊員的生活經歷，同時生動地反映了 40 年代後期香港和廣東一帶的社會現實和時代變遷。這三位左翼小說家都生於華南，而且也多以華南或者南洋的生活為小說的題材，所以可以稱他們為華南作家。華南作家中還有於逢、易鞏和陳殘雲。於逢和易鞏在 40 年代初合著的長篇小說《夥伴們》寫珠江三角洲一帶被迫成為土匪的夥伴們，當國難臨頭時，民族良心使他們彙入了抗日的洪流。

七月派小說屬於 40 年代左翼小說的一支。其作家有路翎、丘東平和彭柏山。在這些作家中，路翎的創作成就是比較高的。中篇《飢餓的郭素娥》和長篇《財主的兒女們》是其代表作。他的小說在思想和藝術方面都是很有特色的。

這一時期東北流亡作家在顛沛流離中也取得了小說創作的新收穫。蕭軍雖然大部分時間是在解放區度過的，但其主要的創作仍然取材於故鄉。自 1936年至 1951 年，積十幾年之力，寫成長篇巨著《第三代》八部。這是一部反映東北 20 世紀初東北城鄉社會生活的力作。蕭紅則寫出了長篇《呼蘭河傳》和

短篇《小城三月》。這些作品親切自然而又意蘊豐富。同時她也寫了一些直接
批評抗戰中消極現象和為抗戰呼喊的作品，如長篇《馬伯樂》和短篇《黃河》。
端木蕻良於 1939 年出版了長篇《科爾沁旗草原》。這既是一軸九‧一八前東
北地區的歷史畫卷，也是一曲抒發東北男兒呼應時代召喚的心靈悲歌。駱賓
基出版了長篇自傳體小說《幼年》、短篇集《北望園的春天》等。

左翼作家的小說表現內容雖然比較豐富，但宣傳抗戰和暴露國統區的黑
暗始終是其最基本的內容。

（二）親左翼作家的小說

老舍在這一時期的小說創作主要是長篇《四世同堂》和《鼓書藝人》。從
這些作品中可以看出，他在抗日戰爭時期秉承的是愛國主義，而到了 40 年代
後期，其思想的變化是明顯的，開始強調民主革命的重要性。巴金也取得了
豐碩的成果，除了宣傳抗戰的《抗戰三部曲》外，《寒夜》、《憩園》都是藝術
水平較高的作品。羅洪在 30 年代就有反映一‧二八滬戰的短篇小說《白的風
暴》和具有社會剖析性質的長篇小說《春王正月》問世。這一時期又寫出了
《孤島時代》、《踐踏的喜悅》等長篇小說。這些小說既暴露著中國社會的痼
疾，也張揚著民族精神。

40 年代大後方又有一些新的親左翼小說作者涌現。姚雪垠描寫抗日軍隊
中農民形象的短篇小說《差半車麥秸》，引起了人們的注意。陳瘦竹的長篇《春
雷》寫的是日本侵略者的暴行和中國人民的反抗鬥爭。小說雖屬於抗日小說，
但很有鄉土小說的韻味。劉亞盛曾留學德國，1942 年發表了描寫法西斯主義
給德國人民帶來災難的中篇小說《小母親》，受到讀者歡迎。他在 1945 年出
版的長篇小說《夜霧》，寫京劇伶人的悲慘遭遇，與後來老舍所寫的《鼓書藝
人》題材上比較接近。

（三）京派作家的小說

抗日戰爭爆發後，京派作家在戰火中紛紛南下。他們在流亡過程中繼續
有所創作。但京派的創作宗旨已經難以堅持下去，他們的創作的現實性越來
越強。廢名在 40 年代發表了一部未完成長篇《莫須有先生坐飛機以後》，仍
然堅持散文化的寫法。沈從文也創作了未完成的長篇《長河》。小說仍然寫湘
西生活，但對現實黑暗的揭示較之以往作品更加充分。蕭乾則於 1938 年寫了
歌頌抗戰英雄的小說《劉粹剛之死》。其創作風貌已完全背離了京派的宗旨。

師陀在這一時期有中篇《無望村館主》、短篇集《果園城記》、長篇《結婚》和《馬蘭》，是前期京派作家中較有成就的一位。另一位受到沈從文影響的小說家田濤在這一時期也取得了不小的成就，出版有中篇《子午線》、短篇集《希望》和長篇《沃土》等。汪曾祺是 40 年代登上文壇的公認的京派小說家的後繼者。短篇集《邂逅集》是他這一時期代表作。

（四）現代世情小說

淪陷區由於日偽的政治控制，表現民族意識的小說不易問世，而由於群眾情緒的抵制，所謂「和平文學」也難以生存。這就為一些迴避政治而專寫世態人情的作家提供了成功的機會。

在上海淪陷區，張愛玲是紅極一時的小說家。她在當時的主要小說創作均收入 1946 年出版的小說集《傳奇》。蘇青曾主編《天地》文藝月刊，1943 年出版《結婚十年》，1947 年又出版《續結婚十年》。這兩部長篇小說語言通俗，描寫真實，曾發生過較大影響。上海淪陷區同類的小說作者還有王小逸和予且。王小逸有長篇小說《石榴紅》。予且則有長篇《女校長》、《乳娘曲》、等。

華北淪陷區有小說家梅娘。梅娘本名孫嘉瑞，早年即失去生母，筆名「梅娘」是「沒娘」的諧音。她的短篇集《魚》、中篇小說《蚌》和《蟹》等多是描寫兩性關係和家庭生活的小說，當時也很引人注目。說到梅娘，90 年代以來曾有一個在學界廣泛流行的「南玲北梅」的說法需要澄清。據考證，這個說法來自當事人梅娘自己的文章。梅娘在其散文《我與張愛玲》中寫道：「一九四二年，當社會上把『南玲北梅』並稱的時候，我讀了張愛玲的《金鎖記》，為她的深刻，深艷所傾倒；而且暗自慚愧，無資格與她並列。」〔註 3〕在《北梅說給南玲的話》中她更明確地寫道「1942 年末，北平的馬德增書店和上海的宇宙風雜誌聯合籌辦了一項讀者調查『誰是最受歡迎的女作家』。結果，張愛玲和我雙雙名列榜首，從此，就有了『南玲北梅』之說。」〔註 4〕實際上，此事純屬子虛烏有。最明顯的證據就是 1942 年張愛玲尚無有影響的作品發表。既然當時張愛玲尚未出名，又怎麼會有「南玲北梅」之說？

錢鍾書雖曾在淪陷區進行過小說創作，但主要小說作品卻出版在抗戰之後的國統區。他有短篇集《人・獸・鬼》和長篇小說《圍城》。

〔註 3〕 江嘯聲選編：《梅娘》，文匯出版社 2001 年 1 月第 1 版，第 238 頁。
〔註 4〕 梅娘著，侯健飛編：《梅娘近作及書簡》，同心出版社 2005 年 8 月第 1 版，第 239 頁。

（五）浪漫哲思小說

在國統區曾經風靡一時的還有徐訏和無名氏的浪漫哲思小說。徐訏 1937年 1 月在《宇宙風》上發表的中篇小說《鬼戀》就很受關注。抗日戰爭爆發後發表的中篇《吉普賽的誘惑》、《阿拉伯海的女神》和長篇《風蕭蕭》也是當時的暢銷書。他的作品情節曲折離奇，想像詭譎，具有異國情調和關於人生哲理的探討。無名氏（卜寶南）在這一時期有中篇《北極風景畫》、《塔裏的女人》和長篇《野獸、野獸、野獸》、《金色的蛇夜》、《海艷》。他的小說側重探討人生意義，文詞華艷繁富，情節曲折，富有哲理性與詩意。

另外鹿橋（原名吳訥孫，1945 年後移居美國）在抗日戰爭時期寫的長篇《未央歌》也可歸入此類小說。此書雖然完稿於 1945 年，1959 年由香港的人生出版社出版。小說以西南聯大大學生的愛情生活為題材，側重描寫其中的情感況味。作品政治背景淡化，也有較濃的浪漫哲思色彩。

（六）右翼作家的小說

陳銓這在一時期成為戰國策派的代表人物之一。其小說表現了與尼採的權力意志學說相聯繫的民族意識。這一傾向在他 1935 年留學德國時所寫的中篇《死灰》中就有所流露。1942 年出版的長篇《狂飆》更充分地展示了這一思想傾向。蘇雪林這一時期在政治上也明顯站在國民黨一邊。1945 年出版的南明歷史小說集《蟬蛻集》，寫的是明末文臣武將保主抗清的故事。這些小說一方面表現了抵抗外侮的民族意識，同時也曲折地表現了忠實於當局的「忠君」思想。

二、解放區

（一）趙樹理等人的通俗化小說

趙樹理的小說創作明確以農民為讀者對象，因而他的小說創作多繼承中國傳統通俗小說的寫法。其代表作有短篇《小二黑結婚》、中篇《李有才板話》和長篇《李家莊的變遷》。趙樹理的小說雖然沒有採用章回體，但卻從傳統小說中借鑒了不少有益的寫法。與趙樹理走著同一藝術路線的還有其他一些解放區的作家。柯藍於 1944 年發表了中篇《洋鐵筒的故事》。這是解放區第一部章回體小說。馬烽、西戎於 1945 年發表了章回體長篇《呂梁英雄傳》。孔厥、袁靜於 1949 年出版了章回體長篇《新兒女英雄傳》。這些小說表現的多

是共產黨領導人民抗日的內容，而在形式上則多採用傳統的手法。其中有些作品是較早出現的新英雄傳奇。

（二）孫犁的詩體小說

與趙樹理不同，孫犁的小說創作走的是另外一條路線。他擅長將詩和散文的因素融合到小說中。他的小說多寫美的事物，快樂的事情，紀實性強，虛構性弱，用筆講究。創作雖稍顯單薄，卻頗耐人回味。《荷花澱》、《蘆花蕩》、《囑咐》、《鐘》、《碑》等，都是不錯的作品。

（三）歐陽山、柳青的集體化小說

在抗日民主根據地，農村集體化道路屬於新生事物。表現這類生活的小說較有影響的是歐陽山的《高幹大》和柳青的《種穀記》。這兩部小說各有特點。《高幹大》重視的不僅是如何搞好合作社的具體方法，同時也批評了幹部中的官僚主義和形式主義的工作作風。這部作品寫得比較通俗，藝術上不够細膩，但其思想有不少可取之處。柳青的《種穀記》寫的是農民變工種穀的事情。作者較少從經濟規律的角度分析集體化的實施方式，而是著力分析不同階級對待集體種穀的不同態度。社會經濟體制的變革肯定與不同階級的經濟利益相關，但某種經濟體制能否存在卻最終決定於經濟體制自身對於生產力的適應性。《種穀記》有過分從階級鬥爭的角度去闡釋問題的缺陷，但它在生活細節的描寫上借鑒了蘇聯文學的營養，頗見功力。這部小說開了建國後此類小說如《創業史》、《艷陽天》、《金光大道》的先河。中國農業的集約化道路至今仍在探索過程中，當年這些描寫農村集體化道路的作品仍然不會被人們完全遺忘。

（四）丁玲、周立波的土改小說

丁玲的《太陽照在桑乾河上》和周立波的《暴風驟雨》是 40 年代解放區反映土地改革運動的代表性小說作品。兩部小說寫同一內容，卻風格不同。前者較為寫實而手法較為西化，後者則比較浪漫同時手法比較接近中國傳統。

建國後仍有人寫此類小說。如孫犁寫有中篇《村歌》。張愛玲寫有長篇《赤地之戀》。張愛玲的《赤地之戀》對於土地改革的態度與左翼作家迥異，對於土地改革中的錯劃階級成分問題和暴力傾向也有誇大的描寫。土地改革運動是中國現代史上的重大事件，土改小說也是重要的文學現象。特別是如何看待土改運動中的暴力傾向更是一個複雜的問題。筆者認為，通過暴力進行權

力和財產再分配，肯定不是理想的社會變革方式，但它又是民主政體建立之前社會變革的常見方式。因此，對於包括土地改革在內的暴力社會變革，只能將其放在特定的歷史背景下進行分析和評價。

（五）其他作家的小說

除了上述幾類小說之外，解放區還有不少作家寫了較有影響的短篇小說，如劉白羽反映軍旅生活的《政治委員》和《無敵三勇士》、邵子南描寫民兵利用地雷陣襲擊日本鬼子的《地雷陣》、楊朔反映農民與八路軍同心抗日的《月黑夜》、康濯表現青年男女爭取婚姻自主權利的《我的兩家房東》。還有一些歌頌抗日小英雄的作品更是家喻戶曉，如華山的《鷄毛信》和管樺的《雨來沒有死》。解放區的這些短篇小說大都寫得通俗，明朗。

草明 1948 年出版的《原動力》則是較早描寫工業題材、歌頌工人主人公精神的長篇小說。

第四節　臺港小說與海外華僑小說

臺灣香港和海外華僑的小說創作雖然與中國大陸有一定聯繫，但獨立性較強，有自己的演變線索。因此對它們單獨介紹。

一、臺灣小說

從中日甲午戰爭之後，到抗日戰爭勝利，臺灣一直在日本帝國主義的統治下。從 20 世紀 20 年代開始，在五四文學革命的影響下，臺灣文學走上了現代化道路。一般文學史研究者都把民國期間的臺灣文學史分爲四個時期。

第一個時期是奠基時期，大致是 20 年代。這時期最重要的現代文學作家是賴和。賴和（1894～1943），是臺灣新文學的奠基人。他的成就是多方面的。他這時期的短篇小說有《鬥鬧熱》、《一桿「秤仔」》、《不如意的過年》等。他被稱爲「臺灣的魯迅」。與他同時的小說作家還有張我軍等。

第二個時期是繁榮時期，大致是 30 年代。出現了大量新文學作家。這一時期最重要的小說家是楊逵。楊逵（1905～1985），臺南新化人。他於 1932 年創作了中篇小說《送報夫》。《送報夫》寫一個被稱爲楊君的臺灣青年，在其父被一個日本製糖公司逼死後，隻身到日本東京謀生，當了一名派報所的送報夫。後來他與日本工人一起，反對派報所老闆的剝削與壓迫，並取得了

勝利。後來楊逵又創作了《模範村》、《鵝媽媽出嫁》等小說。楊逵是一個有左翼傾向的作家。

1937 年到 1945 年，日本發動了全面的侵華戰爭。日本軍國主義在臺灣控制文壇，組織所謂的「決戰文學」創作，所以這一時期被稱為文學的「沉寂時期」。這一時期沒有優秀的小說作品發表。

1945 年到 1949 年是臺灣光復後的初期。這一時期吳濁流發表了他的短篇小說《先生媽》、《陳大人》和長篇小說《胡太明》（原名《胡志明》，1956 年再版時定名《亞西亞的孤兒》）。吳濁流（1900～1976），臺灣新竹人。從 1943 年到 1945 年，他在日本統治下秘密寫了上述小說。但這些作品當時不能發表，所以直到這一時期才得以問世。這些小說表現了強烈的反對日本殖民統治的愛國主義精神。

二、香港小說

與中國大陸和臺灣相比，香港新文學發生得比較遲緩。1928 年之後新文學才形成較大的影響。但與臺灣相比，香港文學與中國大陸文學有更密切的聯繫。這是因為不斷有中國大陸作家南下香港。第一次是抗日戰爭時期。第二次是抗日戰爭結束後。

與這些南下作家相比，在民國時期，香港本土作家的成就相對要小一些。其中最有成就和最有影響是侶倫。侶倫（1911～1988），原名林下風，祖籍廣東揭陽，生於香港。他於 1928 年就開始發表短篇小說。代表作是寫於 1948 年而出版於 1952 年的長篇小說《窮巷》。小說寫的是戰後香港一些卑賤者風雨同舟、相濡以沫的生活狀況。一群窮困的人合租一處房子。他們有的是記者，有的是小學教師，有的是買賣破爛的，有的是復員軍人。他們遍嘗生活的酸辛，但仍保善心不變。《窮巷》雖然是嚴肅的文學，但情節曲折，富有懸念，是一部很受讀者歡迎的作品。

三、海外華僑小說

林語堂自 1936 年到 1966 年約 30 年時間基本上生活在海外，主要在美國，但始終未脫中國國籍。他用英文寫了不少著作。其中小說創作的前三部出版於 1949 年以前。它們是《京華烟雲》（1939）、《風聲鶴唳》（1941）和《唐人街》（1948）。後來又有《朱門》（這部小說與《京華烟雲》和《風聲鶴唳》被

合稱為「林語堂三部曲」)、《紅牡丹》、《賴柏英》、《逃向自由城》、《奇島》、《遠景》等小說問世。其中《京華烟雲》是作家比較滿意的作品。小說以一個富商的愛女姚木蘭的生活道路為主線,寫了從八國聯軍入侵北京至抗戰初期北京的幾個大家庭的生活變遷,也表現了作者儒道互補的人格理想。

第三章 「30年」商業小說的變遷

第一節 關於「30年」商業小說

「中國現代文學」，可以從兩個意義上去理解。一是狹義的，僅指現代中國人所創作的現代性較強的文學，即新文學。過去有許多只評介新文學的中國現代文學史著作就是按這一理解編著的。此類著作有的稱爲「中國現代文學史」，有的則直接稱之爲「中國新文學史」。後者如王哲甫的《中國新文學運動史》，王瑤的《中國新文學史稿》，司馬長風的《中國新文學史》。另一種對「中國現代文學」的理解是廣義的，泛指現代中國人所創作所有文學。它不僅包括現代中國人創作的新文學，也包括現代中國人創作的舊文學和半新半舊的文學，不僅包括嚴肅文學，也包括商品性文學。此類文學史著作以往並不多見。錢基博的《現代中國文學史》是其中之一。該書分爲上下兩編，上編評介「古文學」，下編評介「新文學」。按著廣義的概念理解，中國現代文學也應評介當時流行的商業小說。

然而由於受當年激進的時代氣氛影響，自上世紀30年代到80年代出版的中國現代文學史著作，幾乎都不將商業小說作爲現代文學的內容加以正面評述。從今天的眼光看來，這是有失客觀的。

但自上世紀80年代以後，隨著學術環境的寬鬆，民國期間的商業小說也開始逐步受到學術界的重視，不斷有這方面的研究成果出現。范伯群在研究整理這類小說方面作出了突出成就。2000年4月，江蘇教育出版社出版了他主編的《中國近現代通俗文學史》上下卷。2007年1月，北京大學出版社又

出版了他獨立完成的《中國現代通俗文學史》。同時，上世紀 90 年代以後出版的一些中國現代文學史著作如錢理群、溫儒敏、吳福輝三人合著的《中國現代文學三十年》，和中國現代小說史著作如楊義撰寫的《中國現代小說史》，也在嘗試將這部分小說整合到中國現代文學或者中國現代小說的文學生態體系當中。對商業小說由簡單的批判轉爲全面的研究，並在文學史著作中加以評述，無疑是學術的進步。

　　本章所要討論的「30 年」商業小說，其外延是比較確定的，就是指張恨水、秦瘦鷗、劉雲若等人的世態人情小說，不肖生等人的武俠小說，程小青、孫了紅等人的偵探小說，蔡東藩等人的歷史演義等。但如何給這些小說命名，如何看待這些小說與嚴肅小說的關係，卻是一個複雜的學術問題。

　　首先是命名問題。孔子曰：「名不正則言不順」。命名不當會使人對事物發生誤解。例如，對於動植物有所瞭解的人們大概知道這樣一些常識：鯨魚不是魚，鼴鼠不是鼠，豪豬不是豬，角馬不是馬，令箭荷花不是荷花。但對於不瞭解這些動植物分類的人們這些動植物的名稱卻很容易造成認識上的誤區。

　　上世紀 80 年代以前，不少人將民國期間的商業小說稱之爲鴛鴦蝴蝶派小說、禮拜六派小說或者民國舊派小說。民國商業小說雖然不等於「30 年」商業小說。但釐清民國商業小說的一些稱謂卻有助於我們進一步討論「30 年」商業小說的命名問題。

　　稱民國商業小說爲鴛鴦蝴蝶派小說，有窄化對象的弊端。「鴛鴦蝴蝶派小說」最初是「五四」時期一些人用來指稱民國初年徐枕亞等人所創作的言情小說的。這一名稱是形容此類言情小說中所寫的才子佳人相悅相戀，分拆不開，像一雙鴛鴦，一對蝴蝶一樣。後來這一稱謂又被沿用下來泛指民國期間所有的商業小說。但民國商業小說既包括言情小說，也包括社會言情、武俠、偵探、歷史演義等小說類型，用「鴛鴦蝴蝶派小說」來指稱它們顯然失之於以偏概全。

　　覺察到用「鴛鴦蝴蝶派小說」泛指民國所有商業小說不夠貼切，又有人就用「禮拜六派小說」來稱謂這些小說。這一名稱來自此派一個很有影響的文學周刊《禮拜六》。此刊自 1914 年創刊後，時續時斷一直維持到 1949 年 1 月。該刊在出版宣言中就明確表示，讀該刊上的小說可以代替「戲園顧曲」，「酒樓覓醉」，「平康買笑」。「禮拜六派小說」這一名稱能够表明該派作者視小說審美功能爲遊戲消遣的基本態度，是一個較爲貼切，可以被認可的名稱。

　　建國後，又有人稱這些商業小說為民國舊派小說。不可否認，與現代嚴肅小說相比較，這些小說確有改革比較緩慢的特點。因而將其稱為舊派小說並非毫無根據。但稱這些小說為舊派小說也有不盡恰當之處。這些小說雖然多從中國傳統小說演變而來，但又不同於傳統小說。中國傳統小說先是經歷了晚清小說界革命的洗禮才演變為民初商業小說。因此民初商業小說已經與傳統小說有所不同。這在本書第一章中有過介紹。而五四文學革命又對民初商來小說發生過巨大衝擊。所以「五四」之後的商業小說與傳統小說的區別更為明顯。我們可以從許多方面來考察民國商業小說與傳統小說的不同：從思想上看，吳雙熱的《孽冤鏡》已經開始公然批評封建包辦婚姻，張恨水小說中的平民意識也比傳統小說強烈得多，「五四」之後出現的社會狹邪小說中對於妓女的人道主義同情也是包括《海上花列傳》在內的舊狹邪小說所缺乏的。從小說類型上看，偵探小說並非中國傳統小說類型，而是晚清小說界革命時從西方引入中國的。從語體上看，中國古代文言與白話二水分流的小說語言格局一直延續到「五四」時期，而「五四」之後的商業小說則基本拋棄了文言語體。從小說體式上看，雖然許多民國商業小說沿用了傳統的章回體形式，但其中也有不少作品不再採用這一形式，如程小青的《霍桑探案》、張恨水的《丹鳳街》和《八十一夢》等。從商業化程度上看，民國商業小說作者不僅其小說商品意識比傳統小說作者自覺和強烈得多，而且其小說商業化運作也要成功得多。總的看來，民國商業小說與現代嚴肅小說相比較，思想和形式確實較舊，但與傳統小說相比，它們又有許多新的因素。民國商業小說的本質特徵不是守舊，而是出於作者的商業目的而迎合大眾的消遣需求。所以民國舊派小說的名稱不夠準確。

　　上世紀 80 年代以來，學術界又開始稱民國商業小說為「通俗小說」。而且，這一稱謂目前已經相當流行。但在筆者看來，這一名稱卻有嚴重缺陷。

　　眾所周知，「通俗」一詞是指形式方面的隨俗或容易被接受。而民國初年鴛鴦蝴蝶派小說中卻有許多是古文甚至駢文寫的，根本談不上通俗。將駢文小說稱為通俗小說無論如何辯解也難以被接受；一些稱為通俗小說史的著作卻將古文小說和駢文小說作為重要評述對象，實在令人忍俊不禁。而且即使不考慮這些古文小說和駢文小說在內，僅僅將那些白話寫成的民國商業小說稱為通俗小說也仍然是不妥當的。

第一，這一稱謂概括的不是這派小說的特質，因而會造成類別認識的混淆。

筆者並不否定相當數量的民國商業小說有通俗的性質。但通俗卻不是這派小說的特質。許多嚴肅小說作家如巴金、老舍、趙樹理的作品也是相當通俗的。稱這派小說爲通俗小說，既不能概括這派小說的特徵，又容易混淆嚴肅小說與商業小說的界限，是很不恰當的。不錯，中國古代有將白話小說稱爲通俗小說的先例。例如，在明代馮夢龍所輯《古今小說》中，署名綠天館主人的《敘》裏就有了「通俗小說」的名稱。但當時稱白話小說爲通俗小說是針對文言小說而言的。而到了現代，當所有的小說都用白話創作時，而將白話小說中的商業小說稱爲通俗小說，則是令人費解的。我們知道，通俗的反義詞是艱澀、難懂等。難道與這些「通俗小說」不同的嚴肅小說都是艱深晦澀的？答案無疑是否定的。

第二，這一稱謂有商業小說作者自美其文並且貶低嚴肅小說的意味。這只要看一下這一名稱的來歷就容易明白。湯哲聲在其《中國現代通俗小說流變史》一書說過：「中國本沒有通俗小說的說法，是 20 世紀初新小說登上文壇之後，爲了有別於新小說作品，傳統作家對自己的作品的稱呼（新小說作家稱它們是鴛鴦蝴蝶派小說）。」〔註 1〕中國古代有沒有通俗小說的說法這裏不去討論，但湯哲聲說「通俗小說」是「傳統作家」「爲了有別於新小說作品」「對自己的作品的稱呼」則是沒有疑問的。許多商業小說作者在給自己小說寫的序跋或者他們相互之間寫的序跋中多稱他其小說爲「通俗小說」，並以之與被他們認爲是語言歐化，晦澀難懂的新小說相區別。可見，「通俗小說」是商業小說作者自美其文的一種稱謂。而這一稱謂顯然含有貶低嚴肅小說的意味。

商業小說作者自美其文是可以理解的。那麼爲什麼現在的一些學者也跟著稱此類小說爲「通俗小說」呢？我想這也可以得到解釋。一些較早研究此類小說的學者認爲新文學陣營對此類小說的批判不完全正確，甚至完全不正確。他們要撥亂反正，爲之翻案。於是他們就不願意再使用像「鴛鴦蝴蝶派小說」、「民國舊派小說」等體現了新文學陣營「偏見」或者被認爲是有損此類小說形象的稱謂，而採用此類小說作者自己給自己作品的稱謂「通俗小

〔註 1〕 湯哲聲著：《中國現代通俗小說流變史》，重慶出版社 1999 年 1 月第 1 版，第 1 頁。

說」。他們大概認爲這是一種客觀的做法。但在我看來，這些學者們的做法未免矯枉過正。「通俗小說」這一稱謂並不客觀，實在不比「禮拜六派小說」或者「民國舊派小說」的名稱更科學，更恰當。

那麼，究竟應當怎樣給民國的這些小說命名呢？我認爲根據民國間期小說創作的基本格局和這部分小說的本質特徵，可以稱之爲民國商業小說。

民國期間，中國小說界出現了兩大類小說。其中之一即五四文學革命後出現的思想和形式與傳統小說區別很大的，擔負著思想啓蒙、社會干預等社會責任的小說。另一大類即我們正在討論的這類小說。這兩類小說各有自己的作者群、讀者群和刊物，創作面貌也大相徑庭。幾乎不需要我們去人爲劃分，它們已是兩個自然形成的小說部落。現在的關鍵問題是如何界定它們。眾所周知，在現代社會中，小說作品既是作者與讀者進行審美交流的媒介，也是可以在文化市場上進行等價物交換的商品。我認爲，從作者對待小說的審美品格和商品屬性的不同態度並因之採取不同的創作原則的角度，可以將小說劃分爲嚴肅小說和商業小說兩大類。嚴肅小說是指作者更爲重視小說的審美品格從而在創作中眞實表達自己審美意識的小說。商業小說是指作者更爲重視小說的商品屬性從而在創作中不惜爲了銷售效果而迎合讀者審美趣味的小說。嚴肅小說作者也將自己的作品作爲商品銷售，或者也以賣文爲生，但他們不會爲了銷售效果而改變自己所要表達的思想情感。商業小說作者也會在作品中表達自己眞實的審美意識，但他們首先關注的是市場的需求和作品的銷售效果。嚴肅小說作者之所以更爲重視與讀者的眞實誠交流，是出於他們對於內心審美意識的珍視或者強烈的社會責任感。所以其作品一般思想性和探索性較強。而商業小說的作者之所以更爲重視作品的商品屬性，是因爲他們已經被市場法則所規訓，以爲作者通過滿足讀者的娛樂需求以換取養家糊口的報酬天經地義，無可厚非。所以他們特別重視小說的審美消遣功能，其作品的思想性和探索性一般較弱，藝術品位除受作者水平制約外，也間接受制於讀者。

現實中的文學現象總是複雜的。嚴肅小說與商業小說是根據主要創作傾向對小說進行的一種分類。兩類小說之間並非涇渭分明，總會有中間狀態和交叉狀態存在。如張愛玲、蘇青、徐訏、無名氏、張資平等人的如何歸類就是一個複雜的問題。但這並不影響分類工作的進行。動物分類學中也有類似的現象。有一些動物是過渡性的，如始祖鳥、鴨嘴獸等。另有一些動物則是

雜交動物，如騾子、犏牛、獅虎獸、虎獅獸等。這些動物的存在也不會影響人們給動物分類。另外，事物中總有非典型狀態存在，這也不會影響人們對事物進行界定。猶如鳥類中存在無翼鳥，人類中存在畸形人並不影響科學工作者對鳥和人進行定義一樣。但反過來說，在評價具體作家作品時則要特別注意具體情況具體分析。

對文藝作品從嚴肅與否和商業性強弱的角度進行分類和命名，這在其他藝術領域已有先例，如電影評論界就將電影作品劃分為藝術片與商業片兩大類。同時，這種分類和命名，也符合民國期間小說的實際。所以筆者認為，「禮拜六派小說」和「民國舊派小說」的名稱仍可以使用，但如果用「民國商業小說」這一名稱，可以更明確的標示出這類小說的本質特徵。

明確了民國商業小說的命名，「30 年」商業小說的命名問題也將迎刃而解。本書在第一章中已經討論過中國小說史的斷代問題。筆者主張以五四文學革命之分界點將中國小說史一分為二。筆者認為，五四文學革命不僅是中國現代嚴肅小說史的起點，也是中國商業小說史的起點。中國現代小說的一個重要標誌是以白話為正宗。因此，筆者不再將民國初年的那些尚未脫離文言與白話二水分流格局的商業小說與「五四」之後完全以白話創作的商業小說混在一起統稱為民國商業小說，而將「五四」之後的商業小說分立，並命之以「30 年」商業小說之名。

現在不少人將嚴肅小說和商業小說的關係等同於雅與俗的關係，這也是值得商確的。

中國古代常常將人文現象劃分為雅與俗兩類。「雅」通「夏」，「夏」是古代華夏民族的稱謂。「夏」有「大」和「正」的含義，所以「雅」也有「正」的意思，如「雅正」，「雅言」。後來「雅」又有了文化品位高的含義，如說「文人雅士」、「雅人深致」、「高雅」、「文雅」、「清雅」等。雅文學指文人創作的內容清雅，言而有文的詩文。雅文學的作者和讀者多為讀書人。「俗」的本義是風俗，如常說「入境問俗」。後來「俗」又有了文化品位低的含義。俗文學指民間流行的，內容與世俗生活貼近，形式簡單樸野的文學，主要包括民歌、故事、話本小說、戲曲、曲藝等。它們常常是集體創作，口頭創作。作者或者是下層民眾，或者是下層文人。其中既有民間文學，也有文人之作。俗不一定不好，雅也未必一定好。艷俗的大紅大綠雖然有些鄉氣，但仍然是美的，病梅和三寸金蓮雖然曾為雅士們欣賞，卻無疑是矯情和病態的。

中國現代嚴肅小說與中國古代的雅文學確有相似之處。古代的雅文學中大多是獨抒懷抱的，其創作態度大也大多比較嚴肅。而中國現代商業小說與中國古代的俗文學也有相似之處。它們都以白話爲傳達媒介。但嚴肅文學與雅文學不是同一概念，商業文學與和俗文學也不是同一概念。雅文學與俗文學是從文學品位的角度進行的劃分，而嚴肅文學與商業文學則是從創作態度和創作原則的角度進行的劃分。現代嚴肅小說雖然與古代雅文學有相似之處，但現代嚴肅小說並不一定追求高雅，嚴肅小說不僅使用白話，而且其中不少作者還有意追求形式的通俗化。現代商業小說雖然在俗的方面與古代的俗文學有一定聯繫，但古代俗文學中許多民歌、民間故事其作者在創作它們時並沒有商業目的，而現代商業小說的創作則均有商業目的。古代俗文學的俗是無意爲之，是自俗或者真俗，而現代商業小說的俗則多是作者有意爲之，是隨俗。所以，中國現代嚴肅小說與中國現代商業小說的關係不同於雅與俗的關係。

20 世紀以來，西方一些學者開始討論知識精英文化與大眾文化的關係。中國也有人將嚴肅小說稱之爲知識精英小說，而將商業小說視爲大眾文化的一部分。這一歸類基本上可以被認可。但也必須指明，大眾文化既包括商業文化，也包括真正的民間文化。而商業小說屬於大眾文化當中的商業文化。

當下有些人爲了拔高商業小說的地位，提出了一種似是而非的論點。他們認爲文藝的功能本來是給人帶來娛樂，而商業小說就以給人帶來娛樂爲使命，所以商業小說應當是中國現代文學的正宗；而嚴肅小說帶有審美功利目的，因而是一定歷史時期產生的另類文學；到張愛玲才撥亂反正，使中國現代文學走上正路。提出這一論點的是范伯群、李歐梵等學者。

范伯群在其《中國現代通俗文學史》的緒論中寫道：「現代通俗小說的服務對象，當然是『古國一般的人們』，尤側重市民大眾。而它的功能則是『極摹世態人情』，『主在娛心，而雜以懲勸』。……魯迅在《中國小說的歷史的變遷》中進一步發揮說：『但文藝之所以爲文藝，並不貴在教訓，若是把小說變成修身教科書，還說什麼文藝。』以上是魯迅對古代市人小說的作用與功能的精闢論述，返觀現代通俗文學也基本上繼承了這一傳統。」〔註2〕李歐梵則在該書的「序二」中與之呼應。他說：「我曾多次提過作家阿城的一個觀點，

〔註 2〕范伯群：《中國現代通俗文學史》，北京大學出版社 2007 年 1 月第 1 版，第 2 頁。

他認爲中國現代文學的面貌和傳統，本來就是通俗的，『五四』反而是一個『另類』，直到張愛玲才撥亂反正，重振這個主流傳統。這個說法，在研究『五四』新文學的正統的專家學者眼中，當然是離經叛道」。〔註 3〕我不知道自己屬不屬於「研究『五四』新文學的正統的專家」，但看到范伯群和李歐梵兩位先生的上述文字，確實感到了詫異。

我們知道，文藝作爲一種審美意識的載體，其對受者的基本功能就是審美功能。所謂審美功能，就是文藝作品在受者的審美接受過程中對受者所產生的整體精神影響。審美功能既包括審美愉悅功能，也包括審美導啓功能。作者意識到文藝有審美導啓功能，創作時帶有發揮這些功能的目的，也是藝術創作規律所允許的。除了唯美主義者，古今中外的學者們幾乎無不認同寓教於樂的文藝審美功能觀，少有人一概否定文藝作品的審美導啓功能和文藝家在創作時帶有審美導啓目的。而要具體分析審美導功能或者審美導啓目的的利弊則要從以下兩點入手：一要看作者的審美導啓目的所預期的作品的審美導啓功能對社會和人生是有益還是有害，二要看作者的審美導啓目的是否導致作者違背了藝術創作規律。不作具體分析，是不能籠統地否定文藝的審美導啓功能和審美導啓目的的。因此，以帶有審美導啓目的而輕易地將嚴肅小説視爲「另類」，理論上是站不住腳的。同樣，因商業小説不重視其作品的審美導啓作用，就將其視爲「主流傳統」也是沒有理論根據的。商業小説作者不重視其作品的審美導啓作用，卻重視其作品的商業利益。他們爲了狹隘的功利目的去迎合讀者的審美趣味，也就違背了藝術創作的眞誠原則。而我們知道，同是商品，精神性商品與物質性商品是有所區別的。物質性商品有優劣好壞之分，卻無眞誠與否的區別。而精神性商品是作者精神世界的外化，所以也就有了眞誠與否的區別。精神性商品既是人們進行精神交流的載體，人們當然應當要求它眞誠地表達作者的精神世界。恕我淺薄，我實在不明白李歐梵先生根據什麼將商業小説奉爲正宗？

問題複雜性還在於他們引用了魯迅的話作爲論據。眾所周知，魯迅棄醫從文決非僅僅因爲文藝好玩，而是帶有很強的社會功利目的的。他在《呐喊·自序》中就說過，自從他在幻燈片中看了在日俄戰爭中被示眾和鑒賞這示眾場面的中國人的麻木神情後，「便覺得醫學並非一件緊要事，凡是愚弱的國

〔註 3〕范伯群：《中國現代通俗文學史》，北京大學出版社 2007 年 1 月第 1 版，序二第 8 頁。

民，即使體格如何健全，如何茁壯，也只能做毫無意義的示眾的材料和看客，病死多少是不必以為不幸的。所以我們的第一要著，是在改變他們的精神，而善於改變精神的是，我那時以為當然要推文藝，於是想提倡文藝運動了。」〔註4〕1933年，他在《我怎麼做起小說來》一文中更明確地闡述了他對於小說功能的看法。他說：「自然，做起小說來，總不免自己有些主見的。例如，說到『為什麼』做小說罷，我仍抱著十多年前的『啟蒙主義』，以為必須是『為人生』，而且要改良這人生。我深惡先前的稱小說為『閒書』，而且將『為藝術的藝術』，看作不過是『消閒』的新式的別號。」但他早前期的文藝思想也曾受到唯美主義理論的影響。如他在發表於1913年的《擬播布美術意見書》一文中就說過：「實則美術誠諦，固在發揚真美，以娛人情，比其見利致用，乃不期之成果。沾沾於用，甚嫌執持」〔註5〕。唯美主義理論對他文藝思想的這種影響在他前期的一些論述中國古代文學現象的文字中也留有痕跡。上述范伯群所引的魯迅的那些文字就屬這種情況。然而魯迅雖然在理論上受到唯美主義思想的影響，卻不肯違心地輕視文藝的審美導啟功能。於是他作了折中，提出了「不用之用」〔註6〕的文藝審美導啟功能觀，即認為作者在創作時可以不帶審美導啟目的，但文藝作品實際上卻具有很強的審美導啟功能。到了後期，他徹底擺脫了唯美主義的影響，認同了美國作家辛克萊提出的「一切文藝都是宣傳」的觀點。他在發表於1928年的《文藝與革命》一文中寫道：「美國的辛克來兒說：一切文藝是宣傳。我們的革命的文學者曾經當作寶貝，用大字印出過；而嚴肅的批評家又說他是『淺薄的社會主義者』。但我——也淺薄——相信辛克來兒的話。一切文藝，是宣傳，只要你一給人看。即使個人主義的作品，一寫出，就有宣傳的可能，除非你不作文，不開口。那麼，用於革命，作為工具的一種，自然也可以的。」〔註7〕魯迅的文藝思想是有所發展的，但不論是前期還是後期，他都十分重視文藝的審美導啟功能。以他的文藝觀點，他決不會去稱賞散發著銅臭的「閒書」，而實際上，他也從未首

〔註4〕 魯迅：《吶喊·自序》，《魯迅全集》第一卷，人民文學出版社1981年第1版，第417頁。

〔註5〕 魯迅：《擬播布美術意見書》，《魯迅全集》第八卷，人民文學出版社1981年第1版，第47頁。

〔註6〕 魯迅：《摩羅詩力說》，《魯迅全集》第一卷，人民文學出版社1981年第1版，第71頁。

〔註7〕 魯迅：《文藝與革命》，《魯迅全集》第四卷，人民文學出版社1981年第1版，第84頁。

肯過這類作家和作品。范先生爲了給商業小說身上貼金，竟然不惜斷章取義地引用魯迅的話語，眞是用心良苦！

文藝作品最初只是人們進行審美交流的產物，後來隨著商品經濟的發展，文藝也逐步成爲了一種商品。但商業化對於文藝生產和消費的影響效果是複雜的。其正面作用是促使其生產專業化和產業化，其負面作用則是容易催生媚俗之作。這就需要文藝批評者和文藝史作者具有評價文藝作品的正確觀點。「30 年」時期，嚴肅文學與商業文學的對峙是明顯的，而且當時中華民族正面臨著亡國滅種的危機，通過革新文藝以達到民族自新自強的目標是當時在文壇上占主導地位的新文化人的共識。所以當時幾乎沒有人公開爲商業小說說項。之後，左翼執政黨在文藝政策方面出現了文藝過度政治化的重大失誤，再之後，便是對於文藝過度政治化的反思以及文藝市場化體制的推行。對於商業小說的研究和重新評價正是從這時開始的。重視對商業小說的研究並重新給予評價都是必要的。但遵循正確的評價標準也十分必要。學者們切不可一味追風逐潮，立異鳴高。如果一定要從一個極端走向另一個極端，非將原來捺之入地的統統捧之上天不可，就會影響正常的學術研究。例如，對於嚴肅小說與商業小說的評價，本來可以高下立判，現在卻被弄得妍媸不辨，是非顛倒。此非添亂乎？

中國現代商業小說的產生和發展與中國現代嚴肅小說是密切互關的。

經過清末民初的過渡性準備，五四文學革命首先催生了中國現代嚴肅小說。魯迅的《吶喊》《仿徨》中的小說是中國現代嚴肅小說的奠基之作。中國現代嚴肅小說產生的同時，新文學陣營從文學的社會責任的角度，對民初出現的黑幕小說、鴛鴦蝴蝶派小說等商業小說進行了嚴厲的批判。但商業小說仍然有著廣大的市場，這類小說的創作也沒有因爲受到批判而中斷。然而這類小說的作者在時代潮流的衝擊下，也不斷改變著作品的內容，並且最終放棄了文言，完全用白話進行創作。於是，中國現代商業小說在五四文學革命之後也被動地產生了。

從五四文學革命到抗日戰爭前夕，嚴肅小說陣營與商業小說陣營長期處於對峙狀態。兩者互相競爭，並存發展。嚴肅小說陣營一直處於攻勢地位，擁有批評權，商業小說陣營則處於守勢，默默地佔有著讀者市場。當然兩個陣營的作家也在互相借鑒，兩個陣營也在互相滲透。有些商業小說作家在思想和藝術方面都受到新文學的影響，如張恨水。嚴肅小說陣營中也有人爲了

養家糊口而選擇了迎合讀者的創作道路，如張資平。兩派對峙的局面到了抗日戰爭時期終於有所緩和。爲了一致抗日，「中華全國文藝家抗敵協會」的45個理事中也有了張恨水的一席之地。中華人民共和國建立後，由於政治力量的干預，商業小說在中國大陸銷聲匿迹長達三十年，但在臺港地區這類小說卻得到了很大發展，以至出現了金庸這樣的武俠小說大家。90年代以來，隨著中國大陸文化商業體制的形成以及人們政治意識的逐漸淡漠，知識精英文化與大眾文化的界限日益模糊，嚴肅小說與商業小說二者的界限也在逐步淡化，二者融合的作品則越來越多。

下面，筆者將對「30年」商業小說按世態人情小說、武俠小說、偵探小說、歷史演義四大類型作簡單評述。

第二節　世態人情小說

這裏所說的世態人情小說是指「30年」商業小說中描寫一般世態人情的小說類型。較之中國古代小說領域中的世情小說，其內容更爲寬泛，既包括與古代的世情小說類似的社會言情小說，也包括言情小說、狹邪小說、社會狹邪小說、諷刺小說、滑稽小說等。

「五四」之後首先出現的世態人情小說的是社會狹邪小說。這方面最早出現的作家是畢倚虹。畢倚虹（1892～1926），江蘇儀征人。他的《人間地獄》從1922年開始在報刊上連載，1926年去世後由包天笑補完。這部小說寫的是幾位名士在上海妓院的冶遊，但作品比較寫實，同時又有較強的批判性，表現了對於妓女處境的深切同情。20年代寫作此類小說的還有何海鳴、陶寒翠等。何海鳴於20年代創作了《北里嬰兒》、《娼門送嫁錄》等「娼門系列小說」。陶寒翠於1928年創作了《民國艷史演義》。到了30年代，又出現了張秋蟲、平襟亞、周天籟等人。張秋蟲（1903～1974），浙江餘姚人。1930年創作的《新山海經》所寫的是1928年間的北京的妓院。作者的視野也不再局限於描寫妓女嫖客，而是以狹邪生活爲線索，將暴露的筆鋒指向了社會的各個方面。平襟亞（1894～1980）創作了《人海潮》（1927）、《人心大變》（1928）等小說。其作品與張秋蟲的《新山海經》類似。周天籟1938年開始在《東方日報》上連載其小說《亭子間的嫂嫂》，風靡一時，被稱爲這類小說的奪壓卷之作。單行本出版於1942年。小說主人公顧秀珍來自農村，美麗聰明，爲生活所迫才

淪落風塵。她雖然淪落風塵，卻善心未泯，被譽為「污泥中一朵蓮花」。但她最終卻貧寒地死於亭子間。

與古代狹邪小說基本上是對妓女進行品評和鑒賞不同，社會狹邪小說已有將妓女現象當成社會問題來看待的思想傾向。

40 年代初，社會狹邪小說創作衰退。主要原因是隨著時代的進展，傳統的名士已不多見，而新一代知識分子在男女平等觀念的制約下，羞於把冶遊當作一種文化生活來享受。妓院雖有，但越來越缺乏文化氛圍，也就不容易成為小說的題材。

世態人情小說中社會言情小說在 20 到 30 年代取得了較大成就。這方面的代表作家非張恨水莫屬。

張恨水（1895～1967）原名張心遠，筆名「恨水」取自李煜《烏夜啼》中「自是人生長恨水長東」。祖籍安徽潛山，生於江西廣信（今上饒地區）的一個小官僚家庭。張恨水少年時期受到新學影響，並以維新少年自居，但同時又醉心於風花雪月式的詞章，才子佳人式的小說。1918 年任安徽蕪湖《皖江日報》編輯，並在該報上發表了文言中篇小說《紫玉成烟》和白話章回小說《南國相思淚》。1919 年秋到北京後歷任《益世報》、《世界晚報》、《世界日報》編輯、記者，同時進行商業小說創作。他的小說一般是先在報刊上連載，然後出版單行本。

張恨水早期的力作是長篇小說《春明外史》，（「春明」原為唐代長安城東中門的名字，後泛稱京師，此處指北京）1924 年 4 月至 1929 年 1 月在北京《世界晚報》副刊「夜光」上連載，1925 年、1927 年、1929 年先後出版單行本三集。《春明外史》以世家子弟楊杏園與雛妓梨雲、零落才女李冬青的感情糾葛為線索，廣泛地暴露了北洋軍閥時期首善之區北京的社會腐敗和黑暗。作者將狹邪言情與社會譴責相結合，又由於作者是記者、編輯，社會見聞較廣，因而《春明外史》在暴露社會方面是很有力的。如果說《春明外史》還是用《紅樓夢》筆法寫《儒林外史》，那麼隨後完成的《金粉世家》則是《紅樓夢》式的大家庭小說。作品連載於 1927 年 2 月至 1932 年 5 月的《世界日報》的「明珠」副刊上，1933 年出版單行本，共 120 回。小說寫國務總理金銓及其四子四女這一大家庭的興衰。這個大家庭已經不同於曹雪芹筆下的賈府，比巴金筆下的高家似乎也更新潮一些。但封建大家庭的宗法制度並沒有改變，因而家庭成員之間勾心鬥角的關係依舊，子弟們養尊處優而導致的腐朽墮落

依舊,最終「樹倒猢猻散」的結局依舊。作者的審美態度比較冷靜,沒有曹雪芹的追憶感傷,也沒有巴金的激情控訴,但作者的平民意識是明顯的,這一點充分體現在對於男女主人公金燕西、冷清秋的塑造上。

幾乎同時,張恨水又創作了給他帶來更大聲譽的《啼笑因緣》。小說最初連載於 1930 年 3 月至 11 月上海的《新聞報》副刊「快活林」上,1931 年 12 月出版了單行本,共 22 回。小說的情節比較曲折:平民書生樊家樹來到北平後先與武藝高強的關壽峰、關秀姑父女結識,後又與鼓書歌女沈鳳喜相愛。只因回杭州探望病中的母親幾個月,沈鳳喜就被凶暴的軍官劉德柱採取利誘加威脅的手段娶回了家。在關秀姑的幫助下,樊家樹與沈鳳喜得以相見。但這時沈鳳喜已決心與樊家樹斷絕關係。劉將軍當晚得知沈鳳喜與樊家樹的約會後,便不問青紅皂白,將沈鳳喜毒打而導致其精神錯亂。劉將軍又對關秀姑心懷不軌。關秀姑便趁機將其騙至西山殺死。富室摩登女郎何麗娜相貌酷似沈鳳喜,早就屬意於樊家樹。但樊家樹不喜歡她奢靡招搖的作風。何小姐努力改變自己。最後二人終於在關氏父女的幫助下將結為百年之好,關秀姑則給樊家樹留下一縷秀髮和一張玉照而悄然隱去。小說將言情、社會、武俠等各種因素結合,體現了反抗強暴、追求真愛、不滿奢靡作風的平民意識,加之情節波瀾起伏,人物刻畫也較為豐滿,所以深受市民讀者歡迎。

《啼笑因緣》在塑造人物方面,吸收了一些新文學的手法。這主要體現在沈鳳喜的心理描寫方面。沈鳳喜的心理變化被寫得細膩複雜、真實自然。

1932 年,張恨水在讀者的強烈要求下,改變原來「不能續,不必續,也不敢續」的初衷,為《啼笑因緣》添寫了十回續集。續集交代:沈鳳喜最後得敗血病而死;關氏父女在關外參加了抗日的義勇軍;樊家樹、何麗娜籌建抗戰醫院和化學軍用品製造廠;後來關氏父女以身殉國;樊家樹和何麗娜遙祭英魂。

1935 年,張恨水離開北京到上海,主編《立報·花果山》副刊。次年在南京創辦《南京人報》,寫《鼓角聲中》、《中原豪俠傳》等多部宣傳抗戰或表現民族意識的小說。抗戰爆發後到重慶,1938 年任《新民報》編輯。這一時期寫作了《秦淮世家》、《水滸新傳》、《八十一夢》、《大江東去》、《巷戰之夜》、《丹鳳街》(《負販列傳》)等作品。《大江東去》是抗戰加愛情的小說,是作者用傳統小說的形式宣傳抗戰的一種嘗試。《八十一夢》最初連載於 1939 年 12 月至 1941 年 4 月的《新民報》的副刊上,1942 年 3 月新民出版社出版單

行本。作品以寓言的形式諷刺國民黨的腐敗和國統區的污濁。表面上寫的是超現實的神魔世界，實際上筆鋒直觸現實。如《天堂之遊》一夢寫天國裏走私成風，「錢上十萬能通神」；豬八戒因妻妾成群，不得不偷稅漏稅以補貼家用；西門慶開了一百二十個大公司，是十家大銀行的董事和行長，等等。作品雖然名爲《八十一夢》，實際上只由 14 個夢組成。作品中交待，其他夢的原稿已被老鼠嚙毀。

抗戰勝利後，張恨水曾任北平《新民報》經理。在此期間，寫出了《紙醉金迷》、《五子登科》等作品。《五子登科》1947 年連載於北平《新民報》，當時未完成。小說寫日本投降後，國民黨接受大員金子原在北平接受日僞財產的過程中，大肆收受金子、房子、車子、女子、票子的惡迹，揭露了國民黨官場貪污腐敗的現象。張恨水至此在揭露現實腐敗方面與左翼作家走到了一起。

張恨水一生創造小說一百多部。他的小說既繼承了以往言情小說的傳統，又大量吸收社會譴責小說、家庭小說、武俠小說的營養。他能根據時代的需要，「爲市井細民寫心」。加之其小說多採用章回體，情節曲折，描寫生動，符合一般讀者的審美習慣，因而擁有眾多讀者，在商業小說創作方面取得了不俗的成就。

在 40 年代發生了較大影響的社會言情小說作家是秦瘦鷗和劉雲若。

秦瘦鷗（1908～1993）原名浩，上海嘉定人。上海商科大學畢業。曾任《大美晚報》、《大英夜報》、《譯報》、《時事新報》編輯，兼任上海持志學院中文系、大夏大學文學院講師，講授中國古典小說。1928 年，在《時事新報·青光》副刊上發表長篇小說《孽海濤》。30 至 40 年代，他翻譯了美籍滿族女作家德齡的英文紀實文學《御香縹緲錄》和《瀛臺泣血記》。主要的創作是長篇小說《秋海棠》。

《秋海棠》1941 年 2 月至 1942 年 2 月連載於周瘦鵑主編的《申報·春秋》副刊上。1942 年 7 月作了一定修改後由上海金城圖書公司出版單行本。小說選取的是「軍閥、伶人、姨太太」這類商業小說中常見的故事模式。但由於作者長期醞釀，認眞構思，小說情節並不落俗套。主人公是一名京劇乾旦，本名吳鈞，藝名吳玉琴，後改藝名秋海棠。軍閥師長袁寶藩不尊重他的人格，曾試圖把他作爲相公（像姑）玩弄。幸而有袁寶藩的侄子袁紹文的庇護他才免受侮辱。後來袁寶藩升爲熱河鎮守使，不擇手段地將家境困頓的女子師範

畢業生羅湘綺收爲外室，在天津金屋藏嬌。秋海棠後來也到了天津，因偶然的機會與羅湘綺相遇。二人一見鍾情，隨後互通魚雁，暗結爲「永久的朋友」，並有了女兒梅寶。袁寶藩得知此事後，用刺刀在秋海棠的臉上劃上十字將其毀容。秋海棠不願再給羅湘綺帶來尷尬，便帶著女兒梅寶隱居鄉間務農，等女兒成人後他便設法讓女兒與其母團聚。等他確知梅寶與羅湘綺已經相見時，他便墜樓自殺。

小說的主要內容是對權勢者的暴虐行爲的揭露，也有對世態炎涼的刻畫，但最核心的還是對有情人至情的讚頌。秋海棠的性格的魅力是用情的眞摯和對愛情的堅守。爲了情，他可以忍辱負重地活，爲了情，他又可以義無反顧地死。如果用世俗的眼光看，秋海棠與羅湘綺的愛是不合法理的，而在作者看來，兩人的結合是美的結合，是合情的，而袁寶藩對羅湘綺的佔有則是對美的破壞，是不合情的。小說之所以能够被廣大讀者接受，正是因爲現實的合法婚姻中存在著嚴重的不合情現象。另外小說情節簡練，意象突出，也是其成功的一個重要原因。小說發表後，立刻引起了極大的轟動。1942 年12 月被搬上話劇舞臺，連續上演 150 多場而不衰；1943 年 12 月又被拍成電影，更形成了一股「秋海棠」熱。

關於秋海棠的結局在《秋海棠》的不同版本裏是有不同的處理的。這裏需要略加說明。在《申報·春秋》副刊上連載的可以視爲第一個版本，1942 年 7 月出版的單行本是第二個版本，1944 年桂林版和 1980 年的江西版是第三個版本，1957 年上海文化出版社的重印本是第四個版本。在第一版中秋海棠最後是病故，第二版、第三版都是自殺，第四版是累死。自殺的結局應當說是作者最後確定的主人公的結局，也是最符合作者美學思想的一個結局。

主人公的藝名秋海棠是有寓意的。秋海棠爲草本植物，多爲秋季開花，花色淒艷，形象脆弱，傳說是思婦灑淚而化，別稱斷腸花，相思草。秋海棠的名字正寄寓了作者對主人公令人斷腸的人生經歷的同情。但在 1944 年桂林版的《秋海棠》中，小說又對吳鈞將藝名吳玉琴改爲「秋海棠」作了另外的解釋。吳鈞的朋友袁紹文告訴他：「中國地的地形，整個連起來，恰像一片秋海棠的葉子，而日本等侵略國家，便像專吃海棠葉的毛蟲，有的已在葉的邊上咬去了一塊，有的還在葉的中央吞嚙著，假如再不能將這些毛蟲驅開，這片海棠葉就給他們嚙盡了」。吳鈞因而改藝名「秋海棠」。但這些附加的愛國意識在小說的主要情節中沒有得到體現。

　　劉雲若（1903～1950），天津人，有「天津張恨水」之稱。他長期生活在天津，曾擔任過《天風報》副刊的主編。1929 年出版了《歌舞江山》之後，1930 年又發表了《春風回夢記》。《春風回夢記》受到熱烈歡迎，從此一發而不可收，一生共創作了 50 餘部小說。其中《春風回夢記》、《紅杏出墻記》、《小揚州志》、《舊巷斜陽》等有較大的影響。

　　《紅杏出墻記》1946 年 6 月由勵力出版社出版，是劉雲若的代表作。小說共 24 回，卻長達百萬言。作品的情節相當曲折：家在天津的鐵路職員林白萍深夜回家，意外發現妻子黎芷華與自己的朋友邊仲膺同床共寢。他決定離家出走，以便玉成二人。但黎芷華決心悔過，追尋丈夫到北京。到了北京，她住在同學房淑敏家。淑敏的哥哥醫學博士房式歐追求她，遭到她的拒絕。從軍的白萍得知芷華對他的思念後，準備迴天津破鏡重圓，卻發現邊仲膺每天晚上到芷華的窗前痴情地矚望。於是他以撲克牌決定去留的方法再次將仲膺留在芷華身旁，自己則到北京主持電影公司。他與房淑敏在劇中扮演夫妻，結果弄假成眞，引動了眞情。正在此時，芷華又來北京看望同學房淑敏。這觸發了白萍的懷舊之情，竟然昏迷過去。房淑敏不忍，準備讓白萍與芷華重修舊好，自己到天津與邊仲膺「演一齣姊妹易嫁的好戲，唱一曲換巢鸞鳳的新歌」。不料半路殺出了淑敏的女友祁玲。她巧舌如簧，又說動仲膺與芷華重續舊夢，爲淑敏與白萍的結合鋪平道路。但人算不如天算，淑敏卻另遭了不虞之災。具有莎樂美情結的醜女龍珍因深愛著林白萍而又得不到他就想毒死他，卻誤將淑敏毒死。經過種種周折之後，白萍與芷華終於和好如初。他們與房式歐合資，共同開辦了一家醫院，稱「淑敏醫院」。不久，抗日烽火燃起，從軍的邊仲膺負重傷住進了這家醫院。在臨終一吻時，竟將芷華的舌頭咬傷。白萍得知此事後痛苦萬人，赴水自殺，黎芷華也悔恨交織墮樓自殺。這樣複雜的情節，未免給人以蕪雜之感，不過作者描寫人物心理的能力是較強的，因而小說還是很有可讀性。

　　劉雲若對社會中下層的生活比較熟悉，因而其作品的市井氣息也較濃郁。與張恨水相比，他的小說的社會批判力量顯然不足。他似乎把寫男女之情放在了創作的首位。而他所寫的男女之情又往往是不合於法理或者社會道德的「畸情」。《春風回夢》中陸驚寰與妓女如蓮的情，《紅杏出墻記》中黎芷華與邊仲膺的情，《舊巷斜陽》中璞玉與王小二的情，都屬此類。他之所以這樣寫，自有其理由。在《紅杏出墻記》中，他通過白萍之口表述了這樣的看

法：一個有夫之婦如果愛上了另一個男人，那麼他的丈夫就失去了做丈夫的資格；而一個男人得到有夫之婦的愛，雖然沒有丈夫的名分，卻有了丈夫的資格。這一看法成了劉雲若寫畸情小說的一個思想支點。因爲有了這樣一個主情主義的思想支點，他就把寫婚戀中的性情中人（即他自己所謂的「至性人」）作爲自己小說創作的一個追求。

第三節　武俠小說

武俠小說是商業小說的另一個重要種類，也是最能體現商業小說商業性和娛樂性的一個小說種類。在無法主宰自己命運的古代社會中，人們除了希冀明君與清官現世外，就是對於行俠仗義和能力非凡的武俠的祈盼。這是武俠小說的讀者心理基礎。

武俠和武俠小說，都是中國重要的社會文化現象。現實生活中的俠，《史記》、《漢書》便有記載。描寫俠的武俠小說，唐傳奇中已經不少，如杜光庭的《虯髯客傳》，袁郊的《紅線》，裴鉶的《崑崙奴》、《聶隱娘》等。元末明初的《水滸傳》，用魯迅的話說，寫的也是「俠之流」，因而也有一定的武俠因素。晚清以來，隨著《兒女英雄傳》和《三俠五義》的問世，俠義小說在19世紀的後期形成了創作潮流，陸續面世的有《小五義》、《續小五義》、《施公案》、《彭公案》、《英雄大八義》、《英雄小八義》、《七劍十三俠》、《七劍十八義》、《劉公案》、《李公案》等作品。

清末民初，武俠小說受到反清排滿政治思潮的影響。這方面有影響的作者是陸士諤。陸士諤（1879～1944），名守先，號士諤，江蘇青浦（現屬上海市）人。他是一位名醫，也是一位高產的武俠小說作家。他的武俠小說可以分爲兩個系列。第一系列是《三劍客》、《白俠》、《黑俠》、《紅俠》等，第二系列是《八大劍俠》、《血滴子》、《七劍八俠》、《七劍三奇》、《小劍俠》等。他的作品多以明末清初的社會動蕩爲背景，以反清復明爲主題。同時受早些時期出現的《七劍十三俠》等作品的影響，走的是武俠與神魔相結合的道路。

五四文學革命之後，武俠小說仍充斥文化市場。從1921年到1937年，全國著名的商業文學期刊達60種，而這些期刊幾乎都要連載武俠小說。平江不肖生是這一時期重要的武俠小說作家。

　　平江不肖生（1889～1957），原名向達，字愷然，1906 年至 1916 年之間，他曾兩次到日本留學。1916 年至 1926 年陸續出版了暴露中國留日學生生活黑幕的小說多部，其中最有影響的是《留東外史》正續兩部，共 160 回。1923 年，他的《江湖奇俠傳》開始在《紅雜誌》（後改為《紅玫瑰》）上連載，並於 1928 年由世界書局出版單行本。該作以湖南平江、瀏陽兩縣農民爭奪交界地趙家坪的鬥爭為主線，以崑崙與崆峒兩派劍俠的各助一方為緯線，將農村的械鬥場面、恩仇故事與劍俠爭鬥相結合。書中的劍仙善於呼風喚雨、騰雲駕霧、吞吐飛劍、奇門遁甲，是一些神魔化的俠士。小說宣揚天命難違，因果報應，思想陳腐。《江湖奇俠傳》共 160 回，向愷然寫到 106 回就因故回湘，107 回之後是由《紅玫瑰》的編者趙苕狂以「走肖生」的筆名續完的。上海明星電影公司 1928 年到 1931 年將這部小說的一部分拍成電影《火燒紅蓮寺》，共 18 集，引起了極大的轟動，並因此推動了武俠小說和武俠電影的製作與發行。幾乎與此同時，不肖生又寫了《近代俠義英雄傳》。該書於 1923 年 6 月在《偵探世界》上開始連載，後於 1926 年 10 月由世界書局結集出版。小說重點講述了清末民初兩位有影響的武林俠士大刀王五與和霍元甲可歌可泣的故事。大刀王五與譚嗣同在愛國主義的思想基礎上建立了深厚的友誼，霍元甲則用武術為國爭光。小說也講述其他一些武林俠士的生活。貫穿這部小說的思想紅線是愛國。但小說結構較為鬆散。

　　不肖生在民國時期有過重要的影響，是黑幕小說和武俠小說的代表性作家。

　　與不肖生同時或者稍後出現於文壇的武俠小說家還有姚民哀、顧明道、趙煥亭、文公直等。

　　姚民哀（1893～1938），江蘇常熟人。主要作品有《山東響馬傳》（1924）、《荊棘江湖》（1926）、《四海群龍記》（1929）、《箬帽山王》（1930）等。他的小說的最大特點是「以黨會為經，以武俠為緯」。他筆下的人物，往往與秘密黨團和秘密幫會有著密切的關係，而且小說中充滿著對於黨會珍聞秘史的介紹。從敘事的角度看，他的小說受評書影響較大，一般是敘述多於描寫，但重要處又能濃墨重彩，引人入勝。

　　顧明道（1887～1944），原名景程，江蘇蘇州人。他寫過不少武俠小說，但影響最大的則是《荒江女俠》。這部小說 1929 年至 1940 年在嚴獨鶴主編的《新聞報‧快活林》副刊上連載，寫的是女俠方玉琴與師兄岳劍秋「琴劍聯

手」闖蕩江湖的故事。小說前半部分重點寫方玉琴訪尋殺父仇人飛蜈蚣鄧百霸，後半部分則主要寫方岳二人助愛國志士抗清。顧明道是由寫言情小說走上文壇的，其武俠小說的最大特點是將言情與武俠相結合。因此這部《荒江女俠》和後來的《胭脂盜》，都是「鐵馬金戈之中，時有脂香粉膩之致」。

趙煥亭（1877～1951），原名紱章，河北玉田人。他一生寫了近 10 部武俠小說，其中最有影響的是《奇俠精忠傳》。《奇俠精忠傳》的發表於 1923 年至 1926 年，與不肖生發表《江湖奇俠傳》的時間接近，所以當時有「南向北趙」之說。《奇俠精忠傳》寫在清政府平靖苗亂、回亂、教匪亂過程中，俠士們有的助官，有的助匪，最後助官者封妻蔭子，助匪者身敗名裂。趙煥亭基本上延續了晚清俠義小說褒官貶匪的態度。

文公直（1898～？），江西萍鄉人。從 1930 年到 1933 年，他創作了《碧血丹心大俠傳》、《碧血丹心於公傳》和《碧血丹心平藩傳》三部系列武俠小說。三部小說均以明代名臣於謙為主人公，表現的是俠士們協助於謙平叛亂、鏟邪惡的精神，其思想態度與趙煥亭的《奇俠精忠傳》相似。

30 年代以後，武俠小說繼續發展，先後登上文壇的是被人們稱為「北派五大家」的還珠樓主、王度廬、白羽、鄭證因、朱貞木。

還珠樓主（1902～1961）原名李善基，又名李紅、李壽民，四川長壽人。他的代表作是《蜀山劍俠傳》。小說自 1932 年起在天津《天風報》上連載，到 1949 年，出到 55 集。作品以峨眉山劍仙為首的正派與邪派的爭鬥為線索，表現的是正義與邪惡的鬥爭。作者文化思想豐厚而又駁雜，藝術想像力極強，文筆出神入化，因而成就了這部神魔武俠的巨著。它上承不肖生的《江湖奇俠傳》，下啟後來港臺的新武俠小說。還珠樓主寫有武俠小說 40 餘部。既有神仙魔怪武俠，也有現實技擊武俠。《蜀山劍俠傳》之外，《青城十九俠》、《大俠狄龍子》也有一定影響。

王度廬（1909～1977），原名葆祥（翔），字霄羽，北京人。自 30 年代登上文壇，王度廬同時創作社會言情小說和悲情武俠小說，而以寫悲情武俠著稱。1938 年後，他連續寫了《鶴驚崑崙》、《寶劍金釵》、《劍氣珠光》、《臥虎藏龍》、《鐵騎銀瓶》五部既互有聯繫，又各自獨立的武俠小說，被稱為「鶴鐵系列」，成為他的代表作。王度廬善於將言情與武俠結合，這一點與顧明道相似。但他的小說有一個特點，這就是常常寫情與理的矛盾給人物帶來的內心衝突。如《鶴驚崑崙》寫愛情與報父仇的矛盾在江小鶴內心引起的衝突，《寶

劍金釵》寫愛情與友情的矛盾在李慕白內心引起的衝突，《臥虎藏龍》寫愛情與身份的矛盾在玉嬌龍內心引起的衝突，等等。

　　白羽（1899～1966 年），原名宮竹心，祖籍山東東阿，生於天津。1937年在天津《庸報》上發表了《十二金錢鏢》，引起廣泛關注。一生共創作武俠小說 20 餘部。他的武俠小說的最大特點是寫實。在他的筆下，武俠世界不再是騰雲駕霧的神奇，也沒有令人蕩氣迴腸的浪漫俠情，而是學藝的艱難，人間的險惡，世態的炎涼。他雖然自己對武術並不精通，但通過請教行家，也努力將武術動作寫得真實可信。

　　鄭證因（1900～1960），原名汝霖，天津人。他自己精通武術，在自己沒有進行小說創作之前，曾在武術方面幫助過白羽，後來才自己進行武俠小說的創作。但一發而不可收，一生共創作了 80 餘部武俠小說。其中最有影響的是《鷹爪王》及其續集。鄭證因對人性的挖掘和對人情的體察不深，因此其武俠小說的文學性比白羽的作品要弱一些。但他的小說也有自己特長。這特長一是對武術真切的描寫，二是善於在武林與幫會的比較中寫它們的不同。《鷹爪王》及其續集在這方面顯得十分突出。

　　朱貞木（生卒年不詳），原名楨元，字式順，浙江紹興人。他共創作了 10 餘部武俠小說。代表作有《七殺碑》、《羅刹夫人》、《虎嘯龍吟》、《邊塞風雲》。他的小說帶有綜合性的特點。首先他吸收了還珠樓主小說的述異特點，既善於奇特的想像，寫出種種奇禽異獸，也喜歡寫邊地的奇景異俗。其次是他的小說善於將言情與武俠融為一體，因而他筆下的俠士常常是英雄肝膽和兒女心腸的結合物。從這方面看，可能又有對於顧明道和王度廬小說的某些借鑒。當然他的兒女心腸有著比較寬泛的含義，不僅指兒女情，還包含了憂天下的仁義之心。

第四節　偵探小說

　　中國古代有公案小說，但缺少真正的偵探小說。這一方面由於中國古代刑偵與判案兩種職責往往集於一身，偵探沒有成為一種專門的職業。另一方面也因為中國古代的小說家重視的是以神道設教，小說創作往往帶有較濃厚的神秘色彩，缺乏偵探小說必要的科學性。偵探小說雖然與中國古代的公案小說有類似之處，但偵探小說是舶來品，是在大量翻譯外國偵探小說基礎上產生出的一種新的商業小說類型。

從世界範圍看，偵探小說的創始者是創作《杜賓探案》的美國作家艾德加・愛倫・坡。他於 1841 年發表的《莫洛街血案》是世界上第一部偵探小說。隨後產生更大影響的偵探小說作家是英國的柯南・道爾。他自 1887 年發表《血字的研究》之後，數十年間創作了近百部偵探小說，尤以其中的《福爾摩斯探案》系列小說見稱於世。1907 年之後的數十年，法國作家莫里斯・勒白朗又創作了描寫俠盜亞森・羅頻的系列小說。

清末小說界革命時，中國開始翻譯西方的偵探小說。在翻譯的偵探小說當中，影響最大的是柯南・道爾的《福爾摩斯探案》系列和莫里斯・勒白朗的《俠盜亞森・羅頻》系列。偵探小說的翻譯，有力地帶動了對古代刑事案例的刊行和改編。吳趼人編的《中國偵探案》（1906），孫劍秋編的《清朝奇案大觀》（1919），平襟亞編的《民國奇案大觀》（1919），等等，是其中比較有影響的。同時，偵探小說的翻譯，也促進了中國偵探小說的創作。民國時期，中國寫作偵探小說的約有 50 人。張無諍（即張天翼）的《徐常雲新探案》，姚庚夔的《鮑爾文新探案》，王天恨的《康卜生新探案》，吳克洲的《東方亞森・羅平新探案》，是其中較早出現的有一定影響的偵探小說系列。陸淡安的《李飛探案》，張碧梧的《雙雄鬥智記》和《宋悟奇家庭偵探案》，俞天憤的《中國偵探談》、《中國新偵探談》和《蝶飛探案》，等等，是其中影響較大的作品。而程小青和孫了紅則是民國期間影響最大的偵探小說作家。

程小青（1893～1976），原名青心，祖籍安徽安慶，生於上海。他曾多次參與《福爾摩斯偵探案》的翻譯工作。自 1914 年後的數十年中，他創作了《霍桑探案》系列小說。1946 年，世界書局陸續出版了《霍桑探案全集袖珍叢刊》，包括《江南燕》、《珠項圈》、《黃浦江中》、《八十四》、《輪下血》、《裹棉刀》、《神農》、《活尸》、《新婚劫》、《案中案》等，共計 30 餘種，300 多萬言。《霍桑探案》的主人公是私人偵探霍桑。他正直善良，主持正義，不爲金錢所利誘，也不爲權勢所屈服，而且具有過人的智慧和堅強的意志。這種偵探正是人民所需要的，因而小說受到了廣大讀者的喜愛。《霍桑探案》在敘事方法上受到柯南・道爾《福爾摩斯探案》的影響是明顯的。比如《福爾摩斯探案》是以福爾摩斯的助手華生爲敘述者，《霍桑探案》則是以霍桑的助手包朗爲敘述者。但這只是形式上的一種借鑒，小說的主要內容仍然是作者自己的心血創造。《霍桑探案》以上海爲背景，偶爾也有以北京和蘇州爲背景的。通過破

案過程的描寫，小說對中國的社會現實作了深入的反映。但作品並不是社會批判小說，它的著力點仍然在塑造一個德才兼備的偵探形象。

孫了紅（1897～1958），原名咏雪，祖籍浙江省鄞縣，生於上海。他最初登上文壇是在 1925 年。在這一年，他參與了大東書局出版的《亞森‧羅頻案全集》的翻譯工作，同時在《偵探世界》雜誌上發表了他的偵探小說《傀儡劇》。這是他的系列偵探小說《俠盜魯平奇案》的第一部。屬於這一系列的小說後來又有《眼鏡會》、《血紙人》、《一○二》、《三十三號屋》、《鬼手》、《藍色響尾蛇》、《紫色游泳衣》等。作者為我們塑造的不是一個職業的私人偵探，而是一個俠盜，偵探只是這位俠盜行俠行盜的一種手段。所以也有人稱其小說為反偵探小說。身處不公平不和諧的社會，人們需要公正而有能力的偵探，同時也會幻想超法律的公正的實行者——俠盜的出現。這是各類偵探小說盛行的讀者心理基礎。俠盜魯平行盜行詐的對象都是為富不仁的人，而他行盜行詐的目的又是幫助窮人。因此《俠盜魯平奇案》也受到了讀者的歡迎。《俠盜魯平奇案》情節曲折多變，結構靈活自由，注重氣氛的渲染，有時還將心理分析的因素揉進作品，這是小說受到歡迎的藝術上的原因。如果說程小青更多地受了柯南‧道爾的影響，那麼，孫了紅則更多地受了法國作家莫里斯‧勒白朗的影響。這不僅表現為魯平形象的塑造受到《亞森‧羅頻案全集》的影響，而且「魯平」這個人物的命名，似乎也與「羅頻」有著密切的聯繫。

偵探小說創作需要作者有豐富的生活積纍，有相當的偵探知識，有嚴密的邏輯推理的能力，而不能像武俠小說作者那樣天馬行空，隨意馳騁想像。所以，偵探小說的創作不如武俠小說繁榮。

第五節　歷史演義

歷史演義是中國傳統小說的一個重要的門類。清末小說界革命時，歷史小說又是「新小說」的一個重要類型。許多「新小說」作者如吳趼人等，以進行思想啓蒙或者知識啓蒙為己任，寫出了不少歷史演義。與古代的歷史演義相比，這些小說在思想與題材方面都有了很大的變化。只是大都還保留著章回小說的形式。為了與「五四」以後嚴肅作家的歷史小說相區別，這裏仍稱之「歷史演義」。

　　中國現代歷史演義的創作成就是相當可觀的，不僅中國古代歷史被重新演義了一遍甚至數遍，而且中國近現代歷史的進程也在歷史演義中得到了及時的反映，同時，以往在國人視野之外的西方國家的歷史也進入了中國現代的歷史演義。

　　其中成就最大的應數蔡東藩。他從 1916 年至 1926 年，以一人之力，撰寫了通稱爲「歷朝通俗演義」的系列歷史小說。這一系列小說包括《前漢通俗演義》、《後漢通俗演義》、《兩晉通俗演義》、《南北朝通俗演義》、《唐史通俗演義》、《五代史通俗演義》、《宋史通俗演義》、《元史通俗演義》、《明史通俗演義》、《清史通俗演義》、《民國通俗演義》，共計 11 種。通過這一系列，作者將自秦漢到民國的歷史全部演義了一遍。在長期的創作實踐中，中國歷史小說形成了《三國演義》、《水滸傳》和《東周列國志》三種類型。《三國演義》虛實參半，《水滸傳》雖有一定的歷史依據，但大部分內容出自後人的虛構，《東周列國志》則細節上雖不無藝術的潤色和虛構，但較大的事件卻都本自史實。三種類型的歷史小說滿足了讀者不同的閱讀需要，各有其自身的價值。蔡東藩的「歷朝通俗演義」延續的是《東周列國志》的傳統，而他之所以延續這一歷史小說傳統，目的是通過這類歷史演義來對讀者進行歷史知識和歷史觀念的啓蒙，其用心是良苦的。

第四章　魯迅小說專題

第一節　《狂人日記》創作之謎解析

　　魯迅的《狂人日記》是中國現代小說的開山之作。這篇小說以其獨特的藝術構思給讀者帶來了新奇的審美感受。但同時也給研究者們出了一道學術難題。魯迅曾對《狂人日記》的創作意圖有過明確表述，因而關於這篇小說的主題思想沒有發生爭議。但對於《狂人日記》的表現方法則長期以來眾說紛紜，疑惑未斷，至今尚未見到令人滿意的答案。而對於狂人構思的藝術功能更是缺乏令人信服的解釋。因此，這一節裏準備在清理已有答案的基礎上，提出自己的粗淺看法。

一、寄寓說與象徵說

　　在以往的《狂人日記》研究中，對於《狂人日記》表現方法的看法有許多種，但得到普遍接受，產生了較大影響的觀點只有兩種，這就是寄寓說和象徵說。

　　寄寓說是張恩和先生提出來的。他認為：《狂人日記》通篇說的是「吃人」；但狂人是一個普普通通的狂人，他所說的「吃人」與作者所要揭露的「吃人」有著不同的內涵；狂人所說的「吃人」是本義上的「吃人」，如狼子村佃戶告荒時所說的「吃人」；魯迅所要揭露的「吃人」則是引申義上的「吃人」，如他在雜文《燈下漫筆》中所抨擊過的封建社會禮教制度的「吃人」；不過狂人

所說的「吃人」與魯迅所要揭露的「吃人」雖然含義相差甚遠，但語言形式卻完全相同，都是「吃人」；於是，通過含義雙關的話語，作者的深刻思想就巧妙地寄寓到狂人的瘋語之中，然後被頭腦清醒的讀者所領悟〔註1〕。後來有的學者對張先生的觀點提出了不同意見。如嚴家炎先生就認為狂人不是一個「普普通通的狂人」，「狂人在發狂前有點民主主義思想，有反傳統的傾向」，發狂以後「原先的若干進步思想還可能以曲折的方式繼續起某種作用」〔註2〕。但他並沒有對寄寓說的基本觀點即魯迅是借狂人的瘋語寄寓自己的深刻思想這一觀點提出反駁。寄寓說對後來解說《狂人日記》的文字發生了相當大的影響。然而我卻認為寄寓說是值得討論的。

討論這一問題應當從詞語含義與語境的關係入手。大家知道，許多詞語都有著非常複雜的歷史沿革，因而也就常常具有多個義項。在具體的話語行為中，它的哪個義項被使用或者哪幾個義項同時被使用只能根據它所處的語境去判斷。而我認為，詞語的語境至少可以分為三個層次。第一個層次是詞語所在的上下文。不同的上下文決定了詞語的不同含義。例如有人說「杜鵑開花了。」我們就知道他所說的「杜鵑」是杜鵑花。而有人說「杜鵑飛走了。」我們就知道他所說的「杜鵑」是杜鵑鳥。第二個層次是敘事性文本中話語言說者所處的環境和話語接受者所處的環境。在第二個層次的語境中，詞語的含義可以與第一個層次語境中的相同，也可以不同。例如，《紅燈記》中李玉和被捕時對鐵梅的唱段中有一句唱詞：「困倦時，留神門戶防野狗」。這裏的「野狗」，從第一個層次的語境來看是指本義的上「野狗」，但從第二個層次的語境來看，則暗指日偽特務。第三個層次是作者所處的環境和讀者所處的環境。從第三個層次的語境中所理解的詞語的含義可以與從第一、第二個層次的語境中所理解的相同，也可以不同。在有的作品的創作與閱讀過程中常常會形成不同於第一層次和第二層次語境中的理解。在第三個層次的語境中形成的對於詞語的不同理解又有兩種情況。一種情況是讀者閱讀出來的含義正是作者所要表達的。例如，郭沫若的話劇劇本《屈原》第五幕第二場中屈原的「雷電頌」中有這樣兩段獨白：

〔註1〕張恩和：《對狂人形象的一點認識》，見《文學評論》1963年第5期。
〔註2〕嚴家炎：《〈狂人日記〉的思想和藝術》，見《昆明師範學院學報》1978年3期。

> 風！你咆哮吧！咆哮吧！盡力地咆哮吧！在這暗無天日的時候，一切都睡著了，都沉在夢裏，都死了的時候，正是應該你咆哮的時候，應該你盡力咆哮的時候！
>
> 儘管你是怎樣的咆哮，你也不能把他們從夢中喚醒，不能把死了的吹活轉來，不能吹掉這比鐵還沉重的眼前的黑暗，但你至少可以吹走一些灰塵，吹走一些砂石，至少可以吹動一些花草樹木。你可以使那洞庭湖，使那長江，使那東海，爲你翻波涌浪，和你一同地大聲咆哮呵！

在發生皖南事變之後不久的大後方的語境中，當時的一部分讀者（或觀眾）是有可能將「在這暗無天日的時候」、「這比鐵還沉重的眼前的黑暗」等詞語與自己所處的環境聯繫起來，從而將屈原的一些話語理解爲作者借古諷今，對時政的抨擊。而這也正是作者所要達到的藝術效果。另一種情況則是讀者的一種自由聯想。而這聯想是否符合作者的原意，是正解還是誤讀，是難以確定的。例如，《紅樓夢》第一回中寫賈雨村在甄士隱家中做客時曾口占一絕：「時逢三五便團圓，滿把清光護玉欄。天上一輪才捧出，人間萬姓仰頭看」。僅從第一層次的語境看，這只是一首一般的咏月詩。在第二層次的語境中，由於甄士隱考慮到賈雨村正要進京趕考，希望一舉及第，就認爲他表達的是平步青雲，出人頭地的願望。而到了第三層次的語境中，一些紅學家更從《紅樓夢》作者所處的政治環境考慮，認爲這表達了曹雪芹對於廢太子一派政治勢力（所謂「月派」）的擁讚態度。

根據語境制約詞語含義的原理來考察《狂人日記》，問題可以看得比較清楚。我們如果從第一層次和第二層次的語境來看，狂人所說的所有的「吃人」詞語都應當是本義上的「吃人」。這樣去理解《狂人日記》，沒有一處講不通。持寄寓說的學者們雖然沒有運用語境理論來解釋問題，但他們對於狂人所說的「吃人」是本義上的「吃人」這一點，也是沒有疑義的。

但爲什麼有些學者會認爲應當將《狂人日記》中的「吃人」作雙關理解呢？我想這可以從兩個方面尋找原因。第一，從《狂人日記》自身來說，其中部分話語片段爲人們作這種理解提供了可能。例如第九則日記是這樣寫的：

> 自己想吃人，又怕被別人吃了，都用著疑心極深的眼光，面面相覷……

> 去了這心思，放心做事走路吃飯睡覺，何等舒服。這只是一條門檻，一個關頭。他們可是父子兄弟夫婦朋友師生仇敵和各不相識的人，都結成一夥，互相勸勉，互相牽掣，死也不肯跨過這一步。

這本來是迫害狂患者的一種特殊思維，但如果孤立地閱讀這一段文字，它所形成的語境壓力可能令作為正常人的讀者覺得也可以將其中的「吃人」理解為引申義上的「吃人」。第二，文本外的語境即上面所說的第三層次的語境也為這種理解提供了可能。許多人是讀過魯迅的雜文《燈下漫筆》的。而魯迅在《燈下漫筆》中所說的「吃人」是引申義上的「吃人」。同時「舊社會是人吃人的社會」這類觀念對於我們時代的許多讀者（包括學者）來說是淪肌浹髓的。所以他們在閱讀《狂人日記》時，很容易從狂人所說的本義上的「吃人」聯想到引申義上的「吃人」。而且，在一些學者看來，如果只從本義上去理解《狂人日記》中的「吃人」，《狂人日記》就缺乏思想深度，而魯迅是不會寫沒有深度的作品的。何況，他們也不敢相信魯迅會通過一個迫害狂患者來直接表達正確而且深刻的思想。因此，他們就認定《狂人日記》採用了含義雙關的寄寓表現方法，通過狂人沒有深意的瘋語來表達作者的深刻思想。

筆者雖然並不絕對否認作品中的「吃人」會讓讀者聯想到引申義上的「吃人」，我也並不絕對否認這可能是魯迅有意為之，但我卻認為含義雙關絕對不是《狂人日記》基本的表現方法。理由如下：第一，寄寓說在《狂人日記》中缺乏有力的文本支撐。在《狂人日記》中，能夠讓讀者將其中的「吃人」詞語聯想為引申義上的「吃人」的話語片段非常少。作品中大部分的「吃人」詞語並不能讓讀者發生這種聯想。而且，即使那少數當孤立地閱讀時其中的「吃人」詞語會令讀者發生引申義上的「吃人」聯想的片段，一旦放入小說的整體語境中去閱讀，其中的「吃人」又只能作本義上的「吃人」去理解。所以小說中並沒有建立明確有力的含義雙關的話語機制。反過來說，如果魯迅確實要將含義雙關作為《狂人日記》的基本表現方法，他就應當讓小說具有這樣一種特徵：它雖然只有一個話語體系，卻有兩個同步性的語義體系。而這在作品中是看不到的。我們不能僅根據魯迅的另外一個文本《燈下漫筆》來認定《狂人日記》中的「吃人」寄寓了引申義上的「吃人」含義。第二，不用寄寓說也可以講通《狂人日記》。小說中的狂人並非普通的狂人。他所說的話也不是一般的瘋語。將小說中的「吃人」只作為本義上的「吃人」去理

解，作品的思想已經非常深刻，作者的創作意圖已經可以得到說明。這一點在後文將專門論述。如果作品採用的是含義雙關的表現方法，那麼其表層的語義一般是沒有深意的。讀者只有體會到深層的語義時，才會感受到作品的內在意蘊。而《狂人日記》卻不是這樣。這些都說明寄寓說是不能成立的。

在關於《狂人日記》表現方法的討論中，象徵說也是一種頗引人注目的觀點。這種觀點認為，狂人是一個象徵性形象，他所處環境中的其他事物也多為象徵性形象。陳涌先生就曾明確說過：「狂人不過是一個象徵，一個魯迅所假定的抗擊舊世界的力量的象徵」〔註3〕。公蘭谷先生又加以補充說：狂人「所處的生活環境、所接觸的事物很多也是象徵性的。譬如他說二十年前『把古久先生的陳年流水簿子踹了一腳』，這顯然是象徵性的說法，古久先生和陳年流水簿子都是象徵性的事物。趙貴翁和他的狗也是這種性質。」〔註4〕我並不否認魯迅在《狂人日記》中局部地使用了類似於象徵的手法。如「把古久先生的陳年流水簿子，踹了一腳」，是一種連貫地使用借喻的修辭方法，是一種接近於象徵的表達。狼子村的村名也明顯可以看出作者的寓意，也有一定的象徵色彩。但僅此而已。在我看來，這篇小說整體上不是象徵性作品。道理是明顯的。第一，《狂人日記》整體上說沒有異質同構的象徵機制。如果《狂人日記》是總體象徵性作品，那麼讀者就應當能够在被描寫出來的總體象徵形象背後找到與之對應的異質而又同構的總體性象徵寓意。我們在閱讀魯迅的散文詩《秋夜》時，可以從作者對棗樹的暗示性描寫中，體悟到異質同構的戰士寓意。我們在閱讀聞一多的《死水》時，也可以聯想到與死水異質同構的舊中國形象。而我們在閱讀《狂人日記》時卻難以做到這一點。陳涌先生說狂人是「抗擊舊世界的力量」的象徵。但實際上魯迅筆下的狂人與「抗擊舊世界的力量」之間卻缺少同構關係。狂人雖然具有人道主義思想傾向，也作過反對吃人的勸說，但他又敏感多疑，對周圍環境的判斷多有錯誤。趙家的狗看他兩眼，他就害怕；大哥請醫生給他診病，他就懷疑醫生是來「揣一揣肥瘠」，要來合夥吃他。這些迫害狂患者的心理特徵與「抗擊舊世界的力量」之間實在沒有同構性。至於公蘭谷先生所說的狂人「所處的生活環境、所接觸的事物很多也是象徵性的」這一看法，也不能令人信服。比如公先生

〔註3〕 陳涌：《魯迅與五四文學運動的現實主義問題》，見《文學評論》1979 年第 3 期。

〔註4〕 公蘭谷：《論〈狂人日記〉》，見《文學評論》1980 年第 3 期。

作為象徵性形象舉出的趙貴翁和他的狗就不是象徵性形象。趙貴翁本來就是《阿Q正傳》中的趙太爺、《風波》中的趙七爺一類人物。同質的事物怎麼可以互相象徵呢？在《狂人日記》中，他是作為構成等級社會社會背景的一個組成部分出現的，並不是象徵性的人物。他的狗也是一個寫實的形象。因而作品並沒有描寫它作為與狗腿子一類人物的同構性特徵。（魯迅後來在散文《秋夜紀遊》中寫過象徵叭兒狗一類的人的狗，與此完全不同）《狂人日記》中趙家的狗的藝術作用也很明顯。它一方面可以顯示趙貴翁的身份，另一方面又可以引發、顯示狂人的心理活動。第二，如果《狂人日記》是總體象徵性作品，那麼讀者在沒有領悟到它的象徵寓意之前，就會感到它不完整、不可理解或者至少是無深意。而下面的論述將說明，《狂人日記》並非如此。

二、借狂人之口暴露家族制度和禮教的弊害

任何文學作品都要採用一種或者數種表現方法：或者寫實，如杜甫「三吏三別」，魯迅的《阿Q正傳》；或者直抒胸臆，如陳子昂的《登幽州臺歌》，徐志摩的《再別康橋》；或者託物言志（即象徵法），如于謙《石灰吟》，郭沫若的《爐中煤》；或者借人抒懷，如李白的《楊叛兒》，金昌緒的《春怨》。筆者認為，《狂人日記》使用的主要表現方法不是寄寓法，也不是象徵法，而是借人抒懷法。小說通過狂人之口抨擊了野蠻的吃人現象，並從而暴露家族制度和禮教的弊害。

為了說明這一問題，我們首先要弄清狂人是一個怎樣的藝術形象。過去對此也有許多不同的看法。有人認為作品寫的是一個假狂人，真戰士。這是象徵說一派的看法。有人說他是一個普通的狂人，這是寄寓說一派的看法。其實，魯迅筆下的狂人，就像我們從作品中直接看到的那樣，他是一個具有人道主義、進化論思想的真狂人。他確實患著迫害狂（醫學術語即被迫害妄想症），所以他才經常發生錯覺。但他又信仰進化論，信仰人道主義，所以他才堅決反對吃人，力勸人們改過，要救救孩子。

既然小說中的狂人是一個真狂人，而《狂人日記》又是假託狂人寫的日記，那麼，我們要讀懂這篇小說，首先就應當能夠辨別狂人不同性質的話。只有首先分清他的那些話是體現迫害狂患者的錯覺的，哪些是反映真實情況的，我們才可以通過他的這些話去體會隱含作者的思想。狂人的話語是具有可分辨性和可理解性的。在我看來，狂人的話可以分為三類。第一類，是真

實生活的反映。如日記第三則中寫到:「前幾天,狼子村的佃戶來告荒,對我大哥說,他們村裏的一個大惡人,給大家打死了;幾個人便挖出他的心肝來,用油煎炒了吃,可以壯壯膽子。」第二類是由迫害狂病症所導致的對於現實的錯誤的反映。如第四則日記中說給他診病的醫生是劊子手扮的,第十一則日記中說「妹子是被大哥吃了。」「我未必無意之中,不吃了我妹子的幾片肉,現在也輪到我自己……」等等。第三類是貌似狂語的醒世之言深刻見解。如第三則日記中所寫的:「凡事總須研究,才會明白。古來時常吃人,我還記得,可是不甚清楚。我翻開歷史一查,這歷史沒有年代,歪歪斜斜的每葉上都寫著「仁義道德」幾個字。我橫豎睡不著,仔細看了半夜,才從字縫裏看出字來,滿本都寫著兩個字是『吃人』!」這段話雖然感覺形式具有錯覺性質,但卻反映了狂人對於吃人現象與封建禮教之間內在聯繫的透視。又如第十二則日記中的一句話:「有了四千年吃人履歷的我,當初雖然不知道,現在明白,難見眞的人!」這裏狂人將自己這個「小我」與「有了四千年吃人履歷」的華夏民族這個「大我」在意念中混在一起了。這是一種錯覺,不能視爲一般的修辭手法。但這種混淆又眞實地體現了「小我」與「大我」的從屬和一體關係。因而這句話表現了狂人作爲「有了四千年吃人履歷」的民族的一員的深沉的羞愧感。

這三類話語在《狂人日記》裏按著狂人獨特的思維方式錯雜地交織在一起,會使乍讀這篇小說的人如墮五里霧中。但反覆辨析,是可以分辨清楚的。這是小說可以運用借人抒懷錶現方法的一個前提。

魯迅在《〈中國新文學大系〉小說二集序》中說過,他的《狂人日記》「意在暴露家族制度和禮教的弊害」。這是魯迅自己對於這篇小說創作意圖的明確說明。據我理解,他這裏所說的「家族制度」指的是中國古代社會的整個封建等級制度,既包括構成中國封建社會基礎的一個個家族內部的等級制度,也包括模仿這些家族內部的等級制度建構起來的國家官僚等級制度;他這裏所說的「禮教」,指的是與中國整個封建等級制度相適應的、以「三綱」爲核心的中國封建道德觀念及其禮節儀式。那麼,家族制度和禮教的弊害在《狂人日記》中又是如何被暴露的呢?

首先,作品通過揭示封建家族制度和禮教與野蠻的吃人現象之間的共存關係來暴露其弊害。

中國歷史上曾存在過大量人吃人的事例。作品雖然不可能將其一一開列出

來，但作者卻讓狂人在日記中舉隅式地指出了這一現象：「易牙蒸了他兒子，給桀紂吃，還是一直從前的事。誰曉得從盤古開闢天地以後，一直吃到易牙的兒子；從易牙的兒子，一直吃到徐錫林；從徐錫林，又一直吃到狼子村捉住的人。去年城裏殺了犯人，還有一個生癆病的人，用饅頭蘸血舐。」狂人的這些話語中雖有「語誤」和筆誤（「桀紂」應是齊桓公，徐錫林應為徐錫麟），但他的這一陳述卻是作者作為真實陳述傳達給讀者的。吃人（本義上的）確實是中國古代社會的惡俗之一。春秋時宋國受楚國圍困時曾易子而食，易牙為了邀寵曾蒸了兒子給齊桓公吃，唐代黃巢曾以屍體為軍糧，等等。食人成風在中國古代小說中也有所反映。《三國演義》第十九回寫獵戶劉安殺妻獻肉給劉備吃，劉安還因此得到了曹操賜金百兩的獎勵。《水滸》中張青、孫二娘賣人肉包子，仍被作者視為英雄好漢；宋江闖蕩江湖時，還多次險些被挖了心肝。魯迅所處時代食人之風仍然不衰。光復會成員徐錫麟因刺殺安徽巡撫恩銘被其衛兵挖出心肝炒著吃了，秋瑾被殺後她的血成了愚民治療癆病的藥。

除了指出歷史上和現實中存在著大量吃人現象外，《狂人日記》還向讀者顯示，雖然多數人並沒有實際吃過人，但他們的頭腦中卻不乏吃人意識。他們對於吃人現象不以為怪，不以為非。狂人的大哥就是作為這樣一個典型出現在日記中的：「至於我家大哥，也毫不冤枉他。他對我講書的時候，親口說過可以『易子而食』；又一回偶然議論起一個不好的人，他便說不但該殺，還當『食肉寢皮』。我那時年紀還小，心跳了好半天。前天狼子村佃戶來說吃心肝的事，他也毫不奇怪，不住的點頭。可見，心思是同從前一樣狠。」不僅狂人的大哥「心裏滿裝著吃人的意思」，就是狂人的母親也不能說沒有一點吃人的心思：「記得我四五歲時，坐在堂前乘涼，大哥說爺娘生病，做兒子的須割下一片肉來，煮熟了請他吃，才算好人；母親也沒有說不行。」狂人的大哥和母親既非殘虐成性的暴君，也非好勇鬥狠的土匪，他們只是社會中的普通人。他們程度不同地有著吃人心思可以充分說明吃人意識覆蓋中國人精神世界之廣。

魯迅對於中國社會的吃人惡俗深惡痛絕，在《狂人日記》中借狂人之口表達了他的這一態度。但《狂人日記》又不限於暴露和抨擊吃人惡俗，他還要通過家族制度和禮教與這種吃人惡俗的共存關係來暴露家族制度和禮教的弊害。因為大量的吃人現象和對於吃人不以為非的普遍的吃人心思，正是存在於以家族制度為基本制度，以封建禮教為倫理文化的社會裏。對於這種共存關係的揭示難道不就是對於家族制度和禮教的弊害的暴露嗎？

　　更進一步，作品又通過揭示家族制度和禮教與野蠻的吃人現象之間的內在聯繫來暴露其弊害。我們知道，家族制度和禮教的基本特徵就是將人分爲尊卑不同的等級：君尊臣卑、官尊民卑、父尊子卑、男尊女卑、主尊奴卑、「好人」尊「惡人」「犯人」卑，等等。尊者貴，卑者賤；尊者爲本，卑者爲末。因此，尊者可以驅使、凌虐、掠奪、剝削、殺戮直至從肉體上吃掉卑者。這就是說，吃人現象並不是由於外在原因或者異質文化才與家族制度和禮教共處於一個社會，而是因爲它們之間有著內在的、必然的聯繫。小說通過狂人獨特的眼光對這種聯繫作了藝術的顯現。「易牙蒸了他兒子，給桀紂吃」體現的是君尊臣卑、父本子末的封建等級關係。狂人的大哥在講書時說過可以「易子而食」。爲什麼不是「易父而食」？造反的徐錫林、狼子村被捉住的人、城裏被殺的犯人，按著封建道德的觀點，只能是「惡人」，屬於整個等級社會中的最低等，所以他們的心肝應該被炒食，他們的血可以用來治病。狂人的大哥在堂前乘涼時所作的「割股療親」的吃人宣傳恰恰又是關於封建道德「孝」的說教。作者雖然沒有讓狂人對這些現象作出學術性論證，但日記裏那段從「仁義道德」的字縫裏看出「吃人」二字的話，則可視爲狂人對於吃人現象與封建禮教之間內在聯繫的直覺但卻深刻的透視。這樣，《狂人日記》就通過對於這種內在聯繫的揭示，徹底暴露了家族制度和禮教的弊害。

　　從上述分析中可以看出，首先和主要將《狂人日記》中的「吃人」作本義上的「吃人」去理解，不僅不會影響對於作品意蘊的把握和對於作者創作意圖的說明，而且還會使這種把握和說明更加著實可信。

　　魯迅在 1918 年 8 月 20 日致許壽裳的信中曾談論過《狂人日記》的創作緣起。他說：「《狂人日記》實爲拙作……後以偶閱《通鑒》，乃悟中國人仍爲食人民族，因成此篇。此種發見，關係亦甚大，而知者尚寥寥也。」〔註5〕魯迅在讀《通鑒》時，覺悟到「中國人仍爲食人民族」。通過思考，他又意識到這與「家族制度和禮教」有著內在的聯繫。所以他認爲對於「中國人仍爲食人民族」的「此種發現，關係亦甚大」。又因爲「而知者尚寥寥也」，於是他創作了《狂人日記》，意在通過揭露野蠻的吃人現象與家族制度和和禮教的關係，以「暴露家族制度和禮教的弊害」。可見，首先並主要按本義上的「吃人」來理解《狂人日記》，也才可以講通魯迅自己對於《狂人日記》創作緣起的解釋。

〔註5〕《魯迅全集》第十一卷，人民文學出版社 1981 年第 1 版，第 353 頁。

三、新穎且極富張力的藝術構思

如上所析，《狂人日記》採用了借人抒懷的表現方法，來暴露家族制度和禮教的弊害。為了徹底揭開這篇小說的藝術奧秘，我認為還有必要說清魯迅為什麼不借一個正常人之口來抒懷，而偏偏要借一個迫害狂患者之口來抒懷。也就是說，要說清魯迅創作這篇小說為什麼要採用狂人寫日記這種奇特的藝術構思。我們姑且稱這種特殊的藝術構思為「狂人構思」。我認為，他採用「狂人構思」的目的主要是為了發揮這一構思的兩種功能，即狂人視點功能和狂人錯覺功能。

先來看狂人視點功能。《狂人日記》除了前面的小序之外，都是從狂人這個視點去審視世界的。這是狂人構思的一個重要特徵。那麼這個狂人視點具有怎樣的藝術功能呢？我認為它具有充分揭露吃人現象的功能。因為我們知道，中國的史書上雖然有著大量的吃人現象的記載，現實生活中雖然吃人的事情屢有發生，中國人的頭腦中雖然不乏吃人意識，然而或者因為無暇顧及，或者因為司空見慣，一般人是不會十分關注吃人問題的。因而很難通過一個正常人的視點去審視吃人現象而收到充分揭露吃人現象的效果。但是以狂人為視點情況則有所不同。患著迫害狂的狂人完全陷入了被別人吃掉的恐懼當中。他日夜擔心著周圍的人要害他，吃他。但也正因如此，他才會對現實生活中的吃人事件異常敏感，才會聯想到歷史上那麼多的吃人事例，才會潛心揣摩大哥和母親靈魂裏的吃人心思，才會從每頁上都歪歪斜斜地寫著「仁義道德」幾個字的史書上看出滿本的「吃人」。因而從狂人這個視點去審視世界就能夠讓讀者看到種種與吃人問題有關的現象。所以說狂人視點具有充分揭露吃人現象的功能。

再來看狂人錯覺功能。迫害狂患者思維的一個重要特徵是常常會出現錯覺。因而狂人所寫的日記裏也就必然常常出現錯覺。一般來說，這些錯覺並不能將讀者引向真理，而且還會阻礙讀者對作品所反映的生活迅速做出正確的判斷，阻礙讀者迅速領悟作品的意蘊。那麼這些錯覺是否就是選擇狂人視點所不可避免的贅疣呢？答案應當是否定的。實際上這些錯覺自有其特殊的藝術功能。狂人錯覺的藝術功能可以從多個角度去闡釋，例如，可以認為它能夠形成一種像俄國形式主義文論學者施克洛夫斯基所說的陌生化的藝術效果：延宕讀者的理解過程，增加人們的閱讀興趣，從而加強人們的藝術感受。但筆者認為，狂人錯覺最主要的藝術功能是能夠使作品形成一種警語與瘋話之間特殊而又

強烈的藝術張力。狂人是一個具有進化論和人道主義思想的真狂人。因而其人格也就具有可以統一的二重性：就其具有進化論思想和人道主義思想而言，他的思想境界高於當時的許多所謂正常人；而就其胡亂猜疑，莫名緊張，常常出現錯覺而言，即使庸眾也可以嘲笑他。他是先進與失常、敏銳與錯覺、深刻與可笑的統一體。狂人人格的這種二重性也就形成了日記中言語的二重性，即警語與瘋話的二重性。閱讀這篇小說時，讀者需要對狂人的警語與瘋話進行仔細地辨別和困惑地判斷，既俯視地品鑒他的諷話，又仰視地領悟他的警語。兩種藝術感受既互相衝突，又能夠艱難地統一在一起。這種藝術張力給讀者閱讀帶來了一定的困難甚至困惑，但同時也帶來了極大的藝術魅力。

《狂人日記》的這種構思是少見的，這種構思犧牲了一般文學作品的明朗與單純，帶給讀者的是現代主義文學的艱澀與怪異。《狂人日記》是一種新穎而另類的美學形態，是作者睿智而大膽的獨創之作。然而《狂人日記》藝術上的先鋒性，也給對於它的解讀帶來了困難。讀者沒有形成欣賞這類作品的習慣，評論家也就沒有形成評論這類作品的評論模式。也就是說，作者與受者之間藝術交流的默契尚未形成。人們不敢相信魯迅會借一個精神病患者之口來直接抒寫自己的思想。因為大家習慣地認為警語只能出自神秘或者非凡人物之口，出自普通人之口即降低了它的神聖性，更不可能出自瘋子之口。因此學界對它的解讀長期處於摸索過程中。這也是一些學者們不得已勉強用寄寓說和象徵說去闡釋這個作品的背景。

魯迅時代許多首先覺醒者被落後的庸人視為瘋子。魯迅在《藥》中對此有所表現。茶客們稱夏瑜「簡直是發了瘋了」，說的是「瘋話」。魯迅在生活中接觸過一個真的迫害狂患者。他於是乾脆通過一個具有迫害狂患者與首先覺醒者二重身份的狂人來表達自己的醒世之言。

魯迅的《狂人日記》與果戈里的《狂人日記》雖然形式都是狂人的日記。但運用的藝術手法不同。果戈里的《狂人日記》的主人公是個一般的狂人，沒有首先覺醒者的身份，作品基本上是寫實作品。果戈里的《狂人日記》雖然也有對於等級制度的批判，但藝術力量不強。魯迅的《長明燈》將一個先驅者直接寫成瘋子，與《狂人日記》有些類似，有人將其視為《狂人日記》的姊妹篇，但《長明燈》中瘋子的特徵較含糊，表現方法不清晰。當代作家阿來的小說《塵埃落定》中老二的形象與狂人有些類似，但《塵埃落定》的老二形象帶有神秘主義色彩。

第二節 《藥》不是「雙線結構」

《藥》是魯迅的著名小說之一，寫於 1919 年 4 月。被選入高中語文課本後，更是廣爲人知。這是一篇意蘊深厚，題材難得，而又構思巧妙的傑作，學術界對它的研究也很有成就。但以往學術界普遍流行的《藥》是「雙線結構」的說法卻是值得商確的。

最初提出《藥》是「雙線結構」這一觀點的是曾華鵬、范伯群兩位先生。他們在 1978 年第 4 期的《文學評論》上發表了論文《論〈藥〉——魯迅小說研究之一》。文章在談到《藥》的藝術構思時這樣寫道：「在一篇不到六千字的短篇小說裏要同時正面描寫兩個故事，這幾乎是不可能的，因而魯迅又巧妙地採取雙線結構的方式，以明線來描述華老栓一家的命運，以暗線來敘寫夏瑜的故事，兩條故事線索像兩股山泉，在作品裏並行地奔流著。」此後，「雙線結構」的觀點就被許多人所盲目服膺。一些具有權威性的中學語文教學參考書也都採用這一觀點。例如人民教育出版社出版的《高級中學語文第三冊（必修）教學參考書》在講到「《藥》的情節與線索」時就是這樣寫的：「《藥》的主要情節，由明、暗兩條線索構成，華家的故事是明線，夏家的故事是暗線。」〔註6〕瀋陽出版社出版的《中國中學教學百科全書·語文卷》在「線索」條目中也以《藥》作爲「複線」作品的範例：「在文章寫作中，『複線』的運用也時有出現。如《藥》就有華小栓吃『人血饅頭』和夏瑜『英勇就義』這樣明、暗兩條線索」〔註7〕。

「雙線結構」雖然得到許多人的讚同或者默認，然而在我看來，用一明一暗「雙線結構」來概括《藥》的結構，是不科學、不清楚的。這種不科學、不清楚的概括不僅影響人們對於《藥》的結構本身的理解，而且還影響到人們在理論上對於敘事性作品的情節、線索等概念的理解。

對這種「雙線結構」的說法，過去就有人提出過質疑。如湖北的張光怡曾於 1992 年發表文章對這種觀點進行批駁。他的論文的標題就是《〈藥〉不是「雙線結構」》〔註8〕。但張光怡對於「雙線結構」說的批駁是無力的，沒有能夠動搖這種觀點的權威話語地位。而他提出的《藥》是典型的物線結構的說法也不正確的。基於這種情況，本節擬根據自己對於情節線索與敘事線

〔註6〕 《高級中學語文第三冊教學參考書》，人民教育出版社 1991 年，第 138 頁。
〔註7〕 《中國中學教學百科全書·語文卷》，瀋陽出版社 1991 年第 1 版，第 551 頁。
〔註8〕 《語文教學與研究》，1992 年第 9 期。

索關係的理解，再次提起《藥》不是「雙線結構」的話題，指明「雙線結構」說的癥結所在，並闡述自己對《藥》的結構的看法，以就教於讀者。

一、關於情節線索與敘事線索

對於敘事性作品的「線索」的理解是解釋《藥》的結構的前提和關鍵。但理論界對於「線索」問題至今尚無較為系統的研究，它甚至也是以探討敘事方式為己任的西方敘事學的一個盲點。所以我在這裏必須首先談一下自己對這個問題的看法。據我瞭解，人們在使用「線索」這個詞說明敘事性作品的情節和結構時，實際上不外乎有兩個所指：一是情節線索，一是敘事線索。

我們先來討論情節線索。而要討論情節線索，就不能不從討論情節開始。在敘事性作品中，情節是人物的活動，也可以說是事件或者事件組合。作品中的人物活動是對現實生活中人物活動的反映。現實生活中的人物活動有著廣泛的聯繫：或者聯繫於特定的活動主體，或者聯繫於特定的活動目的。反映到作品中的人物活動雖然經過了作家的藝術加工，體現著作者的意志和情感，但其中仍然貫穿著種種的聯繫。有些描寫意識流的作品看上去似乎所寫的事件是雜亂無章的，但意識流本身也是人物的一種具有聯繫性的活動，只不過它是人們的一種心理活動而已。這些貫穿於人物活動中的聯繫就可以稱為情節線索。我們不妨以老舍的《駱駝祥子》為例來說明這個問題。《駱駝祥子》描寫了許多活動。如祥子拉車、祥子買車、祥子丟車、祥子的錢被孫偵探詐走、祥子與虎妞結婚後又買了車、虎妞死後又將車賣掉、祥子道德墮落等。貫穿在這眾多活動中的情節線索是什麼呢？那就是祥子為買上自己的人力車而奮鬥的經歷和結局。當然，《駱駝祥子》中並非只有這一條情節線索。劉四爺的生活經歷、小福子的生活經歷也是作品中的情節線索，但它們都不是作品中最主要的情節線索。一個敘事性作品所寫的情節如果可以被視為一個整體，其中必有一條或一條以上的基本情節線索。讀者把握情節線索要比把握情節困難一些，因為一個作品中的情節是明顯地出現在作品中的，而情節線索則往往需要讀者憑藉生活閱歷從顯現的情節中領會出來。

再來看敘事線索。敘事線索是作者敘事時所依據的行文路線，是貫穿於敘事材料中的脈絡，是聯繫、統攝敘事材料的紐帶。我們知道，凡文章都是由話語組成的，而一篇有條理的文章，其話語總是沿著一定的路線行進的。這路線就是我們平常所說的行文路線或簡稱文路。對於敘事性作品而言，行

文路線基本上就是敘事路線，也就是敘事線索。（說「基本上」是因爲敘事性作品中也有抒情或者議論的因素）敘事線索屬於小說結構的範疇。但它又不等於小說的結構。結構是一個大於敘事線索的概念。敘事線索僅僅是作品結構的一個層次，一個方面。例如，要討論魯迅的小說《祝福》的結構，首先應當確定它是套裝結構：在「我」回魯鎮探望親友的一級小故事中，套裝著祥林嫂十幾年生活經歷的二級大故事。然後才可以去考察這個小說不同層面故事的敘事線索問題。在一級故事中，是以「我」回魯鎮探望親友三天內的所歷、所見、所聞、所憶爲敘事線索的。在二級故事中，則是以祥林嫂十幾年的經歷爲敘事線索的。

敘事線索不同於情節線索。情節線索是情節、題材範圍內的問題，而敘事線索則是從結構的角度對行文路線所作的概括。就作品這個層面而言，也就是不考慮作品題材帶有虛構性這一點而言，包含在情節中的情節線索是自然的，而屬於結構範疇的敘事線索則是人爲的。然而敘事線索與情節雖然不同，但二者又有著密切的聯繫。一般來說，敘事線索要以情節線索爲基礎來設置。我們很難看到有哪個敘事性作品完全撇開情節自身的聯繫去設置敘事線索。因此，二者之間常常有重合。當某一情節線索同時也作爲敘事依據時，那麼它同時也就是敘事線索。例如，老舍的《駱駝祥子》中，祥子爲買車而奮鬥的經歷和失敗結局，既是情節線索，又是敘事線索。再如，在錢鍾書的《圍城》中，方鴻漸回國途中和回國後的種種尷尬遭遇也既是情節線索，又是敘事線索。在一些篇幅較長的敘事性作品中，也可能有兩條以上的貫穿作品始終的情節線索。例如，列夫·托爾斯泰的《安娜·卡列尼娜》有由安娜與渥倫斯基的感情糾葛和列文與吉提的感情糾葛所形成的兩條平行的情節線索。這兩條情節線索同時也是兩條敘事線索。

但在有些作品中，敘事線索與情節線索又是不完全統一的。例如美國作家福克納的小說《喧囂與騷動》描寫的是 20 世紀初美國南部一個城鎮中貴族康普爾家庭的淪落。小說由四個敘述者先後來敘述這個家庭淪落的故事：先是三弟白痴班吉的夢囈一樣的敘述；接著是大哥昆丁變態心理的敘述；然後由自私偏執的的二哥杰生敘述；小說最後部分則以故事外敘述方式從黑人老女僕迪爾西的視角作出敘述。這部小說的敘事特點是只有一條情節線索卻有四條敘事線索。中國當代作家霍達的《穆斯林的葬禮》的情節線索與敘事線索的關係也較爲複雜。簡單地說，貫穿於這部小說始終的情節線索只有一條。

這就是韓子奇、韓新月一家兩代人的人生磨難和感情糾葛。但作者為了使這部主情主義的作品獲得一種類似複調音樂般的特殊結構效果，便在敘事層面上將這條情節線索攔腰斬斷，然後再依據這兩段情節線索設置了兩條敘事線索：玉線和月線。兩條敘事線索在作品中交錯而又平行地展開。這部小說的敘事特點是只有一條情節線索卻有兩條敘事線索。

可見，敘事線索與情節線索雖然有著較為密切的聯繫，但又是性質不同的兩個概念。以往人們在談論敘事性作品的「線索」時，有時指的是情節線索，有時指的是敘事線索，有時似乎又均有所指，含混不清。但共同的特點是沒有注意到情節線索與敘事線索的區別。有人喜歡將「線索」與具體的材料的關係比喻為藤與瓜、線與珠的關係。這種比喻很漂亮。但藤是什麼藤，瓜是什瓜，線是什麼線，珠是什麼樣珠，卻沒有首先分辨清楚。

二、《藥》是「一寫二」結構

區別了情節線索和敘事線索之後，《藥》的結構是不難分析的。

《藥》寫了兩個有密切聯繫但又相對獨立的故事：老栓買藥、小栓吃藥、茶客談論藥的療效和來源、小栓不治而死因而華大媽上墳是一個故事；夏瑜因從事革命活動被捕、在獄中繼續進行宣傳鬥爭、被殺後血被吃、夏四奶奶上墳是另一個故事。雖然由於小栓吃的藥是夏瑜的血而使兩個故事之間發生了密切的聯繫，成為一個整體，但兩個故事仍然具有相對的獨立性是沒有疑義的。既然有兩個貫穿小說始終的故事，當然也就有兩條基本的情節線索：一條情節線索是華家為小栓買藥治病的經歷和結局，另一條是夏瑜從事革命活動的經歷和結局。在這一點上，筆者與以往論者的分析沒有太大的分歧。

問題主要在敘事線索方面。我認為，《藥》只有一條敘事線索，那就是華老栓為小栓買藥治病的經歷和結局。這是以往的論者沒有注意到或者沒有明確提出的。我們先來看華家故事的敘述。很明顯，華家故事是依據老栓為小栓買藥治病的經歷和結局這條情節線索進行敘述的。買藥、吃藥、談藥、上墳，四個生活片斷的描寫都緊緊圍繞著這條情節線索依序進行。因而這條情節線索也就同時成為了華家故事的敘事線索，或者說華家故事的敘事線索與情節線索在作品中是統一的。但夏家故事的敘事情況則與之不同。夏家的故事也是依據華家為小栓買藥治病的經歷和結局這條線索敘述的。魯迅沒有為夏家故事另外安排一條敘事線索，而是將其附著在華家故事上進行敘述。附

著的方法就是直接描寫與間接描寫的結合。《藥》除了最後一部分直接描寫了兩位母親上墳的場面外，前面三部分都是直接描寫華家的故事，間接描述夏家的故事。按習慣的說法，就是正面描寫華家的故事，側面描寫夏家的故事。那麼作品為什麼要採用這種直接描寫與間接描寫相結合的附著方法呢？理由很簡單。就因為夏家故事的敘述借用了華家故事的敘事路線。要按一條敘事線索來敘述兩個發生場合和發生時間不完全相同的故事，可行的方法就是直接敘事與間接敘事相結合。否則就只能「花開兩朵，各表一枝」，按兩條敘事線索去敘述。夏家故事的敘述借用了華家故事的敘事線索這一點在夏家故事的敘事次序上體現得也很明顯。作者沒有按情節發展的自然聯繫從夏瑜的被捕開始敘述夏家的故事，而是讓夏家故事的敘述起訖和順序完全服從於華家故事的敘述起訖和順序：先與寫老栓買藥一起寫夏瑜的被殺，再與寫小栓吃藥一起寫夏瑜的血被吃，然後再借茶客談論藥的療效和來源的機會回過頭去交待夏瑜的被捕和獄中鬥爭，最後與寫華大媽上墳一起寫夏四奶奶上墳。這樣安排正是為了使夏家故事的敘述能够與華家故事的敘述一致起來，以便使兩個故事的敘述使用同一條敘事路線。

所以我認為，對於《藥》的結構的正確理解應當是：小說以華老栓為兒子買藥治病的經歷和結局這一情節線索為敘事線索，運用直接描寫和間接描寫相結合的方法，敘述了華、夏兩家有兩條基本情節線索貫穿其中的兩個相對獨立的故事。我們可以稱之為「一寫二」結構。「一」指的是一條敘事線索，「二」指的是被敘述的兩個故事。

至於魯迅為什麼要用華家故事這一條敘事線索來敘述華夏兩家和故事，這裏也順便談一點我的理解。我認為，《藥》的情節至少可以用以下三種方式來敘述。一是像現在所見到的《藥》這樣，以華家故事的情節線索作為敘事線索來敘述華夏兩家的故事；二是按華夏兩家故事各自的情節線索作為敘事線索分別敘述華夏兩家的故事；三是依據夏家故事的情節線索來敘述華夏兩家的故事。使用一條敘事線索通過直接描述和間接描述相結合的方法來描敘兩個故事，是為了節省筆墨，這是發往短篇小說創作的一種追求。所以魯迅不會採取第二種敘事方法。那麼為什麼要讓夏家故事的敘述借用華家故事的敘事線索，而不是相反呢？我認為並不是因為那樣寫在構思上會更加困難，而是創作意圖使然。魯迅創作《藥》，目的是揭示當時群眾的愚昧對於民主革命的制約。所以他要著重展示的不是革命者夏瑜的英勇和高尚，而是群眾對

革命的隔膜、冷漠，甚至盲目的敵視。而要做到這一點，當然應當以華家的經歷作爲敘事線索，以便直接重點地描寫群眾對革命的反應和對革命者的態度。

三、「雙線結構」說不能成立

我認爲，「雙線結構」說是不能成立的。

首先，「雙線結構」沒有揭示出《藥》這個作品只有一條敘事線索這樣一個事實。毋庸置疑，曾華鵬和范伯群兩位先生已經感覺到貫穿華家故事和貫穿夏家故事的兩條線索的不同。所以他們試圖使用「明線」和「暗線」兩個概念來區別這兩條線索。但由於他們當時還不能在概念上區別敘事線索和情節線索，因而他們提出的「明線」和「暗線」兩個概念是模糊的。他們對這兩個概念沒有進行界定，只是模糊地將「正面描寫」與「明線」聯繫在一起，而將「側面描寫」與「暗線」聯繫在一起。（在曾、范兩人的文章《論〈藥〉》中，並沒有涉及「側面描寫」問題。但後來的服膺者作了這種引申。這種引申應當合乎曾、范二人的原意）而我們知道，正面描寫與側面描寫只是兩種不同的描寫方法，將它們與「明線」和「暗線」聯繫起來不能代替對「明線」和「暗線」的明確界定。由於兩位先生只是感覺到兩條線索的不同，而不能清晰地理解它們的不同，所以他們在文章中仍然籠統地稱這兩條線索是「兩條故事線索」（也就是我們說的「情節線索」），而沒有指明其中有一條同時還是敘事線索。他們後來的服膺者雖然對「雙線結構」說不斷進行闡發，但也一直沒有明確指出《藥》只有一條敘事線索這一事實。這是「雙線結構」說的一個根本缺陷。

其次，對於《藥》的結構而言，「雙線結構」這個提法本身就包含著邏輯上的矛盾。如上所述，情節線索是存在於情節中的一種聯繫。如果不涉及它與敘事線索的關係，那它就只是題材範疇的問題，而不是結構範疇的問題。只有從整個作品的敘事安排去考慮，情節線索才可以進入結構的範疇。這就像用一塊有圖案的布料縫製一件衣服是一個道理。如果不結合如何剪裁，如何縫製去考慮，那麼這塊布料上圖案間的種種關係就仍然只是衣料範疇的問題，而不是衣服結構範疇的問題。只有從衣服的整體面貌的角度去斟酌怎樣處理布料上圖案間的種種關係，布料圖案間的這些關係才具有衣服結構的意義。這就是說，要概括《藥》的結構特點，首先要概括《藥》的敘事線索。

如果在概括敘事線索時需要連帶概括其情節線索，也必須通過敘事線索這個中間環節。如果撇開敘事線索而直接去概括情節線索，就等於將作品的題材看作了作品的結構，不僅是不全面的，而且是不科學的。所以，「雙線」與「結構」這兩個詞在這裏是不能直接搭配的。如果一定要概括出這個作品的雙故事題材特點，也必須通過一條敘事線索這個中介。所以只能稱其爲「一寫二結構」而不能稱其爲「雙線結構」。「雙線結構」這個說法應當用來指稱那種有兩條敘事線索的結構。

再次，「雙線結構」的提出者對於《藥》中兩條情節線索狀態的描述也不准確。他們說：「兩條故事線索像兩股山泉，在作品裏並行地奔流著」。從題材本身而言，夏家的故事比華家的故事要長，只是從夏瑜被殺的時候（也就是華老栓買藥的時候）兩家的生活流才開始「並行地奔流著」。至於夏瑜被殺之前的生活，如獄中鬥爭等，作品中並沒有描寫與之並行的華家的生活。而如果從敘事的角度看，「兩條故事線索」更沒有「並行地奔流」。華家的故事一直是正敘，是一路向前的。夏家故事的描述則是迂迴向前的。第一部分先描述夏瑜的犧牲。第二部分寫他的血被吃。到了第三部分，才借茶客之口回過頭描述他的被捕和獄中鬥爭。最後在第四部分又繼續寫夏四奶奶上墳。「並行地奔流著」，不知從何說起。

然而曾、范兩位先生畢竟還明確自己提出的「雙線結構」說中的「雙線」指的是「故事線索」。而後來的一些服膺者則對這一點也不清楚。例如，《中國中學教學百科全書·語文卷》的「線索」條目中，執筆者一方面界定「線索」是「行文路線」，一方面又大談《藥》是「兩條線索」。〔註9〕

總之，以往極爲流行的關於《藥》的「雙線結構」說是模糊的，不科學的。這一提法應當被廢棄，而代之以「一寫二」結構的提法。

另外，張光怡先生的「藥」（人血饅頭）是《藥》的基本線索的觀點或者說《藥》是「物線」結構的觀點也是不正確的。不錯，由於華家吃的「藥」就是夏瑜的血，因而「藥」將華、夏兩家的活動聯繫了起來。但「藥」與「血」的統一所起的作用是對於兩個故事的橫向的聯結或者粘合，而不是人物活動的縱向脉絡，因而也就不可能成爲《藥》這篇小說的敘事線索。

〔註9〕《中國中學教學百科全書·語文卷》，瀋陽出版社1991年第1版，第551頁。

第三節　《阿 Q 正傳》：無魂國民的傳神寫照

　　《阿 Q 正傳》是魯迅唯一的中篇小說，同時也是他小說中最有影響的一篇，是他小說創作的代表作。它最初於 1921 年 12 月至 1922 年 2 月分章刊登在北京《晨報副刊》上，後收入《吶喊》。自問世之日起，它就吸引了無數人的目光，成為人們極為關注的作品之一。

一、暴露國民精神弱點的創作意圖

　　魯迅創作這篇小說的目的很明確，就是要揭示並批評國人的精神弱點以便加以改造。1925 年，他在《集外集·俄文譯本〈阿 Q 正傳〉序及著者自敘傳略》一文中曾說，他創作《阿 Q 正傳》，目的是要畫出中國這個「未經革新的古國」的「國民的魂靈」來。到了後期，他又在《偽自由書·再談保留》一文中指出，《阿 Q 正傳》是要「暴露國民的弱點」。

　　這一點首先體現在作者對主人公的命名上。在第一章《序》中，作者先將阿 Q 寫成一個籍貫和姓名都不能確定的人物，然後又找理由給他起了一個符碼式的名字。他說：「我又不知道阿 Q 的名字是怎麼寫的。他活著的時候，人都叫他阿 Quei，死了以後，便沒有一個人再叫阿 Quei 了，那裏還會有『著之竹帛』的事。若論『著之竹帛』，這篇文章要算第一次，所以先遇著了這第一個難關。我曾仔細想：阿 Quei，阿桂還是阿貴呢？倘使他號月亭，或者在八月間做過生日，那一定是阿桂了；而他既沒有號——也許有號，只是沒有人知道他，——又未嘗散過生日徵文的帖子：寫作阿桂，是武斷的。又倘使他有一位老兄或令弟叫阿富，那一定是阿貴了；而他又只是一個人：寫作阿貴，也沒有佐證的。其餘音 Quei 的偏僻字樣，更加湊不上了。」又「生怕注音字母還未通行，只好用了『洋字』，照英國流行的拼法寫他為阿 Quei，略作阿 Q。」

　　很明顯，魯迅使用一個英文字母「Q」作為阿 Q 的名字，一定是有用意的。但究竟是什麼含義呢？周作人的《關於阿 Q》一文在談到這個問題時給出了令人信服的說法：「因為 Q 字樣子好玩，好像有一條小辮，所以定為阿 Q，雖然聲音稍有不對也不管了。」〔註10〕魯迅寫作《阿 Q 正傳》是在 1922 年初，當時周氏兩兄弟相處融洽，一起居住在八道灣，周作人很容易得知魯迅的想

〔註10〕周作人：《關於阿 Q》，《中國文藝》2 卷 1 期，1940 年 3 月 1 日。

法。清末民初中國男人仍然在光頭上留著一根大辮子，所以魯迅便選擇一個帶著「小辮子」的印刷體的大寫英文字母「Q」作爲阿Q的名字。他的用意很明顯，就是要用這個略似中國人頭像的「Q」字，來暗示阿Q是一個「未經革新的古國」的「國民」的典型。

二、阿Q性格的本質特徵

魯迅創作《阿Q正傳》的意圖是通過塑造阿Q這個文學典型來完成的。因此，理解和說明阿Q性格的本質特徵就成了理解這篇小說思想和藝術的關鍵所在。然而以往有關的研究成果雖然已經相當豐富，但關於阿Q性格的本質特徵究竟是什麼的問題，至今卻沒有得到徹底解決，仍然需要探討。

（一）以往的主要觀點

較早對阿Q性格的本質特徵進行闡釋的是周作人。他於《阿Q正傳》發表不久就寫了一篇評論文章《〈阿Q正傳〉》。其中寫道：「阿Q這人是中國一切的『譜』──新名詞稱作『傳統』──的結晶，沒有自己的意志而以社會的因襲的慣例爲其意志的人，所以在社會裏是不存在而又到處存在的。」〔註11〕周作人在這裏沒有強調阿Q性格中精神勝利的特點，而是指出阿Q具有「沒有自己的意志而以社會的因襲的慣例爲其意志」的性格特點。周作人雖然沒有對阿Q的性格展開討論，但從這句話中可以看出他對於阿Q性格本質特徵的認識是有深度的，並且是比較準確的。然而後來多數學者卻沒有沿著這一思路去進一步把握阿Q性格的本質特徵。他們中雖然有人也承認精神勝利不是阿Q的惟一性格特徵，但卻將阿Q性格的核心特徵或者主要特徵歸結爲精神勝利。這成爲一種主流觀點。體現這一主流觀點的論文也包括在80年代曾一度引起廣泛關注的林興宅的《論阿Q性格系統》。該文發表於《魯迅研究》1984年第1期。作者反對將「精神勝利」視爲「阿Q的全部性格內涵」。他運用系統論理論闡釋阿Q性格，列舉了阿Q的十對性格矛盾：既質樸愚昧又狡黠圓滑，既率眞任性又正統衛道，既自尊自大，又自輕自賤，既爭強好勝又自辱屈從，既狹隘保守又盲目趨時，既排斥異端又嚮往革命，既憎惡權勢又趨炎附勢，既蠻橫霸道又儒弱卑怯，既敏感禁忌又麻木健忘，既不滿現狀又安於現狀。但文章對這十對矛盾性格側面的概括卻是「泯滅意志」和「退回

〔註11〕仲密：《阿Q正傳》，《晨報副刊》1923年3月19日。

內心」。而在筆者看來，這種概括與「精神勝利」的概括，並沒有實質的不同。由於多數論者認爲阿 Q 性格的本質特徵是精神勝利，而沒有進一步探討阿 Q 性格的更深層特徵，從而導致他們難以解釋阿 Q 性格中的一些突出矛盾。例如阿 Q 一方面固然經常採取精神勝利法以自欺欺人，但他也曾與小 D 爭鬥，向王胡挑釁，甚至在未莊他還是較早試圖參加「革命」的人。

另外一些論者不認爲精神勝利是阿 Q 性格的本質特徵。但他們並沒有自己去探討阿 Q 性格的本質特徵，而是根據阿 Q 性格中有與精神勝利相矛盾的一些方面，就對阿 Q 性格的統一性提出質疑。1926 年，鄭振鐸以西諦爲筆名在《文學周報》251 期上發表《「吶喊」》一文，其中寫道：

> 這篇東西值得大家如此的注意，原不是無因的。但也有幾點值
> 得商榷的，如最後「大團圓」的一幕，我在《晨報》上初讀此作之
> 時，即不以爲然，至今也還不以爲然，似乎作者對於阿 Q 之收局太
> 匆促了；他不欲再往下寫了，便如此隨意的給他一個「大團圓」。像
> 阿 Q 那樣的一個人，終於要做起革命黨來，終於受到那樣大團圓的
> 結局，似乎連作者他自己在最初寫作時也是料不到的。至少在人格
> 上似乎是兩個。

這一批評是相當嚴厲的。小說創作在人物塑造方面最基本的要求就是性格統一，不能讓所描寫的人物一會兒是林黛玉，一會兒又是薛寶釵。在此基礎上才可以進一步要求人物性格刻畫方面的深度、厚度和發展。如果阿 Q 這個文學形象人格上都還是兩個，那麼《阿 Q 正傳》就是一篇在藝術上基本失敗的小說，又何談什麼優秀之作，世界名著？魯迅對這一批評也非常重視，很快作出回應。鄭振鐸的文章發表於 1926 年 11 月 21 日出版的《文學周報》。魯迅在同年 12 月 3 日便寫了《〈阿 Q 正傳〉的成因》一文。文中反駁說：「據我的意思，中國倘不革命，阿 Q 便不做，既然革命，就會做的。我的阿 Q 的運命，也只能如此，人格也恐怕並不是兩個。」〔註12〕然而類似的評論並沒有因爲作者的表態而絕迹。若干年後，香港文學史家司馬長風在他的《中國新文學史》中又老調重彈。他寫道：「主人公『阿 Q』無統一的個性，他被寫成既膽大妄爲又卑怯懦弱，既投機取巧又痴呆糊塗，既是被迫害者又是迫害

〔註12〕魯迅：《〈阿 Q 正傳〉的成因》，《魯迅全集》第三卷，人民文學出版社 1981
　　　年第 1 版，第 379 頁。

者，既狡猾又麻木……。在小説技巧上這是明顯和嚴重的錯誤。」〔註 13〕而且這樣一種近乎荒唐的觀點還薪火相傳，後繼有人。2006 年 12 月，又有年輕學人申燕在《陰山學刊》第 19 卷第 6 期上發表論文《〈阿 Q 正傳〉的藝術缺陷及原因》，再次聲稱阿 Q「實際上沒有統一的個性」：「甚至在《阿 Q 正傳》的文本中，意思相對的詞也隨處可見，如：自尊自負與自輕自賤、膽怯與勇武、傲然與冤屈、狡猾與麻木等，主人公阿 Q 沒有一個占中心地位的主要性格特徵，典型性格把握不住，造成《阿 Q 正傳》後半部性格的質弱。在小説技巧上，這是明顯的和嚴重的缺陷。」

一種觀點認爲阿 Q 性格的本質特徵是精神勝利，一種觀點則認爲阿 Q 沒有統一的個性。前者占主導地位，後者也不絕如縷。這兩種觀點雖然不同，卻有一個共同特點，就是在把握阿 Q 的性格特徵時，都停留在其性格的表層或者說性格的表現上，而沒有通過表層性格進而把握其深層的本質特徵。

在以往的研究中，也有一些學者的探討是進入到阿 Q 性格的深層的。其中王富仁的論述尤其值得重視。他反對司馬長風關於阿 Q 無統一個性的說法，認爲阿 Q 表面上自相矛盾的性格背後是有其統一性的。他說：「但這二重人格又有其統一性，又有相互聯結的紐帶，這個紐帶就是他的自我意識的缺乏、個性意識的缺乏。」〔註 14〕當年周作人關於阿 Q 是「沒有自己的意志而以社會的因襲的慣例爲其意志的人」的判斷雖然在大方向上是正確的，但畢竟還只是一種基於實際生活感受的直接判斷，缺乏必要的學術論述。而王富仁的觀點卻是以個性主義爲理論基礎在對作品進行細緻分析之後得出的具有很強思辨性的學術論斷。但從近幾年有關《阿 Q 正傳》的論文和文學史著作來看，他的有關論述並沒有得到足夠的重視。筆者將充分吸取王富仁先生的研究成果，同時密切結合魯迅關於「國魂」的論述，嘗試對阿 Q 的本質特徵作出自己的闡釋。

（二）阿 Q 性格的本質特徵是民魂缺位

阿 Q 的性格表現確有不少矛盾之處。魯迅就曾說過，阿 Q「有農民式的

〔註 13〕 司馬長風：《中國新文學史》上卷，香港：昭明出版社有限公司，1980 年 4 月第 3 版，第 111 頁。

〔註 14〕 王富仁：《中國反封建思想革命的一面鏡子──〈吶喊〉〈徬徨〉綜論》，北京：北京師範大學出版社 1986 年 8 月第 1 版，第 138 頁。

質樸，愚蠢，但也很沾了些游手之徒的狡猾」〔註15〕。當然阿 Q 性格的矛盾並不止於此。他經常自欺欺人，但有時又眞幹實做；他曾經反對革命，後來又擁護革命；他有時守舊，有時又很趨時；他對於「男女之大防」歷來很嚴，卻也曾貿然向吳媽示愛。現在的問題是，在這些表面相互矛盾的言行背後，阿 Q 性格中究竟是否存在著某種內在的統一性？我認爲這種統一性是存在的。但它不是精神勝利，而是民魂缺位。這一答案是我在魯迅自己的著作中去找到的。

魯迅在《華蓋集續篇·學界的三魂》一文中曾表述過他的一個非常重要的思想：中國國魂中有三種魂，即官魂、匪魂和民魂。他說：「中國的國魂裏大概總有兩種魂：官魂和匪魂。……社會諸色人等，愛看《雙官誥》，也愛看《四傑村》，望偏安巴蜀的劉玄德成功，也願意打家劫舍的宋公明得法；至少，是受了官的恩惠時候則艷羨官僚，受了官的剝削時候便同情匪類。」匪魂與官魂有所不同，官魂是統治者的思想，匪魂則是希望成爲統治者的「野心家」的思想。官魂體現的是統治者的政治倫理訴求，匪魂體現的是「野心家」的政治倫理訴求。除了官魂和匪魂，魯迅認爲國魂中還應當有民魂。他說，「民魂」「是國魂的第三種」。「惟有民魂是値得寶貴的，惟有他發揚起來，中國才有眞進步。」〔註16〕毫無疑問，他這裏所說的「民魂」，指的就是國民自己的政治倫理思想，它體現的是最廣大人民的政治倫理訴求。

在以往存在著統治者和被統治者的社會中，總是存在著兩種思想，即統治者的思想（官魂）和被統治者的思想（民魂）。這是馬克思主義的基本理論，也是曾普遍存在的歷史事實。魯迅的「三魂」思想與馬克思主義的經典闡述的一個重要區別是他認爲中國國魂中還有一個匪魂。這是他比較中日歷史和國民精神之後形成的對於中國國民精神特點的獨到見解。他在同一篇文章中寫道：「然而國情不同，國魂也就兩樣。記得在日本留學時候，有些同學問我在中國最有大利的買賣是什麼，我答道：『造反。』他們便大駭怪。在萬世一系的國度裏，那時聽到皇帝可以一腳踢落，就如我們聽說父母可以一棒打殺一般。」事實正是如此。中國古代由於改朝換代司空見慣，因而中國人對於

〔註15〕 魯迅：《寄〈戲〉周刊編者信》，《魯迅全集》第六卷，人民文學出版社 1981 年第 1 版，第 150 頁。
〔註16〕 魯迅：《學界的三魂》，《魯迅全集》第三卷，人民文學出版社 1981 年第 1 版，第 207～208 頁。

皇權的尊重度與生活在「萬世一系的國度裏」的日本人也就大不相同。天下太平時固然是官的思想占統治地位，但一遇亂世，匪的思想就會活躍起來，神州大地處處游蕩著造反的幽靈。陳涉早就發問過：「王侯將相寧有種乎？」項羽一見秦始皇就想到「彼可取而代也」。「匪魂」在中國古代文學作品中也有廣泛的投射。中國古代有三部帶有集體創作成分的長篇小說：《三國演義》、《水滸傳》和《西遊記》。《三國演義》中的大丈夫無不希望問鼎中原；《水滸傳》中的李逵曾高喊「殺去東京，奪了鳥位」；就是神魔小說《西遊記》中的孫悟空也曾大鬧天宮，向如來佛揚言「皇帝輪流做，明年到我家」。可見，魯迅的「三魂」思想是有依據的。

中國的國魂如此，那麼中國廣大的被壓迫國民的精神弱點究竟是什麼呢？我認為，從魯迅在《學界的三魂》中表述的思想可知，在他看來，當時中國國民最主要的精神弱點就是民魂缺位。因為在這篇文章中，魯迅曾明確指出，「民魂」「先前不很發揚，」所以歷史上的參加起義的農民「一鬧之後，終不自取政權，而只『任三五熱心家將皇帝推倒，自己過皇帝癮去』了」。

在以往的社會中，任何一個社會的統治思想都是統治集團的思想。在中國封建社會中，封建統治者從他們的私利出發，十分恐懼人民通過獨立思考和在公共空間進行文化交流而獲得自己的政治倫理思想。因而他們一貫實行文化專制主義，或者以科舉及第為誘餌，或者以封建迷信為輔翼，對人民群眾進行封建政治倫理思想灌輸。人民群眾在這種愚民政策的統治下，即使可能偶爾產生一些自己的政治倫理觀念，這些觀念也無法形成完整的意識形態，更不可能得到廣泛的傳播。所以在通常情況下，被統治者只能以統治者的思想作為自己的思想。但封建政治倫理思想的虛偽性以及大量「成則王侯敗則寇」的歷史事實又不能不引起人們對這些政治倫理思想的懷疑。於是中國國民對於封建政治倫理思想也就常常不自覺地採取一種實用主義的態度，並從而形成一種既渾渾噩噩又自私巧滑的蒙昧生存方式。這是中國歷史上曾出現過的（當然其他國家歷史上曾出現過的）一種可悲的現象。魯迅作為一位以思想啓蒙為己任的文化先驅，面對這一現象十分痛心。《阿Q正傳》就是表達他對這一現象思考和感受的杰作。

阿Q的本能自我是存在的，他的感覺器官也是正常的。作為一個被侮辱被損害的國民，阿Q本能地感受到當時社會給他帶來的危害。被人凌虐時，他會感到「現在的世界真不像樣」；用度窘時，也會「略略有些不平」；對於

小尼姑和吳媽，他也有強烈的異性吸引的感覺。然而阿 Q 卻終究不能從其感性的不滿和本能的需求中引申出符合國民根本利益的政治倫理思想。同時也沒有機會接受到現成的符合國民的根本利益的政治倫理思想。所以終其一生，他未曾對使自己受盡淩辱、受盡苦難並最終剝奪了自己生存權利的現實社會作出過理性的否定，也未能對適合於自己生存發展的合理社會作出過理性設想。他有被壓迫者的偏見，而無被壓迫者的思想。因此，阿 Q 性格的本質特徵正是民魂缺位。阿 Q 作爲一個國民而缺乏民魂。這就是他性格的悲劇性所在。

（三）阿 Q 民魂缺位性格的具體表現

　　阿 Q 性格的本質特徵是民魂缺位。在小說描寫中，他的這一性格特徵主要體現在兩個方面：一是盲目地服膺異己的以官魂和匪魂爲代表的封建倫理文化，一是本能地適應吃人的封建社會現實。

　　首先，阿 Q 民魂缺位的第一個表現就是盲目地服膺異己的以官魂和匪魂爲代表封建倫理文化。

　　由於缺乏民魂，他就沒有理性自我，也就只能盲目地服膺「古聖賢」或「聖人之徒」的道德說教，人云亦云地以社會主流的觀念爲自己的觀念。至於這些說教和觀念有何依據，是否合理，他則無能力去理會。對於革命，他曾不假思索就站到官方的立場上。小說在第七章「革命」中寫道：「但他有一種不知從那裏來的意見，以爲革命黨便是造反，造反便是與他爲難，所以一向是『深惡痛絕』的」。在對待男女關係的態度上，他也是一個盲目的正統派。在第四章「戀愛的悲劇」中，作者這樣寫道：「阿 Q 本來也是正人，我們雖然不知道他曾蒙什麼明師指授過，但他對於『男女之大防』卻歷來非常嚴；也很有排斥異端——如小尼姑假洋鬼子之類——的正氣。他的學說是：凡尼姑，一定與和尚私通；一個女人在外面走，一定想引誘野男人；一男一女在那裏講話，一定要有勾當了。爲懲治他們起見，所以他往往怒目而視，或者大聲地說幾句『誅心』的話，或者在冷僻處，便在後面擲一塊小石頭。」阿 Q 也想要一個女人，但在他的理性意識裏，「應該有一個女人」，並不是他的現實需要，而只是因爲「斷子絕孫便沒有人供一碗飯」。而這不過是對於「不孝有三，無後爲大」聖訓的通俗闡述。不僅如此，對於整個以等級制度和弱肉強食爲特徵的封建倫理文化，他在理性認識中也都是認同的。所以趙太爺、趙秀才打他，他從未想到反抗，被抓進縣衙後，不自覺地就要跪下。在第四章

中，敘述者有一句對於他性格總概括的話：「所以他那思想，其實是樣樣合於聖經賢傳的」。

然而阿 Q 又並非總是盲目地接受官的思想，一旦意識到統治者的統治發生動搖，從自己的實際處境出發，阿 Q 又很容易接受匪的思想：「『革命也好吧，』阿 Q 想，『革這夥媽媽的命，太可惡，太可恨！……便是我，也要投降革命黨了。』」阿 Q 並非真正懂得革命。他心目中的革命其實就是傳統的「造反」，也就是取而代之式的權力和財富的再分配。他的思想中不僅沒有民主革命的內容，甚至連中國歷史上起義農民的均分思想都沒有。所以他的由反對革命轉而擁護革命，不過是由盲目接受官魂轉而盲目接受匪魂。第七章中描寫阿 Q 睡覺前的「革命暢想三部曲」就是證明：

> 「這時未莊的一夥鳥男女才好笑哩，跪下叫道，『阿Q，饒命！』誰聽他！第一個該死的是小 D 和趙太爺，還有秀才，還有假洋鬼子，……留幾條麼？王胡本來還可留，但也不要了。……
>
> 「東西，……直走進去打開箱子來：元寶，洋錢，洋紗衫，……秀才娘子的一張寧式床先搬到土谷祠，此外便擺了錢家的桌椅，——或者也就用趙家的罷。自己是不動手的了，叫小 D 來搬，要搬得快，搬得不快打嘴巴。……
>
> 「趙司晨的妹子真醜。鄒七嫂的女兒過幾年再說。假洋鬼子的老婆會和沒有辮子的男人睡覺，嚇，不是好東西！秀才的老婆是眼胞上有疤的。……吳媽長久不見了，不知道在那裏，——可惜腳太大。」

魯迅在其雜感《熱風·五十九「聖武」》中曾這樣概括過中國古代大小「丈夫」的人生理想：

> 古時候，秦始皇帝很闊氣，劉邦和項羽都看見了；邦說，「嗟乎！大丈夫當如此也！」羽說，「彼可取而代也！」羽要「取」什麼呢？便是取邦所說的「如此」。「如此」的程度，雖有不同，可是誰也想取；被取得是「彼」，取得是「丈夫」。所有「彼」與「丈夫」的心中，便都是這「聖武」的產生所，受納所。
>
> 何謂「如此」？說起來話長；簡單地說，便只是純粹獸性方面的欲望的滿足——威福，子女，玉帛，——罷了。然而在一切大小丈夫，卻要算最高理想（？）了。我怕現在的人，還被這理想支配著。

　　對比一下便可明白，阿Q在感到革命會給自己帶來地位的上升時所暢想的三種願景，體現的正是中國古代所謂「大丈夫」的三種理想：威福、子女和玉帛的滿足。可見，阿Q的所謂「革命」思想，其實就是一種匪魂。這也是合乎情理的。作為「未經革新的古國」的「國民」之一，阿Q的大腦也只能由著官魂和匪魂交替著在裏面跑馬。我認為，魯迅筆下的阿Q如果不想造反，不接受匪魂，反而是不真實和不自然的。如果那樣，他作為民魂缺位的中國國民的文學典型，也就不夠典型了。

　　其次，阿Q民魂缺位的另一表現是本能地適應那個吃人的封建社會現實。

　　他既然缺乏民魂，就不能在理性上否定他所處的社會，也就只能按著自己的本能需求去努力適應那個社會，以求得自己的生存和身心幸福。阿Q適應社會的一個重要方式，便是通常所說的精神勝利。當他在現實鬥爭中遭受失敗而又無可奈何時，他就到幻想中去尋求勝利。阿Q很窮，但在與人口角時卻會說「我們先前——比你闊得多啦！你算什麼東西！」或者自己想：「我的兒子會闊得多啦！」他被人打了，感到屈辱，就想：「我總算被兒子打了，現在的世界真不像樣……」也就心滿意足地得勝地走了。被無辜抓進監獄，他也會「以為人生天地之間，大約本來有時要抓進抓出」；知道要被殺頭了，「他意思之間，似乎覺得人生天地間，大約本來有時也未免要殺頭的」。當他在強者面前失敗時，他就到弱者面前去尋求勝利。畏強凌弱雖然不同於直接的精神勝利，但實質上仍是一種自欺欺人。他被王胡打了，就想通過罵「假洋鬼子」報仇。被「假洋鬼子」打了，又去找小尼姑出氣。等到凌虐了小尼姑，他就十分得意地笑了，似乎已經向王胡和「假洋鬼子」全報了仇。通過這些不同種類的「精神勝利法」，阿Q可以暫時獲得一種心理上的平衡，減輕內心的痛苦。

　　但阿Q並不總是以「精神勝利法」去適應現實，只要感到有機會，他就總是試圖通過實際努力而爬到更高的等級階梯上去。這是他適應現實的另一種方式。我們不妨將其稱為「實際勝利法」。最初，未莊的閒人們侮辱他時，他會「估量了對手，口訥的他便罵，氣力小的他便打」。他曾與王胡比試高低，與小D較量時竟然打得難解難分。這一點在他對待革命的問題上表現得尤為突出。當他一旦感到革命可能對自己有利時，就馬上改變了態度，並試圖通過巴結「假洋鬼子」去結識革命黨。只是由於假洋鬼子不准他革命，他才未能如願。這些都說明，向更高的等級階梯上爬是他適應吃人的封建社會現實

的另一種方式。就像否定阿Q盲目服膺異己的封建倫理文化一樣，魯迅對於阿Q去適應那個不該適應也沒法適應的社會現實也是持否定態度的。

由於阿Q幾乎處於社會的最底層，在現實鬥爭中常處劣勢，所以精神勝利也就成為他適應現實比較引人注目的方式。但精神勝利絕不是阿Q適應現實的唯一方式。許多學者就是由於忽視了阿Q實際勝利這種適應現實的方式，才片面地將阿Q性格的本質特徵概括為精神勝利。另外一些學者雖然注意到阿Q有看似矛盾的兩種表現，卻沒有認識到這只是阿Q根據不同境遇而隨機採用的適應現實的兩種方式，而不是阿Q的兩種性格。所以他們才會錯誤地得出阿Q無統一個性的結論。

阿Q對於當時社會的適應帶有很強的本能性。他對於任何觀念都不堅信，不堅守，遵循著實用主義的處世原則，是一個真正的「虛無黨」。例如，他對男女之大防雖然歷來非常嚴，但在本能的驅使下，也常常「不能收其放心」。他曾在戲臺下的人叢中擰過一個女人的大腿，也曾有違禮教地向吳媽求愛。他與王胡爭鬥，本來是他主動出擊，「搶進去就是一拳」，但當被王胡扭住了辮子，要拉到墻上照例去碰頭時，他馬上又說「君子動口不動手！」他開始反對革命，後來看到革命可能有利可圖時，便要參加革命黨，遭到假洋鬼子的排斥後又改變想法，要去告他一狀。生存方式的本能性是他民魂缺位的另一種體現。

通過上面的論述，我認為可以得出這樣的結論：阿Q性格的本質特徵是民魂缺位；阿Q是一個缺乏民魂的被壓迫被損害的中國國民的文學典型，阿Q是魯迅反映中國國民精神弱點成功的文學形象。

我們不應再將精神勝利視為阿Q性格的本質特徵；《阿Q正傳》在小說技巧上也不存在「無統一個性」的「明顯和嚴重的錯誤」。

三、作者對阿Q的態度及作品的審美特徵

作為一個人道主義的知識分子，魯迅對阿Q的態度是雙重的：既「怒其不爭」，又「哀其不幸」。魯迅怒其服膺不該服膺的異己的封建倫理文化，怒其適應無法適應的吃人社會現實，哀其被異己的封建倫理文化愚弄的精神狀態，哀其被吃人社會現實踩躪並最終吃掉的悲劇命運。這雙重態度就使《阿Q正傳》具有了悲喜劇交融的審美特點。魯迅在《墳·再論雷峰塔的倒掉》一文中說過：「悲劇將人生有價值的東西毀滅給人看，喜劇將那無價值的撕破給

人看。」〔註17〕當魯迅將阿 Q 身上的精神弱點這些無價值的東西撕破給人看時，就使作品具有了強烈的喜劇性。但阿 Q 精神弱點的形成是以毀滅他的淳樸人性爲代價，而且嚴酷的社會現實又無時無刻地踐踏著他作爲「人」的尊嚴和權利，甚至最後毀滅了他無辜的生命。將這人生有價值的東西的毀滅過程展示給人看，又使作品具有了深沉的悲劇氣氛。喜劇性和悲劇性在《阿 Q 正傳》中是交織在一起的。人們在閱讀這部作品時也會有一種悲喜交集的複雜感受。

第四節　《故事新編》解讀

《故事新編》出版於 1936 年。是魯迅後期出版的唯一一部純文學創作集。全書收小說 8 篇，寫作時間從 1922 年冬到 1935 年冬，歷時 13 年。《補天》、《奔月》和《鑄劍》爲前期所作，其餘 5 篇是後期作品。這些作品是神話傳統和史實的演義，也可以寬泛地稱爲歷史小說。《故事新編》即舊事新編。根據創作於前期或創作於後期，筆者將在下面分兩組對這 8 篇歷史小說逐篇進行解讀。最後重點討論一下「古今雜糅」這一《故事新編》最重要的藝術手法。

一、英雄的讚歌與悲歌

《補天》作於 1922 年冬，原來的標題爲《不周山》。曾一度收入《吶喊》。後抽出，收入《故事新編》時改名《補天》。小說取材於中國古代關於女媧造人和補天的神話傳說。對於這篇小說的思想，可以從三個層次加以理解。

第一，以弗洛伊德學說解釋人的創造活動的原因。關於《補天》的創作意圖魯迅自己曾經談過。在《故事新編·序言》中說道，這個作品是「取了莤羅特說，來解釋創造——人和文學的——的緣起」。在《南腔北調集·我怎麼做起小說來》中也說，這篇小說「原意是描寫性的發動和創造，以至衰亡的」。莤羅特（現譯弗洛伊德）認爲性意識是人們許多活動包括文學創作的動力。魯迅也正是以這樣的一種觀點來寫女媧的造人和補天的。小說一開始就寫大地回春，一派生氣，女媧也春意萌動，覺得有什麼太多，又有什麼不足，於是摶黃土造人。補天之前也感到從來沒有這樣無聊。

〔註17〕魯迅《再論雷峰塔的倒掉》，《魯迅全集》第一卷，人民文學出版社 1981 年第
　　　 1 版，第 192 頁。

　　第二，以讚美的態度描寫力比多。從小說的實際描寫可以得知，作者並非客觀地描寫力比多（libido）在人的創造活動中的驅動作用，而是以肯定的態度、讚美的態度描寫力比多：有了力比多，才有了青春和美麗，有了力比多，才有了生命和創造。當女媧身上的力比多充溢時，她瑰麗動人，富有巨大的創造力；等到她身上的力比多耗盡時，她也就變成了灰土的顏色，走向了死亡。作者的這一態度體現了「五四」時期肯定人性，反對禁欲的人本主義精神。

　　第三，讚美自然人，諷刺封建文化人。從小說的閱讀中我們還可以得出一個看法，即《補天》對於力比多的禮讚是在一個更大的思想框架內進行的。這個思想框架就是：讚美自然人，諷刺和鞭撻封建文化人。魯迅在《且介亭雜文‧〈草鞋脚‧小引〉》中說過：「最初，文學革命者的要求是人性的解放，他們以爲只要掃蕩了舊的成法，剩下來的便是原來的人，好的社會了。」〔註18〕這裏所謂「原來的人」也就是盧梭所謂的「自然人」。女媧是一個典型的「自然人」形象。從自然這一方面看，她與《社戲》中的阿發、雙喜，《故鄉》中的少年閏土是同一類形象。作者運用浪漫主義的手法將她與她的後代，那些封建文化人作了誇張性對比：她偉美淳樸，富有生命力和創造力；而她的那些不肖子孫如顓頊、共工、白毛小道士、古衣冠的小丈夫等，則滿口仁義道德，滿腹男盜女娼。魯迅對這兩類人物的褒貶毀譽在態度上是鮮明的。

　　《補天》所描寫的藝術時空氣勢宏大，色彩絢麗，人物對比鮮明誇張，在藝術上具有較強的浪漫主義的特點。如其中對女媧生存時空的一段描寫就可見其風格：

> 　　粉紅的天空中，曲曲折折的漂著許多條石綠色的浮雲，星便在那後面忽明忽滅的睒眼。天邊的血紅的雲彩裏有一個光芒四射的太陽，如流動的金球包在荒古的熔岩中；那一邊，卻是一個生鐵一般的冷而且白的月亮。然而伊並不理會誰是下去，和誰是上來。

魯迅曾在《故事新編‧序言》中對《補天》的創作表示了遺憾。他說：

> 　　……不記得怎麼一來，中途停了筆，去看日報了，不幸正看見了誰——現在忘記了名字——的對於汪靜之君的《蕙的風》的批評，他說要含淚哀求，請青年不要再寫這樣的文字。這可憐的陰險使我感到滑稽，當再寫小說時，就無論如何，止不住有一個古衣冠的小

〔註18〕魯迅：《〈草鞋脚〉小引》，《魯迅全集》第六卷，人民文學出版社1981年第1版，第20頁。

丈夫，在女媧的兩腿之間出現了。這就是從認眞陷入了油滑的開端。

油滑是創作的大敵，我對於自己很不滿。

但在我看來，不應當將《補天》的缺陷歸結於偶然的干擾，古衣冠的小丈夫的出現並沒有破壞小說的藝術氛圍。作品的缺陷應當是小說的基本思想所致。因爲弗洛伊德的學說是解釋不了女媧補天這一壯舉的緣起的。1933 年，魯迅在《南腔北調集・聽說夢》一文中批評了弗洛伊德學說：

> 佛洛伊德恐怕是有幾文錢，吃得飽飽的罷，所以沒有感到吃飯之難，只注意於性欲。有許多人正和他在同一境遇上，就也轟然拍起手來。誠然，他也告訴過我們，女兒多愛父親，兒子多愛母親，即因爲異性之故。然而嬰兒出生不多久，無論男女，就尖起嘴唇，將頭轉來轉去。莫非它想和異性接吻麼？不，誰都知道：是要吃東西！

這或者也可以視爲他對於《補天》的一種反思。

《奔月》寫於 1926 年底。小說主要塑造了三個性格鮮明的人物形象。夷羿是上古時代著名的善射者。當天地開闢時，天有十日，人在烈日酷暑之下，封豕長蛇威脅著人類的生存。夷羿不畏艱險，射落九日，射殺了封豕長蛇。他是一個先驅者。逢蒙則不同。他是夷羿的學生，當他自以爲已學會了夷羿的全部射箭技藝時，就企圖暗害夷羿，以便自己稱雄天下。魯迅曾這樣批評過中國國民性的弱點：「前驅和闖將，大抵是誰也怕得做。然而人性豈能眞如道家所說的那樣恬淡；欲得的卻多。既然不敢徑取，就只好用陰謀和手段。」〔註 19〕逢蒙正是這樣一個不敢徑取，好用陰謀，不願打獵，而喜剪徑的人。嫦娥也是一個很有典型意義的人物。當夷羿名聲顯赫，生活富裕時，她嫁給了夷羿。後來他們的生活日趨艱難，眼看夷羿連個麻雀也難獵到，每天只能吃烏鴉炸醬麵時，嫦娥對夷羿的態度也日趨冷淡。她看到夷羿只有一粒仙丹，就盜食後飛上月宮。魯迅曾批評中國人：「見勝兆則紛紛聚集，見敗兆則紛紛逃亡」〔註 20〕。嫦娥就是這樣一個既不敢爲最先，也不願爲最後的自私巧滑的文學形象。夷羿遇到逢蒙這樣的學生和嫦娥這樣的妻子，最後落入了眾叛親離的境地。這篇小說的主旨就是批判國民劣根性，表現先驅者的悲涼心境。

〔註 19〕魯迅：《這個與那個》，《魯迅全集》第三卷，人民文學出版社 1981 年第 1 版，第 142 頁。

〔註 20〕魯迅：《這個與那個》，《魯迅全集》第三卷，人民文學出版社 1981 年第 1 版，第 142 頁。

《奔月》的描寫也很生動傳神，如關於夷羿射月姿態的一段描寫：

他一手拈弓，一手捏著三枝箭，都搭上去，拉了一個滿弓，正對著月亮。身子是岩石一般挺立著，眼光直射，閃閃如岩下電，鬢髮開張飄動，像黑色火，這一瞬息，使人彷彿想見他當年射日的雄姿。

《鑄劍》定稿於 1927 年 4 月，原名《眉間尺》。魯迅寫這篇小說與三·一八慘案有關。時間在流逝，烈士的鮮血也被人們漸漸淡忘。但魯迅復仇的怒火卻一直在胸中升騰燃燒，終於凝聚成這篇高揚復仇精神的作品。

小說重點刻畫了兩個人物：眉間尺和黑色人。眉間尺是熱血男兒，有勇氣，敢鬥爭，但缺乏鬥爭經驗，比較莽撞。黑色人則是一位俠士。在他身上，有著作者自己的某些投影。他性格的最主要特點是有「愛」有「血」。他的替眉間尺報仇，不是受人所託，一諾千金，也不是受人滴水之恩，要以涌泉相報，而是出於對人民生命的愛和由此而生發的對濫殺人民的統治者的恨。他外冷內熱，從不奉送眼淚給不幸者，但卻能够與眉間尺這樣有「血」者以血相贈答。魯迅在《華蓋集·雜感》一文中曾說：「人們有淚，比動物進化，但即此有淚，也就是不進化，正如已經只有盲腸，比鳥類進化，而究竟還有盲腸，終不能很算進化一樣。……現今的人們還以眼淚贈答，並且以這為最上的贈品，因為他此外一無所有。無淚的人則以血贈答，但又各各拒絕別人的血。」〔註21〕黑色人正是這樣一位有「愛」有「血」而無淚的人。他在金鼎前所唱的那首奇怪的歌中，有兩句歌詞很能體現他的這一性格特點：「哈哈愛兮愛乎愛乎！愛兮血兮兮誰乎獨無。」魯迅對這個人物是認同的，所以他將自己的一個筆名「宴之敖者」贈給了這個人物。從這裏也可以看出，魯迅雖然常常批評古代那些取巧的俠，但對於真正為弱者伸張正義的俠，他是十分認同並且敬佩的。魯迅自己就是一位現代文俠。黑色人不僅有一腔俠氣，而且還很注重鬥爭策略。他運用巧妙的方法靠近楚王，將其殺死。

《鑄劍》寫得很精彩。不僅主要人物的性格也塑造得鮮明生動而內涵豐富。而且許多場面描寫也很奇麗。下面是眉間尺母親回憶當年丈夫鑄劍成功的場面：

〔註21〕魯迅：《雜感》，《魯迅全集》第三卷，人民文學出版社 1981 年第 1 版，第 48 頁。

「當最末一次開爐的那一日，是怎樣地駭人的景象呵！嘩拉拉地騰起一道白氣的時候，地面也覺得動搖。那白氣到天半便變成白雲，罩住了這處所，漸漸現出緋紅顏色，映得一切都如桃花。我家的漆黑的爐子裏，是躺著通紅的兩把劍。你父親用井華水慢慢地滴下去，那劍嘶嘶地吼著，慢慢轉成青色了。這樣地七日七夜，就看不見了劍，仔細看時，卻還在爐底裏，純青的，透明的，正像兩條冰。」

二、以反傳統的態度重估傳統文化

　　《故事新編》後期五篇小說《非攻》、《理水》、《採薇》、《出關》、《起死》，寫於 1934 年 8 月到 1935 年年底，寫作時間比較集中，小說內容有著密切的橫向聯繫。魯迅在《漢文學史綱要》第三篇中談到春秋戰國百家爭鳴的情況時說：「然當時足稱『顯學』者，實止三家，曰道，曰儒，曰墨。」〔註22〕這五篇小說就是對這三大學派及其思想學說的重新評價：《採薇》是抨擊儒家的，《出關》和《起死》是批判道家的，《非攻》和《理水》是肯定和讚揚墨家的。

　　《採薇》雖然沒有直接描寫儒家的宗師孔子、孟子等人，但批判的矛頭卻無疑是對準儒家的政治倫理思想的。作品的主人公伯夷和叔齊歷來受到儒家的推重，這兩個人也的確真誠地信奉儒家所謂的「先王之道」。惟其如此，他們的迂闊言行也就最能體現儒家思想的內在矛盾。伯夷、叔齊一方面承認「商王無道」，「變亂舊章，原是應該征伐的」，另一方面又認為武王伐紂是「以下犯上，究竟也不合先王之道」。這就陷入了自相矛盾。試想，一國之內，君主之外均為臣民，如果不准臣民「以下犯上」，又靠什麼力量來「征伐」暴君呢？這是伯夷、叔齊的思想矛盾，更是儒家政治倫理思想的一個致命傷。儒家既要求君主「仁」，又沒有任何根治君主不「仁」的措施和手段。作品在這裏對於儒家思想的批判是相當深刻的。

　　《採薇》還通過對於周武王的描寫揭露了儒家所謂的王道的虛偽性。儒家的代表人物總是熱衷於宣揚「王道」。《孟子‧公孫丑上》有這樣一段話：「以力假仁者霸，霸必有大國；以德行仁者王，王不待大——湯以七十

〔註22〕魯迅：《漢文學史綱要》第三篇，《魯迅全集》第九卷，人民文學出版社 1981年第 1 版，第 362 頁。

里，文王以百里。以力服人者，非心服也，力不瞻也；以德服人者，中心悅而誠服也」。魯迅在《且介亭雜文・關於中國的兩三件事》一文中對古今王道的宣揚進行了反駁。他說：「在中國的王道，看去雖然好像是和霸道對立的東西，其實卻是兄弟，這之前和之後，一定要有霸道跑來的。」「據長久的歷史上的事實所證明，則倘說先前曾有眞的王道者，是妄言，說現在還有者，是新藥。」〔註23〕儒家歷來將周文王、周武王作爲實行王道的典範。《採薇》便通過武王伐紂過程的描寫來揭露王道的虛僞。在小說中，武王奪取政權和鞏固政權憑藉的都是武力。伐紂時憑藉的是武力：「周師到了牧野，和紂王的兵大戰，殺得他們尸橫遍野，血流成河，連木棍也浮起來」。得勝之後仍然需要武力來維護政權。武王雖然聲稱此後「用不著再來興師動眾」，要「歸馬於華山之陽」，但正如伯夷、叔齊在路上所見到的，被放歸到華山之陽的只是一些「老馬，瘦馬，跛脚馬，癩皮馬」。小說中還有一個虛僞的強盜華山大王小窮奇。他效法打著「恭行天罰」旗號伐紂的武王，把自己的剪徑行爲稱爲「恭行天搜」。這個學樣的小強盜，其實是被作者漫畫化了的一個周武王。在這裏，讀者只能看到「以力假仁」的霸道，而看不到「以德行仁」的王道。

儒家思想在中國封建社會長期占據統治地位是有其歷史依據的，它基本上適應了當時的農業自然經濟、家族制度以及在此基礎上建立起來的君主專制制度。孔孟提倡「王道」，也是希望維持一種比較溫和的專制統治，用心是良苦的，在當時也是合乎時宜的。但是隨著社會的發展，民主制度必然代替專制制度。魯迅對這一問題的認識是辯證的。他在《關於中國的兩三件事》中說：「孟子生於周季，所以以談霸道爲羞，倘使生於今日，則跟著人類智識範圍的展開，怕要羞談王道的吧。」〔註24〕然而魯迅的時代仍有人在大談王道，所以小說也是有感而作。

儒家學說至今仍有許多可借鑒的內容。這些有價值的內容可以作爲思想元素被吸收到現代政治倫理體系當中。但儒家思想體系不應被整體接受。因爲儒家思想體系這個舊瓶無法裝現代政治倫理思想的新酒。新儒家以儒家學說拯救人類的說法只是夢囈而已。《採薇》的思想意義不應低估。

〔註23〕魯迅：《關於中國的兩三件事》，《魯迅全集》第六卷，人民文學出版社 1981
　　　　年第 1 版，第 10 頁，第 11 頁。
〔註24〕魯迅：《關於中國的兩三件事》，《魯迅全集》第六卷，人民文學出版社 1981
　　　　年第 1 版，第 11 頁。

　　道家學派的創始人是老聃，其學說的思想核心是「無爲」和「不爭」。《出關》就是一篇批判老子「無爲」和「不爭」哲學的作品。小說中的老子，面對孔子的排擠，採取退讓態度，西出函谷關，準備到沒有孔子弟子的地方去。他以爲這樣就可以息事寧人，減少麻煩。但還在出關的過程中，他就遇到了種種刁難和勒索。首先是被關尹喜糾纏著講學，接著又被糾纏著寫講義。《老子》五千言，得到的稿費只是「一包鹽，一包胡麻，十五個餑餑」。函谷關總算是過去了，但他又將面對怎樣的現實呢？作品中的關尹喜曾作過這樣的預測：「外面不但沒有鹽，面，連水也難得。肚子餓起來，我看後來還要回到我們這裏來的」。回來不回來雖然說不定，但反對象老子這樣一味地逃避鬥爭卻是作品的主旨所在。小說還以關吏們談笑的形式對老子的「無爲而無不爲」的哲言進行了嘲諷。關尹喜說老子是不會有戀愛故事的：因爲他「想『無不爲』，就只好『無爲』。一有所愛，就不能無不愛，那裏還能戀愛，敢戀愛？」

　　道家思想的另一位代表人物是莊周，莊周繼承了老子的「無爲」、「不爭」思想，又爲之建立起一種相對主義的哲學基礎，從而成爲道家出世思想的集大成者。魯迅對此有過論述：「故自史遷以來，均謂周之要本，歸於老子之言。然老子尚欲言有無，別修短，知白黑，而措意於天下；周則欲並有無修短白黑而一之，以大歸於『混沌』，其『不譴是非』，『外死生』，『無終始』，胥此意也。中國出世之說，至此乃始圓備。」〔註25〕由於「欲並有無修短白黑而一之」的相對主義是莊子對於道家學說的獨特「貢獻」，因而魯迅在《起死》中就將其作爲批判的重點。《起死》的情節是根據《莊子・至樂》篇中的一則寓言虛構的：莊子在去楚國的路上看到一個髑髏，便請司命大神將其復活；沒想到由髑髏復活的漢子認定是莊子拿了他的衣物，纏著他索要。情節雖近於荒誕，卻爲暴露莊子相對主義理論的荒謬性設置了一個非常典型的情境。在這個情境中，一方面莊子不斷地在空談他的相對主義，諸如「要知道活就是死，死就是活呀，奴才也就是主人公」之類；另一方面爲了應付漢子索要衣物這樣一個現實的紛爭，他又反反覆覆地與漢子區別死活、古今、大小、是非、功過。兩相對照，莊子哲學的空談性和虛妄性也就暴露無遺了。

〔註25〕魯迅：《漢文學史綱要》第三篇，《魯迅全集》第九卷，人民文學出版社 1981
　　　　年第 1 版，第 366 頁。

　　道家思想是複雜的。老子哲學中樸素的辯證法因素，莊子學說中對於現實的深刻批判，都是寶貴的思想遺產。但是，作為中國封建社會意識形態的一個重要組成部分，老莊哲學中的不爭思想和相對主義對於中國知識分子的精神麻醉作用是巨大的。所以魯迅創作了《出關》和《起死》予以批判。

　　《非攻》是肯定墨家學說和讚揚墨子的人格精神的。墨子學說中的一些主張如「兼愛」、「非攻」、「節用」等，反映了下層人民的利益和願望，體現了「民魂」，因而得到了魯迅的首肯和讚許。《非攻》雖然只寫了墨子生活的一個片斷，但墨子思想中有代表性的幾個方面都得到了表現。反對大國侵略小國的不義之戰的「非攻」思想在作品的主要情節中得到了展示。墨子得知強楚要侵略弱宋，一方面安排他的學生們去幫助宋國防守，一方面冒著生命危險去楚國勸說楚王罷戰，終於阻止了一次不義之戰，為兩國人民解除了一場大難。「兼愛」也是墨子的一個重要思想。小說通過墨子與公輸般的一段對話闡發了這一思想。公輸般問墨子：「我舟戰有鉤拒，你的義也有鉤拒麼？」墨子明確回答：「我這義的鉤拒，比你那舟戰的鉤拒好」。「我用愛來鉤，用恭來拒。不用愛鉤，是不相親的，不用恭拒，是要油滑的，不相親而又油滑，馬上就離散。所以互相愛，互相恭，就等於互相利。現在你用鉤去鉤人，人也用鉤來鉤你，你用拒去拒人，人也用拒來拒你，互相鉤，互相拒，也就等於互相害了。所以我這義的鉤拒，比你那舟戰的鉤拒好。」墨子處在生產力還相當低下而統治者卻窮奢極欲的時代。他提出「非樂」、「節用」的主張，也是符合下層人民利益的。在作品中，這一主張體現在他對公輸般所做的竹鵲的態度上。公輸般將自己做的竹鵲拿給墨子看，並且介紹說：「只要一開，可以飛三天。這倒還可以說是極巧的。」墨子則告訴他：「可是還不及木匠的做車輪，」「他削三寸的木頭，就可以載重五十石。有利於人的，就是巧，不利於人的，就是拙，也就是壞的。」

　　《非攻》不僅藝術地表現了魯迅對於墨子思想的肯定，更重要的是體現了魯迅對於墨子人格精神的讚揚。墨子在《墨子·尚賢下》中說過：「為賢之道」應當是「有力者疾以助人，有財者勉以分人，有道者勸以教人。」他自己正是這樣一位言行一致的賢人。小說中的墨子，腳踏草鞋，身背包裹，獨往獨來，餓了啃一口窩窩頭，草鞋碎了，就撕塊布裳來包一下腳，而又雷厲風行，聰明幹練，堪當大任。這個形象不僅真實地再現了歷史上墨子「摩頂放踵利天下」的風貌，同時也充分體現了魯迅對他的欽佩和讚美。

　　《理水》的題材是大禹治水。作品一方面敘寫了考察大員的腐敗和文人學者的無恥，一方面描述了大禹忘我地為民除害興利的感人事蹟，運用對比手法塑造出一個公而忘私、拼命硬幹的古代英雄形象。大禹的性格是多方面的。他不尚空談，注重考察實情，敢於改變祖宗成法。但最突出的是他那「孳孳」不息為天下的崇高品質。他看到洪水滔天，「下民都浸在水裏」，心急如焚。為了平息洪水，他「討過老婆，四天就走」；「生了阿啟，也不當他兒子看」；風裏雨裏，四處奔波；生了「鶴膝風」，也不肯休息。大禹是墨家學派推崇的「大聖」，大禹的人格精神就是墨家所推崇的人格精神。魯迅在《漢文學史綱要・第三篇》中曾明確指出：墨子「尚夏道」。所以從反思中國傳統文化的角度看，《理水》也是對墨家思想精神的肯定和讚揚。

　　儒家、道家、墨家是春秋戰國時期最有影響的三大學說，同時也是中國傳統文化中最有代表性的政治倫理學說。儒家和道家，自漢代以來基本上一直受到統治者的推重。它們對立而又互補，構成了中國的主流社會意識形態。而墨家學說則相反，由於它體現的是「民魂」，是所謂「役夫之道」，因而自秦統一中國以來就受到封建統治者的冷落。《墨子》一書，漢時尚存七十一篇，後來不斷散失，到現在只剩下五十三篇了。它是代表下層人民意願的文化，是漢民族的第二種文化。因此，魯迅站在人民的立場上，以現代知識分子的眼光，通過歷史小說這種文學形式，棄儒、道而揚墨，以反傳統的態度重估了傳統文化，其意義是值得重視的。

　　這五篇小說在藝術上也各有成就和特點。《採薇》在材料的選擇和處理上充分展示了作者的歷史學識和藝術才能。武王伐紂和伯夷、叔齊扣馬而諫的故事對批判儒家思想非常恰當，小窮奇的插曲更增添了小說的諷刺力量。《出關》用喜劇化方式描寫老子出關的情景，手法簡練。《起死》從一則寓言中生發出一個怪誕的故事，並以劇本的形式寫作小說，處處體現了作者在藝術上的大膽創新。《非攻》寫得樸實、嚴謹，可以稱為「博考文獻，言必有據」之作。《理水》不僅對比手法運用較多，古今雜糅手法的運用也特別突出。

三、關於「古今雜糅」藝術手法

　　《故事新編》在藝術上的最大特色是在歷史小說中加入現代生活細節的描寫。例如《奔月》中夷羿所說的「上飯館」，王升所說的「他們今天也不打牌」，《鑄劍》中黑色人所說的「放鬼債的資本」，《非攻》中的「募捐救國隊」，

《採薇》中小窮奇所說的「海派會『剝豬玀』，我們是文明人，不幹這玩藝的」，《起死》中的警察局長、巡警、警棍和警笛，《出關》中的賬房先生所說的「提拔新作家」。《理水》中這種手法運用得最多，如奇肱國的飛車送來了麵包，飛車上的人與文化山上的人有一段對話：「古貌林！」「好杜有圖！」「古魯幾哩⋯⋯」「OK！」一個大員在與大禹談到水災時，突然冒出一句「知人論事，第一要憑主觀，例如莎士比亞⋯⋯」魯迅自己在《故事新編・序言》中曾稱這種描寫爲「油滑之處」。後來的研究者則多稱之爲「古今雜糅」手法。王瑤先生曾對這種手法的藝術合理性進行過探討。他指出這種手法類似於中國戲曲中的「二醜藝術」。過去也有不少人根據現實主義細節眞實的原則，認爲這是魯迅在歷史小說中偶一爲之的「雜文手法」，諷刺了壞人，但損壞了藝術。

實際情況是複雜的。《故事新編》中有些古今雜糅可能僅是爲了寫活古人而借用現代生活細節和詞彙，如《奔月》「他們今天也不打牌」，「放鬼債的資本」。這是歷史小說創作中常常出現的現象。但其中大部分的「古今雜糅」應當視爲是一種通過打破自然時空以引起讀者古今聯想的藝術手法。這種手法的運用一方面對現實社會現象有直接的諷刺作用，如《奔月》中諷刺高長虹，《理水》中諷刺文化大員等。但這並不是這種手法的全部作用。它還有另外兩個作用。一是造成布萊希特所謂的間離效果。小說通過這種手法，可以將讀者從歷史的眞實幻覺中暫時間離出來，在古今聯想中，發現古今的神似，對歷史和現實進行思考和評判。二是能够產生一定的喜劇效果。這種喜劇效果是由於突然地違背常識而形成。例如《理水》中飛車上的人說英語，《採薇》中小窮奇說「『海派』會『剝豬玀』，我們是文明人，不幹這玩藝的。」都會馬上引起讀者的古今聯想，並能產生喜劇效果。

這種手法並不違背藝術創作規律。因爲藝術不同於只能再現生活的求眞的歷史文本，它是再現與表現相統一的審美意識形態。藝術創作爲了再現生活可以遵守現實主義細節眞實原則，也可以爲了表現作者的意識而不遵守細節眞實原則。藝術可以魔幻現實，如孫悟空可以一個跟頭十萬八千里；也可以穿越時空，如康州的美國佬能够到一千多年前的亞瑟王朝做客；藝術自然也可以打破時空，讓奇肱國飛車上的人說英語。

這種打破自然時空的藝術手法在較早的文藝作品中雖然不多見，但也並非絕無僅有。在魯迅創作《故事新編》之前已經有類似手法的運用。魯迅在《準風月談・二醜藝術》一文中提到浙東有的戲曲中有一種角色叫作「二花

臉」，即二醜，常常扮演「保護公子的拳師，或是趨奉公子的清客」。這種人物平常依靠的是權門，凌虐的是百姓，但有時他「又回過臉來，向臺下的看客指出他公子的缺點，搖著頭裝起鬼臉道：你看這傢夥，這回可要倒楣啦！」在《且介亭雜文·答〈戲〉周刊編者信》一文中他又曾提到，果戈里的《巡按使》使演員（扮演市長的）直接對看客道：「你們笑自己！」。從藝術上說，這都是打破自然時空手法的運用。魯迅提到這些藝術現象時，他自己正在創作《故事新編》。他或者從這些藝術現象中受到啟發後開始運用這種手法，或者自己先運用了這種手法後才發現與前人暗合，因而特別關注這些現象。兩種可能性都有。如今，這種手法的使用已經普遍，如當代作家魏明倫的川劇《潘金蓮》中，主人公潘金蓮可以與安娜·卡列尼娜、賈寶玉等不同時代的人物對話。

那麼《故事新編》中使用這一手法是否成功呢？我認為魯迅運用這種手法帶有一定的探索性，基本上是成功的，但有些部分則不太成功。有兩個方面值得注意。一是這一手法應當用於喜劇場合。悲劇的氣氛嚴肅，形式也相對嚴謹，喜劇的氣氛活潑，形式也相對靈活。這種打破時空的手法，形式自由靈活，用於喜劇場合或者喜劇人物身上比較合適。在《故事新編》中，這種手法多數情況下用於喜劇場合，《採薇》中用得尤其出色。個別情況也有用於嚴肅人物身上的，如讓黑色人說「仗義，同情，那些東西，先前曾經乾淨過，現在卻都成了放鬼債的資本。」這就不太和諧。另外，這種手法的偶爾使用可以產生喜劇效果，但如果連篇累牘地使用就沖淡了這種效果。《理水》中用得似乎太多。

第五章　茅盾小說專題

第一節　生平與創作概述

茅盾是中國現代最有影響的文學家之一，是中國左翼文壇的主將之一，是中國現代嚴肅文學的最有力的倡導者和踐行者。

他原名沈德鴻，字雁冰，「茅盾」是他 1927 年發表小說《幻滅》時開始使用的筆名。建國後沈雁冰成為他的正式姓名。

他的一生經歷了四個時期：

一、少年立志（1896～1916）

1896 年 7 月 4 日，茅盾出生於浙江省桐鄉縣烏鎮一個商人兼士大夫家庭。父親沈永錫是一位具有維新思想的讀書人。母親陳愛珠是一位知書達禮，有能力和主見的女性。茅盾 5 歲時便開始接受父母的開蒙教育。1904 年，茅盾進入烏鎮立志小學讀書，1907 年轉入烏鎮高等小學——植材小學。1908 年，植材小學舉辦過一次「童生會考」。考試的作文題目是「試論富國強兵之道」。在這篇作文中，12 歲的茅盾寫下了「大丈夫當以天下為己任」的勵志壯語。

1910 年春至 1913 年夏。茅盾先後在湖州中學、嘉興中學和杭州的安定中學學習。當時是辛亥革命前後，他的許多中學老師都是民主革命的擁護者和參與者。他們對茅盾的成長都產生過影響。1913 年，茅盾考入北京大學預科第一類（畢業後可進文、法、商三科的本科）學習，1916 年夏畢業。在這裏的學習，為他日後走入社會打下了更為寬厚的知識基礎。

二、中流擊水（1916～1927）

1916 年秋，茅盾到上海進入商務印書館編譯所工作。起初他主要從事翻譯工作，同時也發表文學評論文章。五四文學革命後，茅盾在新文學領域的嶄露頭角。1920 年底，商務印書館任命他為《小說月報》主編。茅盾對《小說月報》這一曾被鴛鴦蝴蝶派長期把持的文學期刊進行了徹底改革，使其成為新文學陣營的重要陣地之一。1920 年 10 月，茅盾加入了上海共產主義小組。中國共產黨成立後，他成為中國共產黨最早的黨員之一。他曾擔任中共中央的聯絡員，也翻譯過一些馬列主義的文獻。1926 年初，他赴廣州出席國共合作時期的國民黨第二次全國代表大會。會後留廣州擔任中國國民黨宣傳部秘書。1927 年 4 月至 7 月，他在武漢擔任中國共產黨主辦的《漢口民國日報》總主筆，發表一系列文章，抨擊國民黨右派，聲援農民運動。

三、文壇泰斗（1927～1949）

大革命失敗後，茅盾曾根據中國共產黨的指示奔赴南昌參加武裝起義。途中因交通受阻，同時也因他這時對大革命失敗後的革命前途感到迷茫，遂脫離了中國共產黨。1927 年 8 月至 1928 年 6 月，完成《幻滅》、《動搖》、《追求》三個中篇小說（後也合稱《蝕》三部曲）的寫作。小說描寫的是大革命前後中國一部分知識青年的生活經歷和思想動態。

《幻滅》的主人公是女學生章靜。她是在溫馨的家庭環境中長大的，富有幻想，意志脆弱。她總喜歡向好的方面去想像一切事情，所以一接觸社會現實就容易幻滅。她曾積極參加學潮，但當她看到不少同學不過是借機與社會名流談戀愛時，就感到幻滅。後來她懷著聖潔的感情與一個名叫抱素的男同學戀愛。但當她以身相許的第二天，卻發現這個男同學是一個領取當局津貼的暗探。她又一次感到幻滅。她投身北伐革命，作政治宣傳工作。然而幾個星期下來，她發現只要能顛來倒去運用幾個標語口號，就可以當政工人員，並且看到在革命隊伍中也有不少消極黑暗的東西，於是又幻滅了。

《動搖》寫的主要是大革命時期長江中游某縣國民黨負責人方羅蘭的事情。方羅蘭嚮往革命，但遇事往往動搖猶豫，優柔寡斷。在大革命過程中，店主和店員之間存在著矛盾。方羅蘭在商會和店員工會之間找不到自己的立場，結果讓老牌劣紳胡國光鑽了空子。在愛情婚姻問題上他也動搖不定。他有一個賢妻良母式的結髮夫人方太太。但他又愛上了縣黨部女委員孫舞陽。

孫舞陽活潑、漂亮，充滿青春活力，常使他心身不安。同時他又怕對不起他的結髮夫人方太太，所以矛盾仿徨，枉耗了許多精力。

《追求》寫的是大革命失敗後一群知識青年精神上的苦悶和追求的失敗。張曼青想走教育救國之路。但他的學生因為反對上國民黨的黨義課就全部被開除。教育救國之路根本走不通。他一直追求一個姓朱的女子。結婚後才發現，這個自己一向傾慕的朱女士原來是個多疑尖刻，只關心金錢和衣飾的女人。王仲昭為了得到自己傾慕的女子陸俊卿而孜孜努力。因陸小姐最讚賞新聞工作，他就想成為一個有名的編輯或者記者。他想改革一個報紙第四版，結果處處遭到阻撓。後來終於有了一點小名氣。正當他志得意滿時，卻收到了一份電報，上寫：「俊卿遇險傷頰，甚危。」史循是個虛無主義哲學家。每天盤算著怎樣自殺才能減少痛苦。他有一次終於自殺了，卻又被人救活了。章秋柳美麗，聰慧，放蕩，她既無勇氣反抗黑暗的現實，又不甘心隨波逐流，內心十分痛苦，只好在肉感刺激中消磨光陰。當史循自殺獲救後，她就想用愛情將史循從絕望中拯救出來。然而兩人結婚之日，史循興奮過度，吐血而死。史循想死時死不了，想活時又活不成。章秋柳想要拯救史循，結果不僅葬送了史循的性命，自己也染上梅毒被送進醫院。總之，一切追求都難如意。《追求》實際上寫的是追求的失敗。

將三部曲題為《蝕》，「蝕」用的是「日食」「月食」之意。「蝕」與「食」二字在此處通用。「蝕」暗示大革命失敗像日食或者月食一樣，只是暫時的黑暗。但毋庸諱言，茅盾在《蝕》三部曲中流露出的多是悲觀幻滅情緒。

1928 年 7 月，他為了躲避國民黨的通緝，也為了改變一下環境，以便消除大革命後自己的沮喪情緒，東渡日本。在那裏與秦德君有過一段戀情。

1929 年，他在日本寫了長篇小說《虹》。《虹》的主人公是女知識青年梅行素。「五四」時期的個性解放思潮使她從封建傳統意識的大夢中覺醒過來，她衝出落後家庭的牢籠，從四川到上海，隻身闖蕩世界。到了五卅運動前後，他又在革命者梁剛夫的啟發下，開始參加中國共產黨組織的反帝群眾運動。梅行素的思想經歷了個性解放和解放社會兩次飛躍。作品通過他個人的思想進程，反映了「五四」時期到「五卅」時期中國時代精神的歷史變遷。書名《虹》具有希望之橋的象徵意義。在古希臘神話中，春天女神是通過虹從冥國回到人間的。在寫作《蝕》三部曲和《虹》的同時，他還寫了收入短篇集《野薔薇》和《宿莽》中的一些短篇，如《創造》、《詩與散文》、《大澤鄉》等。

1930 年春，茅盾回國，參加了「左聯」，擔任過「左聯」的行政書記。在回國後的最初一年裏，寫了中篇《路》和《三人行》等作品。這幾個作品藝術上都不成功。

1932 年前後是茅盾創作的黃金時期。在這段時間裏，他創作了長篇《子夜》、短篇《林家鋪子》和《農村三部曲》：《春蠶》、《秋收》、《殘冬》。《子夜》、《林家鋪子》、《春蠶》一般被視爲他的代表作。這幾個作品在思想上是統一的，都是寫半殖民地、半封建的中國社會已陷入無法克服的危機，中國即將爆發社會主義革命。《子夜》重點寫城市民族工業的破產和全國的革命形勢，《林家鋪子》寫小城鎮商業的破產，《春蠶》等「農村三部曲」寫的是農村的破產。這幾個作品的材料本來準備寫一個大作品。後來寫作上出現了困難才分開來寫。

抗戰爆發後，茅盾輾轉各地，積極投身抗日文藝活動。

茅盾在 1941 年出版了長篇日記體小說《腐蝕》。日記主人趙惠明本是一個正直向上的女學生，後來被特務希強用威脅利誘的手段拉進國民黨特務組織，幹了不少壞事。但她良心未泯，後來終於決定痛改前非。小說的創作意圖是揭露國民黨在抗戰時期勾結汪僞反共。不久，他又創作了長篇小說《霜葉紅似二月花》的第一部。該書 1943 年出版單行本。作者原計劃將此書寫成三部，第一部寫「五四」前後，第二部寫北伐戰爭，第三部寫大革命失敗之後。由於環境的變化，小說只完成了現在可以看到的第一部。這部小說寫的是「五四」前後江南一個縣城的歷史變遷。其中寫到這個縣城運輸和商業的發展，科學精神對知識分子的影響，民族資本家與地主豪紳的勾心鬥角，正直之士的心高力絀，以及一些大家族內部的生活狀況。小說雖然沒有完成，但卻顯示了茅盾很強的結構長篇小說的能力和描寫大家庭生活的嫻熟文筆。

在小說創作的同時，他還寫了大量散文和作家論。

茅盾在 30 年代和 40 年代的文學成就，奠定了他在中國現代文壇上的泰斗地位。

茅盾生活在中國社會大變革的時代。他自己又投身在這一大變革當中。他對當時中國社會思潮的涌動有較爲全面和深刻的觀察和體驗。他又自覺地要用小說這種文學形式來反映這個變動的歷史。這就使他的小說創作具有了自己鮮明的特點。他的小說視野開闊，剖析深刻，時代感強，文筆細膩。讀茅盾的小說，讀者可以宏觀而又具象地感受到變動著的中國現代史。

四、壯心未已（1949～1981）

　　1949 年 7 月，茅盾當選爲中華全國文學藝術工作者聯合會副主席和中華全國文學工作者協會（後改名爲中國作家協會）主席。1949 年 10 月至 1965 年 1 月，擔任中華人民共和國文化部第一任部長，同時也寫過一些文學評論的文章，爲新中國文化事業的發展做出了重要貢獻。「文革」結束後，茅盾爲文化領域的撥亂反正作了許多工作，同時撰寫了回憶錄《我走過的道路》，留下了許多珍貴的歷史資料。

　　1981 年 3 月 14 日，自知病將不起，他向中共中央和中國作家協會分別寫信。在給中共中共中央的信中，他請求中央在他去世後以共產黨員的標準嚴格審查他一生的功過是非。他寫道：「如蒙追認爲光榮的中國共產黨員，這將是我一生最大的榮耀。」在給中國作家協會的信中，他表示將稿費 25 萬元人民幣捐出，作爲當代優秀長篇小說獎的基金。1981 年 3 月 27 日，茅盾走完了他光輝的人生道路。3 月 31 日，中共中央決定，恢復茅盾的黨籍，黨齡從 1921 年算起。由茅盾捐款所設立的茅盾文學獎現已頒發至第八屆。

第二節　八十年評說史

　　作爲作家的茅盾被評論是自 1928 年 2 月開始的。最早的評論茅盾小說的文章是白輝的《近來的幾篇小說》。該文刊登在《清華周刊》第 29 卷第 2 期上，時間是 1928 年 2 月。這篇文章的第一節是「茅盾先生的《幻滅》」。雖然是泛泛而論，但卻是茅盾小說研究的第一篇文章。自這篇文章算起，茅盾小說研究至今已有 80 年的歷史。在這 80 餘年的茅盾評說過程中，始終伴隨著不同意見之間的分歧和爭鳴。由於茅盾及其作品與政治本來就有著不結之緣，所以這些不同意見的分歧和爭鳴，雖然表面上常常是在討論藝術方面的問題，但多數情況下卻體現著評說者的政治態度。也因爲此，對茅盾評價的變化以及一些爭議的發生，往往也與不同時期的政治風雨有著密切的聯繫。

　　茅盾最早的小說創作是 1927 年至 1928 年寫出的《幻滅》、《動搖》和《追求》。這三部中篇發表後不久，就遭到來自錢杏邨、傅克興等太陽社和創造社成員的批評。從 1928 年至 1930 年，伴隨著與茅盾關於革命文學問題的論爭，他們對《蝕》三部曲作了連續的猛烈的批評。這些批評雖然也涉及到取材和

藝術技巧等問題，但毫無疑問，三部曲中流露出的作者在大革命失敗後產生的幻滅悲觀情緒是被批評的重點。

不久，茅盾恢復了對中國無產階級革命的信心，在 1932 年前後連續寫成《林家鋪子》、《春蠶》和《子夜》。這些作品發表後，很快得到以左翼文化人為主導的批評界的好評。最早給予《子夜》以高度評價的是瞿秋白。他在發表於 1933 年 4 月的《〈子夜〉與國貨年》一文中認為：「這是中國第一部寫實主義的成功的長篇小說。」「一九三三年在將來的文學史上，沒有疑問的要記錄《子夜》的出版」。除了《子夜》，瞿秋白對表現了大革命中複雜政治局面的《動搖》也欣賞有加。他在就義前所寫的《多餘的話》中，曾動情地寫道：

> 「告別了，這世界的一切！
>
> 「最後……
>
> 「……中國魯迅的《阿 Q 正傳》，茅盾的《動搖》，曹雪芹的《紅樓夢》，都很可以再讀一讀。」

非常有意味的是，同樣將茅盾的作品與曹雪芹的《紅樓夢》、魯迅的《阿Q 正傳》排列在一起的還有魯迅。他在《答徐懋庸並關於抗日統一戰線問題》一文中談到「國防文學」問題時寫道：「『國防文學』不能包括一切文學，因為在『國防文學』與『漢奸文學』之外，確有既非前者，也非後者的文學，除非他們有本領也證明了《紅樓夢》，《子夜》，《阿 Q 正傳》是『國防文學』或『漢奸文學』。」瞿秋白和魯迅對茅盾作品的這些正式和非正式的評價，足以反映出茅盾小說在當時左翼文化人心目中的重要地位。

當然，讚揚茅盾小說的並非只有左翼批評者。一些不抱偏見的非左翼文化人對《子夜》也多持讚賞態度。朱自清在《〈子夜〉》一文開頭就說：「近幾年我們的長篇小說漸漸多起來了，但真能表現時代的只有茅盾的《蝕》和《子夜》。」而在這篇文章的末尾，他對《林家鋪子》、《春蠶》等小說也表示了首肯。曾是學衡派主將的吳宓也在其《茅盾著長篇小說〈子夜〉》中稱《子夜》為「近頃小說中最佳之作也」。30 年代對《子夜》取基本否定態度的評論很難見到，只有已經退出「左聯」的韓侍桁是個例外。他在《〈子夜〉的藝術思想及人物》一文中曾帶著嘲諷口吻寫道：《子夜》是「一部偉大的作品，但他的偉大只在企圖上，而沒有全部實現在書裏」。對此，馮雪峰很快就撰寫了《〈子夜〉與革命的現實主義的文學》一文予以反駁。

　　進入 40 年代，對茅盾的評說有了新的進展。他新創作的小說《霜葉紅似二月花》、《腐蝕》和劇本《清明前後》發表後，很快得到較為深入的研討。1945 年 6 月前後，許多文化人還以祝壽形式紛紛撰文，讚揚茅盾所取得的文學成就。這一時期，只有在政治上由左翼轉為右翼的鄭學稼在他的《茅盾論》一文中閃爍其辭地表達過敵視茅盾的言論。

　　從建國到「文化大革命」前夕，中國大陸的茅盾評說仍繼續著 30、40 年代的評價方向。由於擔任文化部長職務，茅盾不再有新的創作問世，加之建國後較為拘謹的文壇氣氛和新文學史已經成為學術研究對象，茅盾評說也就由同行評論轉向了學院化研究。在這一時期，除了研究茅盾的學術論文時有發表外，一些學術性或者學術與普及相結合的有關茅盾的著作也開始出現。吳奔星的《茅盾小說講話》，葉子銘的《論茅盾四十年的文學道路》，邵伯周的《茅盾的文學道路》都出版於 50 年代。同時，在 50 年代出版的幾部中國現代文學史著作中，也都有對茅盾創作的較為充分的評述。

　　然而到了 60 年代中期，茅盾和他的創作再也難以被極左思潮容忍。1965 年初，茅盾不得不辭去文化部長的職位。而到了這一年的春夏之交，報刊上就出現了大量批判夏衍根據茅盾同名小說改編的電影《林家舖子》的文章。雖然表面上只是批判電影，但實際上小說作者也難脫干係。不久十年動亂開始，茅盾評說從此陷入停頓。

　　與中國大陸茅盾評說者處境困難不同，從 50 年代到 70 年代，境外的茅盾評說顯得更為活躍。蘇聯的索羅金、捷克斯洛伐克的普實克、高利克、日本的尾阪德司等，都對茅盾及其作品進行過介紹和研究。另外，這一時期臺灣的李牧、香港的司馬長風和美籍華人夏志清等也在他們的著作中發表過對於茅盾及其創作的意見。

　　從 1977 年開始，茅盾研究在中國大陸得到恢復。1981 年 3 月茅盾離世，茅盾研究卻在 80 年代得到了空前發展。1983 年中國茅盾研究學會（後改名為中國茅盾研究會）成立。此後全國性茅盾研討會議經常性舉行，盛況空前。茅盾研究高潮一直持續到 80 年代末，而其研究成果的出版高潮則一直持續到 90 年代。這一時期又涌現出一大批卓有成就的茅盾研究人才，如孫中田、丁爾綱、莊鍾慶、李岫、萬樹玉、查國華、王嘉良、李標晶、唐金海、鍾桂松、孔海珠、翟德耀、李繼凱等。據不完全統計，此間出版的介紹和研究茅盾的書籍已近百部。

　　然而歷史是如此的弔詭，多年受到極左思潮壓制的茅盾剛剛在思想解放的春風中重新得到大家的首肯，很快又要面對來自另一方面的責難。1988年和1989年，在「重寫文學史」旗幟之下，短時間出現了一系列文章對茅盾及其作品展開猛烈批評，首當其衝的是他的代表作《子夜》。這些文章的作者指責《子夜》「主題先行」，「人物概念化」，甚至有學者稱《子夜》「就像是一部高級形式的社會文件，因而是一次不足爲訓的文學嘗試」。在這些學者看來，造成茅盾作品概念化的原因是政治家的茅盾「沒有建立起皈依文學的誠心」。1994年，又有學者以「打破以往偏見，改以審美標準」，選編了一套《20世紀中國文學大師文庫》，給作家「重排座次」。其中小說卷選了九人。他們是魯迅、沈從文、巴金、金庸、老舍、郁達夫、王蒙、張愛玲和賈平凹，而不見茅盾身影。理由是他的小說「欠小說味，往往概念痕迹過重」，茅盾以往的高位「很大程度上依賴於學術偏見」。這其實是「重寫文學史」的一次後續行爲。好在歷史畢竟是公正的，輕率貶抑茅盾及其作品的文章雖然產生了一定的轟動效果，但卻無法得到大多數學者的認同。不少學者對這種輕率顛覆茅盾文學大家地位的言行進行了駁斥。被駁方無心戀戰，很快偃旗息鼓。

　　這次貶抑茅盾的風潮雖然沒能撼動茅盾的文學史地位，但作爲一種學術現象是值得重視和思考的。一些學者曾批評那些貶抑茅盾的學者是「盲目求新」、「立異鳴高」。這種批評不無道理，但我認爲更重要的是應當看到這種「盲目求新」、「立異鳴高」與時代訴求之間的特殊關係。我們知道，新時期以來，隨著中國政治思潮的變遷和社會的轉型，中國知識界開始對自「五四」以來在中國逐步發展爲時代主潮的左翼政治文化思潮進行反思。很自然的，人們也會對從屬於這一政治文化思潮的茅盾等左翼作家產生重新審視的訴求。實際上，貶抑茅盾的學者們正是感覺到時代的這一訴求而來重評茅盾的。但他們試圖通過指摘《子夜》的藝術缺陷以否定《子夜》的做法過於簡單，他們全盤否定茅盾文學地位的觀點也有失公允，所以他們的觀點得不到多數學者的認同。應當說，輕率貶抑茅盾的學者敏銳地感受到了時代的訴求，卻沒有很好地回應這一訴求。

　　回顧這80餘年的茅盾評說史，或者會讓當下的茅盾研究者們更能明確自己所面臨的任務和自己在茅盾研究史當中的位置。經過幾代人的不懈努力，茅盾研究在資料搜集、生平闡釋、思想探究、人格分析、作品解讀等方面已

經做了相當紮實的工作，成績是可觀的。但後來者也並非已經無事可做。除了許多研究領域仍需要深化、細化和擴展之外，我們仍然有站在時代高度對茅盾思想和作品重新認識和評價的任務。這一任務以往的茅盾研究者沒有全部完成，我們更不能指望那些對茅盾進行全盤否定的學者來完成。它仍然擺在大家面前。然而這決不是一件輕而易舉的工作。要完成這項工作，尚待當下茅盾研究者努力。

第三節 《子夜》論析

一、創作過程

1930 年的中國社會正處在一個大動蕩的時期。1930 年春，世界性經濟危機已波及到中國。國民黨各派系之間的混戰也在這一年達到了高潮，5 月到 10 月爆發了規模空前的南北大戰。本來就十分脆弱的中國民族工業在戰爭的影響下和世界經濟危機的打擊下更加困難重重，紛紛倒閉或者被外國資本所兼並。而這時，南方各省的紅色武裝也乘機得到蓬勃發展，「紅旗隱約山間」。作為一個左翼作家，茅盾從這大動蕩中感受到時代行進的脉搏，萌發了「大規模地描寫中國社會現象的」的創作衝動。

而 1930 年春夏之際中國理論界開展的一場關於中國社會性質和中國革命問題的大論戰也給了茅盾一些重要的啓示。在論戰中，斯大林派的理論家潘東周、李立三、王學文、劉夢雲、劉蘇華等人認為，當時的中國社會仍舊是半殖民地、半封建的社會，國民黨是封建地主階級、帝國主義的代表，無產階級應當領導中國人民進行新民主主義革命，推翻國民黨的統治。而托洛斯基派的理論家任曙、嚴靈峰等人則認為，帝國主義的經濟入侵已經破壞了中國的封建經濟，帝國主義的在華經濟也是一種資本主義經濟，因而當時的中國已經是一個資本主義社會，中國無產階級的革命任務應當是準備在將來進行社會主義革命。這一派也被稱為取消派。還有一種觀點認為中國民族資產階級可以在反對共產黨和反對帝國主義官僚買辦資產階級的夾縫中發展民族工業，建立歐美式的共和國。這代表了民族資產階級的立場。茅盾讚成李立三等人的觀點，並因此確定了小說構思的基本角度。同時他也對當時的經濟情況作了較為深入的調查和分析。

創作《子夜》的衝動產生於 1930 年夏秋之際。最初的設想是「寫一部白色的都市和赤色的農村的交響曲的小説」。其中城市的部分就準備寫成三部曲《棉紗》、《證券》和《標金》。寫出提綱後，感到規模太大，與農村部分也不好配合，便改變計劃，準備寫一部以都市為中心的長篇，也寫農村的暴動和紅軍的情況。寫完前四章之後，又感到農村和紅軍的情況不熟悉，只好再次改變創作計劃，決定只寫城市，不寫農村。但已寫完的第四章不忍割捨，保留了下來。《子夜》於 1931 年 10 月開始動筆，1932 年年底完稿，1933 年 1 月出版。

二、背景知識

《子夜》所寫的故事發生在 1930 年 5 月中旬到 7 月底。作品涉及到當時全國的政治軍事形勢和一些交易所裏公債期貨交易活動。不瞭解這些知識，要看懂《子夜》是困難的。因此這裏作一些必要的介紹。

1、南北大戰和紅軍活動

1928 年，蔣、桂、馮、閻四派聯合對奉系軍閥進行戰爭。奉系不得不退向東北。張作霖 1928 年 6 月 4 日退往東北時在瀋陽附近的皇姑屯車站被日本人炸死，張學良就任東三省保安總司令。1928 年 12 月 29 日，東北易幟，中國宣告統一成功。但蔣、桂、馮、閻四派之間又打了起來。1929 年發生了兩次蔣桂戰爭、一次蔣馮戰爭和一次蔣唐戰爭，均以蔣介石勝利告終。於是閻、馮、桂三派便聯合起來對付蔣介石，形成南北對立。南方是蔣介石，佔領著上海和江浙一帶。北方是閻錫山，馮玉祥、李宗仁三個國民黨派別的聯合戰線。閻錫山占山西、京津一帶，稱山西軍或者晋軍，馮玉祥占河南、陝西、甘肅、寧夏等地，稱西北軍，李宗仁占廣西，稱桂軍。北方還邀請了汪精衛等改組派和謝持等西山會議派參加他們的政治活動。5 月中旬，中原大戰正式爆發。戰爭在隴海、津浦、平漢三路展開。六月上旬，桂軍曾攻入湖南，佔領過長沙岳陽，不久退出。6 月下旬，閻軍攻占德州、濟南。經過反覆較量，8 月中旬蔣軍復占濟南。馮軍在隴海線發動 8 月攻勢。8 月底，蔣軍顯示優勢。一直在觀望的張學良於 1930 年的 9 月 18 日通電擁蔣，隨即派兵入關。不到十天，張學良就佔領天津北平等廣大地區，「三分天下有其二」。10 月，馮玉祥宣告下野，戰爭結束。在戰爭緊張的 8 月份，北方各派曾在北平召開「北

方擴大會議」，組織國民政府，與南京政府分庭抗禮。閻錫山為主席，汪精衛、李宗仁、馮玉祥、謝持均為國民政府委員。打的旗號是「建立民主政治，發展民族實業」。戰爭規模空前，兩方投入兵力 300 萬，死 30 萬，傷無數。

　　從 5 月到 7 月底的政局和戰況在小說中多有反映。吳蓀甫、唐雲山、黃奮等人均是汪派，趙伯韜是蔣派。他們各為自己的政治派別偷運軍火。小說寫了張桂軍在 6 月初攻占長沙岳州，中旬退出，6 月下旬閻軍發動攻勢，進攻德州、濟南，也寫到「小張」（即張學良）的態度不明，等等。

　　在南北大戰期間，紅軍乘機得到快速發展。這在小說中也多有反映。第九章中李玉亭在與杜新籜爭辨時就談到「長江沿岸，從武穴到沙市，紅旗布滿了山野」。第十章中李玉亭又說：紅軍彭德懷部佔領了岳州，「江西的共產黨也在那裏蠢動」，「離漢口六十里的地面就有共產黨的游擊隊，沙市宜昌一帶，雜牌軍和紅軍變做了貓鼠同穴而居」。第十一章中，韓孟翔看的《字林西報》上有 "Reds threaten Hankow，reported"。第十四章中李玉亭又說：「賀龍在沙市大冶進出，彭德懷在瀏陽，方志敏在景德鎮，朱毛窺攻吉安！」

2、公債期貨交易

　　交易所裏的公債交易是《子夜》的重要內容。當時的公債主要分關稅、裁軍、編遣三種，俗稱「棺材邊」。《子夜》中所寫的公債交易是期貨交易。交易人在交易時須押給交易所百分之三的保證金。一般每月月底前四五天進行交割。所謂「空頭」即賣出期貨者。所謂「多頭」即買進期貨者。當時從事這種公債期貨交易是一種獲利極大風險也極大的活動。因為當時南京政府發行公債主要是為了籌集軍費。為了吸引人們購買公債，往往給以購買者很大的利益誘惑。一萬元的公債，五六千元就可以買到。如果南京政府打勝這場戰爭，他們所發行的公債到期不僅可以全額對現，還可以獲得較高的利息。但如果南京政府在戰爭中失敗，他們所發行的公債就會變成一堆廢紙。當時實行的是銀本位的貨幣制度。1935 年南京政府才開始實行紙幣制度。所以在當時能否將公債變現對於購買者意義是很大的。在期貨交易中，多頭希望漲，空頭希望跌。

　　影響公債價格漲跌的因素主要是戰爭勝敗的信息。當戰爭有利於蔣介石一方時，人們就想做多，市場就會求大於供，公債價格就會上漲。反之，如果戰爭不利於蔣介石一方時，人們就會紛紛拋出，供大於求，價格就會猛跌。

小說中開頭部分寫在 5 月下旬，趙伯韜、尚仲禮聯合吳蓀甫、杜竹齋做公債多頭公司，用三十萬兩銀子買通一部分西北軍退了三十里，造成南方將勝的假象，做多頭的就賺了錢。吳蓀甫估計北方在 6 月會占優勢，就在 6 月 3 日拋了一百萬公債，做空頭。但 6 月中旬唐雲山來報，張桂軍要退出長沙，吳蓀甫又馬上改做多頭，買了一千萬。後來聽劉玉英報告說，趙伯韜要做空頭，與他搗亂，他就先拋出五百萬。接著黃奮又來報，閻軍全軍出動，德州混亂，四五天就可能打進濟南。這時形勢對空頭有利。吳蓀甫先拋出的五百萬賺了十二三萬，另外五百萬，就賠了二十萬。

　　影響債券價格漲跌的另外一個重要因素是莊家操縱。因為莊家可以憑藉其雄厚的資金操縱價格的漲跌。在《子夜》中，趙伯韜可以算是一個莊家，吳蓀甫也想做莊。在第二章中寫到，5 月份雙方聯合的多頭公債公司做了一次莊。6 月上半月吳蓀甫做空。當時政局本來是利空的，但由於做多的趙伯韜與吳作對，債價便居高不下。債價一落，趙就扒進，把債價弔住在 6 月 4 日前的價位上。吳也想針鋒相對，見高價就拋出。但資金不夠，要杜竹齋湊出五十萬，杜竹齋又不肯冒險。7 月下旬，益中公司頂出八個小廠，集中近百萬資金做公債，與趙伯韜、尚仲禮等人接近於勢均力敵。他們做空，趙伯韜和尚仲禮做多，戰爭形勢沒有明顯變化，主要是兩方資金力量的對比。由於杜竹齋的不合作，吳蓀甫最終一敗塗地。

三、思想成就與思想矛盾

1、思想成就

　　《子夜》是一部大視野描寫中國社會現象的小說。它對中國社會現象的反映是多方面的，但對中國民族工業發展困境的反映是其最主要的成就。

　　5 月底至 6 月初，裕華絲廠的老闆吳蓀甫和太平洋輪船公司總經理孫吉人、大興煤礦公司總經理王和甫等組成「益中信託公司」，收購了八個陷入困境的生產日用品的小工廠，又租賃了陳君宜的瀕臨倒閉的五雲織綢廠。吳蓀甫還單獨租賃了朱吟秋的乾和絲廠。吳、孫、王三人都是有財力、有能力、有魄力的民族資本家，具有發展民族工業的勃勃雄心，準備大幹一場。但不久，益中信託公司陷於困境，不到兩個月，他們「已經對於企業灰心」，不得不把盤來的八個小工廠盤給洋商。不僅如此，孫吉人的輪船公司還因戰爭而連遭損失，一條價值三十萬的輪船失蹤。吳蓀甫的裕華絲廠

也因絲價大降不忍拋售而擱置了現款。除此之外，小說還寫了周仲偉的火柴廠被日本商人兼並。在第十六章中，小說通過中華火柴業聯合會的一個公函，介紹了當時整個火柴業的困難處境，並通過雷參謀之口，介紹了天津麵粉業的八個廠有七個停工，剩下一個還三天兩頭歇。第十七章中又通過李玉亭之口，介紹了中國一家資本最大的烟草公司也要把上海的製造廠停工。總之，中國的企業或者倒閉，或者被外國資本所兼並。通過這些直接的或者間接的描寫，小說反映了當時中國民族工業發展的困境和中國資產階級前途的暗淡。

小說對中國民族工業在 20 世紀 30 年代初發展緩慢的反映是符合實際的。中國在 19 世紀 70 年代有了國營工業，甲午戰爭之後有了民營工業。甲午戰爭到 1914 年第一次世界大戰爆發，民族工業有了初步發展，年均增長率是 13.37％。但這高速度主要是依靠投資形成的。1914 年到 1920 年，年增長率是 11.90％。這是中國民族工業發展的黃金時期。其發展速度主要是依靠高利潤形成的。〔註1〕1921 年至 1936 年仍是增長趨勢，但平均年增長率遠不如前兩個時期，是 7.53％。而 30 年代又不如 20 年代。〔註2〕1936 年中國經濟有所起色，但馬上遇到了日本的大規模入侵。我這裏沒有找到 1930 年中國經濟發展的統計數據。但根據以上統計數據，再考慮到南北大戰和世界經濟危機對中國經濟的嚴重影響，應當斷定《子夜》對 1930 年中國民族工業發展困境的反映是正確的。

《子夜》不僅描寫了當時中國民族工業的發展困境，而且對造成這種困境的種種原因也作了藝術的揭示。

第一，國內苛捐雜稅加重了產品的成本，影響了產品的競爭力

當時國內戰亂頻仍，戰爭耗費很高，加以吏治不清，必然稅多且重。與此相反，列強的技術先進，產品質優價廉，一些出口產品又是免稅的，如日本絲。所以中國以外銷爲主的產品如生絲就難以與之競爭。《子夜》中寫中國絲本來成本就重，政府還要加許多稅，所以不僅在里昂和紐約競爭不過日本絲，而且也少被中國的織綢廠採用。第二章中這樣寫道：

〔註1〕 白壽彝總主編：《中國通史》第 21 冊，上海人民出版社 1999 年 3 月第 1 版，
　　　　第 632～633 頁。

〔註2〕 白壽彝總主編：《中國通史》第 21 冊，上海人民出版社 1999 年 3 月第 1 版，
　　　　第 652 頁，第 653 頁。

　　……黃奮似乎很同情於朱吟秋，卻又忍不住問道：

　　「我就不明白爲什麼你們的「廠經」專靠外洋的銷路？那麼中國的綢緞織造廠用的是什麼絲？」

　　「是呀，我也不明白呢！陳先生一定可以回答這個問題。」

　　雷參謀也跟著說，轉臉看看那位五雲織綢廠的老闆陳君宜。

　　可是這位老闆不作聲，只在那裏微笑。朱吟秋代他回答：

　　「他們用我們的次等貨。近來連次等貨也少用。他們用日本生絲和人造絲。我們的上等貨專靠法國和美國的銷路，一向如此。這兩年來，日本政府獎勵生絲出口，絲繭兩項，完全免稅，日本絲在里昂和紐約的市場上就壓倒了中國絲。」

　　……此時，陳君宜也慢吞吞地發言了：

　　「攙用些日本絲和人造絲，我們也是不得已。譬如朱吟翁的廠絲，他們成本重，絲價已經不小，可是到我們手裏，每擔絲還要納稅六十五元六角；各省土絲呢，近來也跟著漲價了，而且每擔土絲納稅一百十一元六角九分，也是我們負擔的。這還是單就原料而論。製成了綢緞，又有出產稅，銷場稅，通過稅，重重疊疊的捐稅，幾乎是貨一動，跟著就來了稅。自然羊毛出在羊身上，什麼都有買客來負擔去，但是銷路可就減少了。我們廠家要維持銷路，就不得不想法減輕成本，不得不攙用些價格比較便宜的原料品。……大家都說綢緞貴，可是我們廠家還是沒有好處！」

　　《子夜》重點寫了兩種民族工業：絲業和火柴業。絲業以外銷爲主，火柴業以內銷爲主。以外銷爲主的絲綢業如此，以內銷爲主的火柴業也是如此。第二章寫道：

　　笑聲過後，雷參謀望著周仲偉，很正經的說：

　　「大家都說金貴銀賤是中國振興實業推廣國貨的好機會，實際上究竟怎樣？」

　　周仲偉閉了眼睛搖頭。過了一會兒，他這才睜開眼來悠悠地回答：「我是吃盡了金貴銀賤的虧！製火柴的原料——藥品，木梗，盒子殼，全是從外洋來的；金價一高漲，這些原料也跟著漲價，我還有好處麼？採購本國原料吧？好！原料稅，人口稅，釐捐，一重一

重加上去，就比外國原料還要貴了！況且日本火柴和瑞典火柴又是
拼命來競爭，中國人又不知道愛國，不肯用國貨，……」

第二，關稅不能保護民族工業

以外銷爲主的絲綢業可以通過減免稅收的方法，以增強其在國際市場上
的競爭力。以內銷爲主的火柴業不僅可以通過減稅的方式增強其競爭力，還
可以通過提高外貨進口稅的方式加以保護。保護雖然不是經濟發展的根本之
策，但在一定的歷史時期是有效的。然而中國自鴉片戰爭以來關稅就不能自
主。第二次鴉片戰爭後，中國進出口貨物一般按值百抽五抽取海關稅，洋貨
運入內地後再抽取 2.5%的子口稅。一共是 7.5%的進口稅。有時甚至達不到
這個水平。在這種世界上罕見的低進口稅的情況下，中國很難在貿易保護政
策下發展自己的民族工業。1928 年之後，隨著南京國民政府與美國、德國、
挪威、比利時、意大利、丹麥、葡萄牙、荷蘭、瑞典、英國、法國、西班牙、
日本等國家締結新的「通商條約」或者新的「關稅條約」，這一現象有所改變。
從 1928 年到 1930 年，進口關稅的平均實際稅準如下：1928 年是 3.9%，1929
年是 8.5%，1930 年是 10.4%。不過當時已經實行差等稅率，不同類型的商品
所收的關稅是不同的。火柴業的關稅就非常不利於中國火柴業的發展。正如
有的史學家所敘述的那樣：「1924 年後，瑞典火柴大量輸入，並收買了日本在
華的火柴工廠，華商火柴業受到瑞典火柴沉重的壓力，紛紛停工歇業。各地
火柴業呼籲自救，1929 年成立全國火柴同業聯合會，派代表團向南京國民政
府請願，要求抵制洋貨和救濟。1931 年，南京國民政府將火柴進口稅由 7.5
%提高至 40%，火柴進口銳減。」〔註3〕《子夜》第十六章就反映了 1930 年
中國火柴業由於原料進口稅重而火柴進口稅輕所陷入的困境。小說通過「廣
東火柴行商業公會呈工商部的呈文」指出，當時中國「火柴入口原料，稅外
加稅，釐裏添釐」，而瑞典火柴托拉斯利用「舶來火柴進口稅輕，源源貶價運
來，使我國成本較重之土造火柴無法銷售」。

第三，戰爭吸納了大量的資金，致使實業資本家融資困難

《子夜》第八章寫了三個人物：土財主馮雲卿、革命縣長李壯飛、老官
僚何愼庵。他們把通過高利貸和刮地皮搜刮的民脂民膏都帶到上海。因此上
海現銀並不缺乏。但有錢人爲了又快又多地賺錢，願意將錢投入公債市場，

〔註 3〕白壽彝總主編：《中國通史》第 21 冊，上海人民出版社 1999 年 3 月第 1 版，
　　　　第 661 頁。

而不願投資工業。公債市場又把資金轉變爲軍費。所以當時的金融市場不過是政府籌集軍費的賬房。由於戰爭吸納了大量資金，辦企業的人融資就十分困難。第二章中作者借朱吟秋之口說道：「從去年以來，上海一埠是現銀過剩。銀根並不緊。然而金融界只曉得做公債，做地皮，一千萬，兩千萬，手面闊得很！碰到我們廠家一時周轉不來，想去做十萬八萬的押款呀，那就簡直像是要了他們的性命；條件的苛刻，眞叫人生氣！」第三章中也寫到這一現象。陳君宜在資金上遇到了困難，而往來錢莊卻不肯通融：

　　朱吟秋對陳君宜說：「節邊收不起賬，是受了戰事的影響，大家都一樣；難道你的往來錢莊不能通融一下麼？」

　　「磋商過好幾回了，總是推託銀根緊啦，什麼什麼啦，我簡直有點生氣了，——回頭我打算和杜竹翁商量一下，或者他肯幫忙。」

　　陳君宜一邊回答，就歎了口氣；彷彿那位不肯通融的錢莊經理的一付不死不活的怪臉相，就近在咫尺。同時，一團和氣的杜竹齋的山羊臉也在旁邊晃；陳君宜覺得這是一線希望。不料朱吟秋卻冷冷地搖著頭，說了這麼一句含糊的然而叫人掃興的話：

　　「竹齋麼？——哎！」

　　「什麼！你看來不成功麼？我的數目不大，十二三萬也就可以過去了。」

　　陳君宜急口問，眼光射住了朱吟秋的臉孔。還沒得到朱吟秋的回答，那邊周仲偉忽然插進來說：「十二三萬，你還說數目不大！我只要五六萬，可是也在沒有辦法。金融界看見我們這夥開廠的一上門，眉頭就皺緊了。但這也難怪。他們把資金運用到交易所公債市場，一天工夫賺進十萬八萬，眞是輕鬆平常——」

接著，作者又通過唐雲山的話得出這樣的結論：「中國不是沒有錢辦工業，就可惜所有的錢都化在軍政費上了。」正因爲如此，朱吟秋、陳君宜、周仲偉這些人一開始就陷入資金周轉的困境中，後來終於因爲資金不能周轉而垮臺。也正因爲如此，吳蓀甫他們才被迫自己成立益中信託公司。

第四，買辦金融資本家的金融封鎖

　　吳蓀甫等工業資本家爲了擺脫金融困境，聯合成立了益中信託公司。趙伯韜認爲這是對他的挑戰，處心積慮加以破壞。他首先在朱吟秋的絲廠問題

上與吳蓀甫搗亂，後來又製造謠言使益中信託公司的老存戶紛紛撤出自己的資金。他的目的是使民族企業陷入困境，然後由他和他的外資靠山來兼並收購。吳蓀甫他們試圖首先在金融市場上打敗趙伯韜，但卻在 7 月底的公債市場上折戟沉沙。

第五，戰爭的直接影響

戰爭對民族工業的發展的負面影響有間接的，有直接的。間接的如爲了籌集軍費而加重稅收和吸納閒置資金。直接的如阻斷交通，使貨運困難，或者徵用商用設備。小說中寫到八個日用品小工廠的出品因戰爭關係運不出去，孫吉人的輪船有時被扣去拉傷兵，有時價值三十萬的輪船竟然莫明其妙地失踪了。這都直接影響了民族工業的發展。

第六，技術落後，管理不善，導致產品缺乏競爭力

技術落後，管理不善也是導致民族工業陷入困境的原因之一。小說在第二章中用諧謔的筆法揭示了這一點。周仲偉常常埋怨中國人不愛國，不用國貨。唐雲山用桌子上的瑞典鳳凰牌火柴燃著一支茄立克烟後說：「對不起，周仲翁，說句老實話，貴廠的出品當真還得改良。安全火柴不用說了，就是紅頭火柴也不能『到處一擦就著』，和你仲翁的雅號比起來，差得遠了。」第三章中吳蓀甫則直接批評朱吟秋不會管理：他「又不會管理工廠。他廠裏的出品頂壞，他的絲吐頭裏，女人頭髮頂多；全體絲業的名譽，都被他敗壞了！很好的一付意大利新式機器放在他手裏，真是可惜！——」

第七，世界經濟危機的影響

由於世界經濟危機而造成絲價大跌。本來廠絲可以賣到 900 兩一包，後來竟跌到 600 兩一包，無法拋售。朱吟秋和吳蓀甫先後都因此壓住了資金。

第八，工人鬥爭和農民暴動也影響了經濟的發展

資本家遇到困難，就轉嫁危機，剋扣工人工資。而這就必然引起工人反抗。工人罷工當然會影響生產和加重產品成本。農民受壓迫太重，也要發生暴動。暴動就會造成破壞。這些在小說中都有所反映。例如其中寫到僅雙橋鎮暴動就使吳蓀甫損失了 10 萬元的資金。

《子夜》對中國民族工業陷入困境原因的揭示，相當全面，而且許多方面是相當深刻的。對照歷史，不能不佩服作者研究中國社會功力之深。

　　除了對中國民族工業發展的困境和失敗原因作了生動而深刻的反映外，《子夜》對中國革命的社會主義前途也作了預測。小說間接描寫了紅軍的活躍，直接描寫了工農運動的蓬勃興起，還通過出入於吳公館的一些青年知識分子的言行，寫出了他們對於革命勝利後自身處境的擔憂，暗示出中國社會的走向。「子夜」書名的寓意也是明顯的：黎明前的黑暗。如何評價小說的這種預測，是一個比較複雜的問題。中國共產黨的成功有其歷史的必然性。中國國民黨沒有解決中國廣大農民無地可耕，無法生存的重大社會問題，而中國共產黨解決了這一問題。因而中國共產黨得到廣大農民的擁護，奪取了全國政權。從直接結果來看，《子夜》的預測是正確的。當然，當時的中國共產黨對於未來中國社會的改造方案也含有一些有待實踐檢驗的內容。《子夜》的作者是懷抱著蘇聯式社會主義的信仰來預測中國的社會走向的。應當說，他的直接正確的預測中也携帶著一些需要後人加以糾正的成分。

2、思想矛盾

　　《子夜》對當時中國社會的反映達到的深度和廣度是難以企及的。但小說中也存在著一些思想矛盾。這一思想矛盾主要體現在中國民族工業困境的歸因方面。

　　在《子夜》中，趙伯韜自始至終都像是民族工業資本家吳蓀甫的主要敵人。他不僅對吳蓀甫不斷地實行金融封鎖，而且吳蓀甫和益中信託公司的最終失敗也是趙伯韜造成的。這一基本構思會給讀者一種印象，即買辦金融資本家的金融封鎖是造成民族工業陷入困境的主要原因。那麼，茅盾為什麼又會試圖將趙伯韜寫成吳蓀甫的最主要的敵人呢？我認為這首先與他對中國社會性質的理論認識有關。在對中國社會性質的認識上，茅盾同意當時大論辯中左派的意見，即中國是半封建半殖民地的社會。他在《〈子夜〉是怎麼寫成的》一文中說：「這樣一部小說，當然提出了許多問題，但我所要回答的，只是一個問題，即是回答了托派：中國並沒有走向資本主義發展的道路，中國在帝國主義的壓迫下，是更加殖民地化了。」茅盾在理論上特別重視帝國主義對中國的經濟壓迫。他是按著這一思想來構思小說的。為此，他在《子夜》設置了趙伯韜這個買辦金融資本家的形象，並試圖通過這個人物來體現帝國主義對中國民族經濟的壓迫。當然，茅盾設置這個人物，也可能還有藝術上的考慮：讓主人公吳蓀甫有一個競爭對手，以便形成戲劇性衝突，增加作品的可讀性。但思想上的認識顯然是設置趙伯韜這個人物的主要原因。

　　但細讀《子夜》，小說中一些具體描寫又會告訴讀者，造成中國民族工業的最主要原因不是不趙伯韜的金融封鎖，而是當時戰事的延長。小說第十七章寫益中公司在遇到了資金困難時將他們盤進不久的八個小廠又盤了出去。但盤出去的根本原因並不是資金困難。當孫吉人提出要討論益中還能够維持多久時，作者寫道：「孫吉人這話剛出口，王和甫就很沮喪地搖頭，吳蓀甫摸著下巴歎氣。用不到討論，事情是再明白也沒有的：時局和平無望，益中那八個廠多維持一天就是多虧一天本，所以問題還不在吳蓀甫他們有沒有能力去維持，而在他們願意不願意去維持。他們已經不願意，已經對於企業灰心！」他們為什麼會對企業灰心呢？在同一章中吳蓀甫說：「能進能退，不失為英雄！而且事情壞在戰事延長，不是我們辦企業的手腕不行！」王和甫也說：「蓀甫！我們這次辦廠就壞在時局不太平，然而這樣的時局，做公債倒是好機會！我們把辦廠的資本去做公債！再和老趙鬥一鬥！」從這裏可以清楚地看到，不僅吳蓀甫和王和甫，包括隱含作者在內，都有一個共識：戰爭的延長才是益中公司盤出八個小工廠的根本原因，而不是趙伯韜的金融封鎖所造成的金融困難。如果僅僅因為金融困難，他們還可以從公債市場撤回資金來辦廠。其實，趙伯韜所作的金融封鎖對益中所造成的危害是很有限的。其主要事件就是他通過製造謠言使益中的老存戶撤走自己的存款。而撤走的存款不超過十萬。對於吳蓀甫他們來說，算不上是大數目。至於益中公司在公債市場上被趙伯韜打敗，已經不屬於金融封鎖範疇，而是公債市場上互相鬥爭的結果。所以從小說的實際描述來看，造成吳蓀甫他們發展民族工業失敗的最根本原因，是戰事的延長，而不是趙伯韜的金融封鎖。

　　那麼，《子夜》為什麼會出現這種思想矛盾呢？我認為這應當從作者的社會理論與他的實際社會觀察之間的矛盾去尋找原因。茅盾在理論上認為當時的中國是半殖民地國家，帝國主義的經濟壓迫是造成中國民族工業陷入困境的重要原因。這一理論是正確的。但同時這又是一個比較複雜的問題。自鴉片戰爭至中華人民共和國成立這一時期，帝國主義對中國的經濟壓迫是存在的。這種壓迫最主要的體現就是中國的關稅不能自主。但阻礙中國民族經濟發展的因素又是多方面的。在這眾多方面的因素中，在哪些時期何種因素會占著怎樣的地位則是需要具體分析的。就 1930 年而言，造成中國民族工業困境的原因雖然很多，但南北大戰和全國的混亂狀態肯定是最主要的原因。外國資本家為了廉價收買中國的工業資產，可能會對中國民族工業資本家進行

金融封鎖。但這種金融封鎖絕對不是導致中國民族工業陷入困境的根本的或者主要的原因。道理很簡單，如果中國民族工業由於其他原因根本就沒有效益，即使沒有金融封鎖，它也難以發展。而如果中國民族工業發展勢頭很好，那它就不怕金融封鎖。因爲資本總是流向能產生利潤的地方。這個銀行封鎖它，另一個銀行不一定封鎖它，這個國家的銀行封鎖它，另一個國家的銀行不一定封鎖它。從某一理念出發，茅盾設置了趙伯韜這個人物，並讓他打敗了吳蓀甫。但茅盾又是一位對生活非常熟悉的作家，現實主義創作原則使他在具體的寫作過程中，又會自覺不自覺地將他的實際的社會觀察描述出來。這就是形成了《子夜》的思想矛盾。

四、藝術上的特色和缺陷

《子夜》在藝術上的優點與缺陷可以從幾個方面進行考察：

第一，大視野地反映社會生活

文學是要反映生活的，但不同的作品反映生活的視野是很不同的。短篇不必說，大都只反映生活的一鱗半爪，一枝一葉。即使是長篇，有的也只是反映生活的某一方面，某一類人物。當然，小視野的作品自有其存在意義，甚至也有其長處。因爲這類作品往往只寫作者最熟悉的生活，容易寫得深入細膩。但人們也需要大視野的作品，一篇讀罷，一個社會某一時期的基本面貌就可以了然在心，就像讀托爾斯泰的《安娜·卡列尼娜》那樣。在中國現代文學史上，前一類作品俯拾即是，而後一種作品卻並不多見。《子夜》就屬於少見的後一類作品。小說採用虛實並舉的藝術構思，實寫上海工業界和金融界的經濟形勢，虛寫全國的政治軍事形勢，大視野地描寫了 1930 年的中國社會現象。中國民族工業發展的困境及其原因，國民黨各派系之間的內訌，紅軍的發展，工人的罷工，農民的暴動，中國社會的走向，以及一些青年知識分子的精神狀態，在小說中都得到了反映。《子夜》不到 35 萬字，但在中國現代長篇小說中，就反映生活的廣闊而言，是不多見的。

第二，伸展自由又稍嫌鬆散的藝術結構

《子夜》的結構可以認爲是一條主線上連綴了許多小支線。一條主線是吳蓀甫從事工業和金融活動及其結局。這條線索包括他與孫吉人、王和甫的合作，對陳君宜、朱吟秋的吞並，與趙伯韜的鬥爭，與工人的鬥爭，對家鄉

事業的關注，還有與吳公館中家人親屬間的糾葛等等。小說總體而言是圍繞著吳蓀甫的活動而寫的，但又不是緊緊圍繞著他的活動而寫。與他有關的一些人物活動的描述有時又形成了一些若即若離的支線。如對雙橋鎮的曾滄海、曾家駒父子活動的描寫，對屠維岳與工人之間鬥爭的描寫，對趙伯韜、尚仲禮等人活動的描寫，對馮雲卿、李壯飛、何慎庵等人活動的描寫，還有對范博文、林佩瑤、張素素等人活動的描寫，都形成了或短或長的支線。這種結構與《圍城》或者《駱駝祥子》那種單一主線的結構相比，差別是很明顯的。這種主線帶支線的結構方式的好處是伸展比較自由，輻射力強，能夠廣泛地反映生活。但同時它也給人以稍嫌鬆散之感。雙橋鎮的那條線索只在第四章中作了實寫，以後只是虛寫。這還可以說是改變原來創作計劃所致。第八章和第十一章寫的是馮雲卿、李壯飛、何慎庵等做公債的事情。這三人只在第二章中到吳公館弔唁過，但始終沒有直接描寫他們與吳蓀甫的聯繫。這條線索的內容對於表現《子夜》的思想非常重要，但與吳蓀甫聯繫太鬆。而且小說對馮雲卿的結局沒有交待，也給人以有始無終的感覺。瞿秋白感到了《子夜》在結構上的這一特點。他在《讀〈子夜〉》一文中談到，《子夜》「在全書中的人物牽引到數十個，發生事件也有數十件，……但在整個組織上卻有許多處可分個短篇，這在讀到《子夜》的人都會感覺到的。」

第三，人物描寫個性突出

小說寫了 70 多個人物，大都寫出了鮮明的個性。吳蓀甫的果絕，杜竹齋的謹慎，趙伯韜的狡詐與彪悍，李玉亭的憂心忡忡，屠維岳的狡猾與大膽，劉玉英的潑辣與能幹，四小姐的自閉，范博文的酸腐，都寫得較為相當成功。但也不少人物不能給人留下深刻印象。這與篇幅和結構有關。30 多萬字的篇幅不足以充分寫好這麼多人物。有的人物一閃而過，不能貫穿作品始終，也影響了人物性格的塑造。

第四，過分展示化的敘事

從敘事方式上看，《子夜》展示（showing）性的描寫較多，而講述（telling）性的描述較少。中國傳統小說注重講述，西方現代小說則注重展示。講述比較明瞭簡單，展示更容易造成真實的幻覺，各有利弊。《子夜》以展示化描寫為主，許多重要信息不是通過講述，而是通過展示性描寫傳遞給讀者的，而且常常是互文見義式的。這本來不能算是缺陷，但由於所寫生活本來就比較

複雜，對於現在的讀者來說甚至比較陌生，所以對於讀者的理解來說，有些信息的交待就顯得不够及時，容易造成不必要的閱讀困難。例如，第一章寫到中部才通過張素素之口點出那天是五月十七日，這就不如用講述的方式在開頭直接交待出發生的時間來更容易讓讀者把握。

　　總之，《子夜》思想有矛盾，藝術有缺陷，但仍是一部有份量、有深度的文學杰作。

第六章　張愛玲小說專題

第一節　生平與創作歷程

　　張愛玲（1920～1995），抗戰後期出現於淪陷區上海的一位有較高成就的女作家，出身望族，祖籍河北豐潤。祖父張佩綸，是清朝名臣。祖母李菊耦，是李鴻章的第三個女兒。張愛玲 1920 年 9 月 30 日出生於上海，1922 年隨父母移居天津，1928 年因父親失去在天津的工作，又回到上海。父親張廷重是一個紈絝子弟，吸毒，納妾，致使父母不和。在她 4 歲時，母親黃素瓊（後改名逸梵）就離家赴歐洲留學，四年後回家，不久與父親離婚，又外出留學，直到張愛玲中學畢業時才回國。這種支離破碎的家庭生活使張愛玲較早地感受到人類情感的殘缺和人生的孤獨蒼涼。子女能否在童年與父母建立信任關係，對他們的情感世界往往有著巨大的影響。張愛玲的童年經歷規定了她後來小說創作的情感基調。她因此過於看重愛情，同時又對親情和愛情都抱著悲觀的態度。

　　她自幼聰明，有「神童」之稱。中學時就開始在校刊上發表作品。《遲暮》（1933）、《牛》（1936）《霸王別姬》（1937）等，就是她中學時代創作並發表的。

　　1938 年，她考取了倫敦大學，但由於戰爭關係，1939 年改入香港大學讀書。太平洋戰爭爆發後，未讀完大學便於 1942 年夏回到上海。同年秋，與炎櫻一起插班入聖約翰大學文科四年級就讀，希望補修完大學，11 月因各種原因輟學。同時開始用英文發表影評、劇評、散文等。

　　從 1943 年開始，她陸續在當時上海的《紫羅蘭》、《新中國》、《雜誌》、《萬象》、《天地》等報刊上發表中短篇小說和散文作品。1944 年 8 月出版小說集《傳奇》。同年 12 月出版散文集《流言》，其中收散文 30 篇。1946 年 11 月又出版《傳奇》增訂本。《傳奇》初版本收中短篇小說 10 篇，增訂本增加了 5 篇。她的早期一些著名的小說都收在《傳奇》裏，如《金鎖記》、《傾城之戀》、《沉香屑　第一爐香》、《紅玫瑰與白玫瑰》等。《傳奇》是代表張愛玲早期小說創作成就的一部小說集。當時有一些發表過的小說作品沒有收入《傳奇》，如《連環套》、《散戲》、《殷寶灩送花樓會》等。

　　這一時期她也經歷了最初的婚戀生活。1944 年初，與胡蘭成相識並很快發展爲熱戀。胡蘭成（1906～1981），曾任汪僞政府宣傳部次長等職。1944 年 8 月，胡蘭成與第三任妻子英娣離婚後與張愛玲結婚。抗戰勝利後，胡蘭成到處躲藏，張愛玲仍與之聯繫。但胡蘭成在流亡過程中仍然環肥燕瘦，左擁右抱。張愛玲則一片痴情，仍奢望胡蘭成能在她與其他女人之間作出選擇，遭胡蘭成拒絕後，才於 1947 年 6 月寫信給胡蘭成，正式表示與胡蘭成分手。張愛玲能够與胡蘭成走到一起，原因是複雜的。第一，胡蘭成能够懂得和欣賞她的人與文是一個重要的精神因素。據胡蘭成回憶，她曾說過胡蘭成對她是「因爲懂得，所以慈悲」。第二，她之所以能够容忍胡蘭成的漢奸政治身份，並非像一些學者所解釋的那樣，因爲她的愛是純粹的，而是因爲她自己的民族意識就比較淡薄。愛情是發生於兩性之間，包含著性吸引因素的肯定性審美情感。它不單是異性間純形式美的欣賞，而是對異性綜合認知的情感體現。純粹的愛情是有的，但愛情本身並不純粹。第三，她之所以不顧忌胡蘭成已有妻室而與之熱戀，是因爲她是個主情主義者，認定愛情高於婚姻形式。可見，兩人婚戀之「緣」是由雙方人格之「因」所造成。然而張愛玲對胡蘭成的期望畢竟帶有太多理想的成分，致使她所託非人。她與胡蘭成的婚戀對她來說是塗抹著悲劇色彩的。

　　1947 年是張愛玲創作收穫頗豐的一年。在這一年中，他開始創作電影劇本。第一部是《不了情》，第二部是《太太萬歲》。這是她電影劇本創作的第一個時期。這一年她還在上海新創刊的《大家》月刊上發表了中篇小說《創世紀》、《多少恨》（據《不了情》改寫）和散文《華麗緣》，在《小日報》上發表了短篇小說《鬱金香》。

　　1950 年 3 月到 1951 年 2 月在上海《亦報》副刊上以梁京（「梁京」由「張

玲」二字聲母與韻母互拼而成）爲筆名發表長篇小說《十八春》。同年 11 月，
《十八春》由上海亦報社出版單行本。1951 年 11 月到 1952 年 1 月又以梁京
爲筆名在《亦報》副刊上連載中篇小說《小艾》。這兩個作品中有認同中共所
建新社會的傾向。

　　1952 年 7 月持香港大學同意復學的證明到香港。11 月去日本試圖通過在
日本的朋友炎櫻謀求工作，但未能如願。三個月後返回香港。1953 年，她在
香港結識宋淇、鄺文美夫婦，並開始爲美國駐香港總領事館新聞處翻譯美國
文學作品。1954 年先後出版兩部長篇小說《秧歌》和《赤地之戀》。兩部小說
都是先出版英文版本，後自譯爲中文出版。《秧歌》與《赤地之戀》反共傾向
明顯。她之所以寫這兩部小說，長期以來對左翼文化心存反感是其主要原因，
但也可能與她需要適應生存環境慮有關。據臺灣學者水晶在《蟬——夜訪張
愛玲》一文中回憶說：「她主動告訴我：《赤地之戀》是在『授權』（Commissioned）
的情形下寫成的，所以非常不滿意，因爲故事大綱已經固定了，還有什麼地
方可供作者發揮的呢？」文章沒有提到「授權」者的名字，但根據當時的情
形判斷，這「授權」者只能是她正在供職的美國駐香港總領事館新聞處的人。

　　1955 年 11 月旅居美國。1956 年與美國戲劇作家賴雅戀愛結婚。張愛玲
英文基礎較好，到美國後曾一度兼用中英文進行寫作。1956 年秋，英文短篇
小說「Stale Mates」（《老搭子》）在美國「The Reporter」（《記者》）雙周刊上發
表。隨後又將其改寫爲中文短篇小說《五四遺事——羅文濤三美團圓》，1957
年 1 月發表在臺北《文學雜誌》上。本年還完成根據《金鎖記》改寫的英文
長篇小說「Pink Tears」（《粉淚》），後又改名爲「Rouge of the North」（《北地胭
脂》）。「Rouge of the North」於 1967 年由英國凱塞爾出版公司出版，但英文世
界對其評價不高。從 1957 年到 1963 年，她還創作了英文遊記「A Return To The
Frontie」（《重訪邊城》）、英文自傳體小說「The Fall of the Pagoda」（《雷峰塔》）
和「The Book of Change」（《易經》）。但由於銷路不暢，張愛玲此後基本放棄
了英文寫作。

　　1960 年 7 月，加入美國國籍。

　　從 50 年代後期，張愛玲開始爲香港國際電影懋業有限公司編寫電影劇
本。到 60 年代前期，由她編寫劇本先後上映的電影有《情場如戰場》（1958
年根據美國麥克斯‧舒爾曼的舞臺劇《溫柔的陷阱》改編）、《人財兩得》
（1958）、《桃花運》（1959）、《六月新娘》（1960）、《南北一家親》（1962）、《小

兒女》（1963）、《一曲難忘》（1964）、《南北喜相逢》（1964）。她當時還寫了
電影劇本《魂歸離恨天》，因公司原因而未能投入拍攝。這一時期是她電影劇
本創作的第二個時期。1964 年，她還將俄羅斯作家索爾仁尼琴的同名自傳體
小説改編成廣播劇《伊凡生命中的一天》在《美國之音》上廣播。

1966 年，根據《金鎖記》改寫的小説《怨女》在香港《星島晚報》上連載。
1967 年 2 月至 7 月，根據《十八春》改寫的《惘然記》在《皇冠》月刊上連載。

1967 年 10 月，丈夫賴雅因病去世。

1968 年，通過宋淇，結識臺灣皇冠文化出版有限公司（爲省篇幅，後文
簡稱該公司爲皇冠公司）的老闆平鑫濤，此後張愛玲的作品主要由這個公司
出版。這一年，皇冠公司出版了張愛玲的《秧歌》、《怨女》、《流言》和《張
愛玲短篇小説集》。1969 年 3 月張愛玲又將《惘然記》改名爲《半生緣》由皇
冠公司出版。1975 年至 1976 年，完成自傳體長篇小説《小團圓》18 萬字。
1976 年 3 月，香港文化·生活出版社出版了她的散文、小説合集《張看》。書
中收錄了中篇小説《連環套》、《創世紀》和此前寫作但未收入《流言》的一
些散文。此書 1976 年 5 月又由皇冠公司出版。1977 年 8 月，研究《紅樓夢》
的學術著作《紅樓夢魘》由皇冠公司出版。1978 年在《皇冠》雜誌上發表《色，
戒》、《浮花浪蕊》和《相見歡》。這三篇小説是她 50 年代創作的，後來又曾
多次修改。1978 年，她還創作了中篇小説《同學少年都不賤》。1983 年 6 月，
小説集《惘然記》由皇冠公司出版，除收錄《相見歡》、《浮花浪蕊》、《色，
戒》三篇近作外，還收入 40 年代發表過的兩篇舊作《多少恨》和《殷寶灩送
花樓會》。另外附錄了一個電影劇本《情場如戰場》。1983 年 11 月，她所翻譯
的國語本《海上花》由皇冠公司出版。1987 年 5 月，散文、小説合集《餘韻》
由皇冠公司出版，所收爲 1952 年之前發表但以往未收入集子的《散戲》、《中
國的宗教》、《〈卷首玉照〉及其他》、《雙聲》、《氣短情長及其他》、《我看蘇青》、
《華麗緣》、《小艾》。其中除《散戲》和《小艾》爲小説之外，其他篇目均屬
散文。1988 年 2 月，散文、小説、電影劇本合集《續集》由皇冠公司出版，
所收除小説《五四遺事——羅文濤三美團圓》及其英文本「Stale Mates」，電
影劇本《小兒女》、《魂歸離恨天》之外，均爲散文。這個集子中所收作品都
是作者 1952 年離開上海後在海外所作。1994 年 6 月，《對照集——看老照相
簿》由皇冠公司出版。這是一本用圖文對照方式回憶作者家庭和個人經歷的
作品。另外，其中還以散文六帙之名附錄了六篇散文。

1995 年 9 月 8 日，張愛玲被發現在洛杉磯租住的公寓內去世，享年 75 歲。

張愛玲到美國後在文學事業方面主要做了三個方面的事情：一是小說、散文和電影劇本的寫作與改編。二是研究《紅樓夢》，出版了學術著作《紅樓夢魘》。三是文學作品的翻譯工作。除將一些美國文學作品翻譯為中文外，還將吳語《海上花列傳》翻譯成國語和英文。

第二節　評說史與成套著作出版概況

張愛玲登上文壇之後，讀者對她的接受態度是複雜的，她的接受史富有傳奇性和戲劇性。

1943 年到 1945 年，張愛玲是淪陷區上海走紅的作家。1944 年 3 月，胡蘭成在《新東方》上發表《卓隸・清客與來者》一文，高度評價張愛玲的小說《封鎖》。5 月，傅雷以「迅雨」為筆名在《萬象》雜誌發表《論張愛玲的小說》，對張愛玲的小說作了較為全面和客觀的評價。同月，胡蘭成開始在《雜誌》月刊上連載《論張愛玲》。在這篇文章中，他給予了張愛玲以「魯迅之後有她」的評價。翌年 6 月，胡蘭成又在《天地》月刊上發表《張愛玲與左派》。

日本投降後，張愛玲受到一些非難，以至於她不得不在《有幾句話同讀者說》一文中作出辯解。

因《秧歌》和《赤地之戀》的出版，她在建國後 30 多年中，與中國大陸的出版社和學者編寫的文學史絕緣。

然而在臺港和海外，張愛玲的著作仍然有著廣泛的讀者。1968 年以後，臺灣皇冠公司陸續出版了張愛玲的著作十餘種。從 1991 年 7 月，該公司開始整理出版《張愛玲全集》，至 2008 年 9 月，共出版了以下 19 冊：

1.《秧歌》

2.《赤地之戀》

3.《流言》

4.《怨女》

5.《傾城之戀》

6.《第一爐香》

7.《半生緣》

8.《張看》

9.《紅樓夢魘》

10.《海上花開》

11.《海上花落》

12.《惘然記》

13.《續集》

14.《餘韻》

15.《對照記》

16.《愛默森選集》

17.《同學少年都不賤》

18.《沉香》

19.《重訪邊城》

在臺灣皇冠公司出版這套全集的同時，其在香港的分支機構皇冠出版社（香港）有限公司使用同一版式也出版了這套全集。

2001 年臺灣皇冠公司還出版了一套《張愛玲典藏全集》，共 14 卷：

第一冊：【長篇小說】半生緣

第二冊：【長篇小說】秧歌

第三冊：【長篇小說】赤地之戀

第四冊：【長篇小說】怨女

第五冊：【短篇小說】卷一 1943 年作品

第六冊：【短篇小說】卷二 1944 年作品

第七冊：【短篇小說】卷三 1945 年以後作品

第八冊：【散文】卷一 1939～1947 年作品

第九冊：【散文】卷二 1952 年以後作品

第十冊：【文學評論】紅樓夢魘

第十一冊：【譯注】海上花開

第十二冊：【譯注】海上花落

第十三冊：【譯作】愛默森選集等五種

第十四冊：【劇作】情場如戰場等三種

2009 年 3 月皇冠公司出版了她的自傳性小説《小團圓》，北京十月文藝出版社則於 2009 年 4 月出版該書的簡體字本。

2009 年 11 月至 2010 年 10 月，皇冠公司又出版《張愛玲典藏》17 冊：

01《傾城之戀》

02《紅玫瑰與白玫瑰》

03《色，戒》

04《半生緣》

05《秧歌》

06《赤地之戀》

07《怨女》

08《小團圓》

09《雷峰塔》

10《易經》

11《華麗緣》

12《惘然記》

13《對照記》

14《紅樓夢魘》

15《海上花開》

16《海上花落》

17《張愛玲譯作選》

在這套《張愛玲典藏》中，新問世的作品是根據英文自傳體小説「The Fall of the Pagoda」和「The Book of Change」翻譯的中文版《雷峰塔》和《易經》，這兩部小説的出版時間是 2010 年 9 月。

對於張愛玲的研究在臺港和海外自 60 年代就開始了。美國華人學者夏志清教授 1961 出版了他的《中國現代小説史》（英文版），專闢一章介紹張愛玲的小説，並給予很高的評價。1973 年，臺灣學者水晶出版《張愛玲的小説藝術》。這是張愛玲研究方面的第一部專著。1976 年，唐文標的《張愛玲雜碎》由臺北聯經出版事業公司出版，後來作了修改，又以《張愛玲研究》爲題由同一出版公司於 1983 年出版。臺灣學者張健與他的研究生也合著了研究張愛

玲的著作《張愛玲的小說世界》。1984 年 6 月，唐文標編的《張愛玲資料大全》由臺灣時報出版公司出版。張愛玲研究在這些地區仍在進行，不斷有新的成果出現。

中國大陸改革開放之後，文壇也開始關注張愛玲。1985 年 4 月，柯靈在《讀書》月刊上發表文章《遙寄張愛玲》。8 月，《傳奇》增訂本由上海書店影印出版。1986 年 2 月人民文學出版社重排出版了增訂本《傳奇》。隨後張愛玲就在大陸熱了起來，而且是長熱不衰，從作家到一般讀者，許多人常常以「張迷」自居和自炫。中國大陸的出版社也爭相出版張愛玲的作品。其中主要有兩個系列。

一個系列爲金宏達、于青所編。1992 年 7 月，安徽文藝出版社出版了他們編輯的《張愛玲文集》4 卷。第一卷收短篇小說，第二卷收中篇小說，第三卷收長篇小說《十八春》和《怨女》，第四卷收散文。不久，該社又出版了《張愛玲文集》的附卷《紅樓夢魘》，可以算是《張愛玲文集》的第五卷。2002 年 4 月，中國華僑出版社出版《張愛玲文集補遺》，編者署名子清、亦通。該書分三輯。第一輯爲「影劇文本」，收入《太太萬歲》等五個電影劇本和一個廣播劇劇本《伊凡生命中的一天》。第二輯「佚文」，收入集外散文和小說《浮花浪蕊》共 15 篇文章。第三輯「書信選」，收入張愛玲寫給他人的書信 16 封。金宏達在《前言》中說，該書可視爲《張愛玲文集》第六卷。

另一系列爲陳子善所編。由於作者自己不滿意，中篇小說《同學少年都不賤》在張愛玲生前一直沒有出版，2004 年 2 月才由皇冠公司首次出版。該書除這篇小說外，還收有張愛玲的其他一些文章和譯作。2004 年 3 月，天津人民出版社也出版了《同學少年都不賤》。這個與皇冠公司版本稍有出入的大陸版本便是由陳子善編輯的。2005 年 9 月，天津人民出版社與臺灣皇冠公司同時出版的《沉香》也是由陳子善編輯的。天津人民出版社出版的簡體字本分疏影、私語、畫筆和戲夢四部分。「疏影」部分是張愛玲生前所使用的服飾和用品的一些照片。「私語」部分是 7 篇集外散文。「畫筆」部分是張愛玲所畫的書籍和雜誌的封面和插圖之類。「戲夢」部分則是三個電影劇本和一個廣播劇劇本《伊凡生命中的一天》。皇冠公司出版的繁體字本的《沉香》除編輯方式上稍有變化外，內容與簡體字本是相同的。之後，陳子善又編輯了一套《張愛玲集》，由北京十月文藝出版社於 2006 年 12 月和 2007 年 2 月。《張愛玲集》共 6 卷，分別是《傾城之戀》、《鬱金香》、《流言》、《半生緣》、《對照

記》和《紅樓夢魘》。其中《傾城之戀》一卷與《傳奇》增訂本所收內容接近。
《鬱金香》一卷收入《傳奇》之外的中短篇小說，包括《同學少年都不賤》。
該卷以《鬱金香》為題，是因為其中也收入了短篇小說《鬱金香》。《鬱金香》
是張愛玲連載於 1947 年 5 月上海《小日報》上的一篇一萬多字的小說。近來
由中大陸學者李楠發現。吳福輝、李楠在 2005 年 9 月 14 日的《中華讀書報》
上有文章介紹。但《張愛玲集‧鬱金香》所收《華麗緣》一文，據張愛玲在
《惘然記》一書的序文《惘然記》中說，它是「一篇散文」。編者將其收在此
卷中不知出於何種考慮。《流言》一卷收入散文集《流言》中的散文和 1940
年至 1947 年張愛玲所寫的其他散文。《對照記》一卷收入作者最後一本散文
集《對照記》中的散文，另收入 1952 年後創作的其他散文。《半生緣》和《紅
樓夢魘》兩卷與皇冠公司出版的《半生緣》和《紅樓夢魘》在內容方面基本
相同。

　　兩個系列之外，還有不少出版社出版了張愛玲的作品。1986 年 1 月，江
蘇文藝出版社出版了張愛玲的長篇小說《十八春》。1992 年 6 月，浙江文藝出
版社出版了《張愛玲散文全編》。2003 年，哈爾濱出版社出版了《張愛玲典藏
全集》。但這部《張愛玲典藏全集》雖然卷數與皇冠公司所出的《張愛玲典藏
全集》相同，但具體的書目卻不完全相同，缺少了《秧歌》和《赤地之戀》。

　　90 年代以來，張愛玲研究在中國大陸也有了較大發展，出版了不少資料、
論文和著作。例如，余斌著《張愛玲傳》，1993 年 12 月由海南出版社出版；
於青、金宏達編輯的《張愛玲研究資料》，1994 年 1 月由海峽文藝出版社出版；
劉川鄂著《張愛玲傳》，2001 年 1 月由北京十月文藝出版社出版；子通、亦清
編《張愛玲評說六十年》，2001 年 8 月由中國華僑出版社出版；金宏達著《昨
夜月色》，2003 年 1 月由文化藝術出版社出版；周汝昌著《定是紅樓夢裡人》，
2005 年 5 月由團結出版社出版。張愛玲研究近些年碩果累累，這些只是其中
很小的一部分。

　　張愛玲及其作品長熱不衰的原因是多方面的。原因之一是她的小說寫得
生活實感強，富有韻味，其中不少作品水平確實較高。原因之二是她的小說
有較強的世俗性和通俗性，容易被普通讀者接受。原因之三是合乎時宜。而
今，嚴峻的民族危機已成過去，激烈的社會變革也暫時平息，更多的人已經
沉湎於世俗生活。這正是一個欣賞張愛玲小說的時代。人們似乎完全忘記了
魯迅、茅盾、巴金、老舍，好像中國現代文壇上只有一個張愛玲了。

第三節　小說綜論

一、取材於普通人的婚姻戀愛生活

　　張愛玲在中華人民共和國成立之初，曾寫過歌頌新社會的小說《小艾》和《十八春》。1952 年出境後，她又出版了兩部反共小說《秧歌》和《赤地之戀》。雖然有這類作品存在，但總的來看，張愛玲小說創作的題材重心仍是以男女關係爲主的普通人的普通生活。用她自己的話說，她喜歡寫人生安穩的一面。在《自己的文章》中她寫道：「我發現弄文學的人向來注重人生飛揚的一面，而忽視人生安穩的一面，其實後者正是前者的底子。」她所說的人生飛揚的一面，應當指人性中英雄的一面，她所說的人生安穩的一面，應當指人性中追求和諧生活的一面。在張愛玲看來，「人是爲了要求和諧的一面才鬥爭的。」所以「人生安穩的一面則有著永恒的意味」。

　　在人生安穩的一面中，也有許多方面可以寫，而張愛玲最喜歡寫的是兩性之間的種種關係。她在《自己的文章》一文中說：「我甚至只是寫些男女間的小事情，我的作品裏沒有戰爭也沒有革命。」她寫的最多、最成功的是婚戀小說。這些小說所反映生活的時間跨度自辛亥革命前後至 20 世紀 70 年代，長達 60 年。這一時期正處於中國社會的轉型期。新文化、舊文化以及新舊折中的文化同時並存，新的、舊的以及新舊折中的婚戀現象也同時並存。張愛玲的婚戀小說忠實深刻地描繪了這些紛然雜陳的婚戀現象：新的、舊的，正常的、變態的，戀子的，戀父的，普通的，傳奇的，成功的、失敗的，合法婚姻的、姘居的、高級調情的，以至嫖妓的。

二、主情主義的思想傾向

　　對於張愛玲的婚戀小說，許多人給予很高的評價，也有人加以否定。但卻較少有人關注這些小說的思想內容和思想價值。唐文標甚至在他的《張愛玲研究》一書中認爲她只是「趣味主義」地描寫她所熟悉的那個「腐朽、衰敗、垂死、荒涼」的「死的世界」，而沒有加以「道德的批判」。實際上並非如此。張愛玲是有思想的，她是一位主情主義者。她對於婚戀問題有一個基本的態度，這就是重視愛情在婚戀中的地位。她在《國語本〈海上花〉譯後記》評論書中有的嫖客連續幾年鍾情於一個妓女時曾說過：「書中這些嫖客從一而終的傾向，並不是從前的男子更有惰性，更是『習慣的動物』，不想換口

味追求刺激，而是有更迫切更基本的需要，與性同樣的需要──愛情。」張
愛玲在這裏明確地將性與愛區別開來。性是生理的需要，愛是情感的需要。
她認爲人類對愛的需要與對性的需要同樣重要。既然愛是人類的基本需要，
就應當得到尊重。她的婚戀小說大都體現著這一尊重愛情需要的基本思想傾
向。在我看來，「尊重愛情」四個字是解讀張愛玲小說思想內涵的密鑰。

從尊重愛情出發，張愛玲婚戀小說主要表現了以下幾個方面的內容：

第一，揭露封建包辦婚姻的弊害

愛情既然是人類的基本需要之一，兩性互愛與否就決定著兩性生活的質
量，因而婚姻就應當以兩性互愛爲基礎。從這一觀點出發，她的小說對封建
包辦婚姻的弊害進行了揭露和批判。我們知道，在漫長的家長制的古代社會
裏，對於愛情的需求基本上被家長視爲子女有違禮教的過分要求。在當時父
母包辦婚姻的制度下，家長首先考慮的是家庭的整體利益，而不是子女的愛
情。「古代所僅有的那一點夫婦之愛，並不是主觀的愛好，而是客觀的義務；
不是婚姻的基礎，而是婚姻的附加物。」〔註1〕這種家長包辦的婚姻制度將青
年男女追求愛情的權利剝奪殆盡，不知給多少家庭造成了感情的冷漠與痛
苦。由於是男權社會，少數有錢的男人可以通過宿娼納妾以彌補婚姻的不足，
而廣大的貧窮的男子和婦女則只能處在無奈的忍受之中。這種舊的婚姻制度
在張愛玲的筆下得到了眞實的反映和有力的批判。《怨女》所描寫的銀娣爲兒
子玉熹娶妻的過程就很有典型性。銀娣不喜歡新式女子，又要門當戶對，就
她家的條件，只好在女方的相貌方面遷就一些。爲了安撫兒子，她竟然在婚
前就答應將來允許他納妾。她對兒子說：「我就看中馮家老派，不像現在這些
女孩子們，弄一個到家裏還了得？講起來他們家也還算有根底。你四表姑看
見過他家小姐，不會錯到哪裏。你要揀漂亮的，等這樁事辦了再說。連我也
不肯叫你受委屈。我就你一個。」很明顯，這裏雖然是兒子娶妻，決定權卻
在母親手裏，首先考慮的也是母親和家庭的利益。結婚後玉熹對妻子不滿意，
於是納妾嫖娼。妻子抑鬱成疾，加上婆婆的有意折磨，不久便命喪黃泉。這
不能不說是作者對於舊式婚姻制度的血淚控訴。

短篇小說《相見歡》描寫了舊式婚姻下兩對夫婦的生活。伍先生和伍太
太雖然有了三個孩子，但伍太太一直「不得夫心」。伍先生後來到香港辦公司，

〔註1〕 《馬克思恩格斯選集》第四卷，人民出版社 1972 年 5 月第 1 版，第 72～73
頁。

與女秘書同居並生了孩子。伍太太與她的孩子們住在上海。另一對夫婦荀先生和荀太太的情形有所不同。荀先生對美麗的荀太太非常滿意。他經常發表激烈言論，但從不批評舊式婚姻。作者說：「盲婚如果是買獎券，他中了頭獎還有什麼話說？」然而荀太太對荀先生卻感情淡漠，幾次談到他將來的死，態度都異常平靜。由於對丈夫沒有愛情，她一生念念不忘的倒是盯過她一次梢的身份不明的路人。在與伍太太的閒聊中，她竟不厭其煩地提起那一次經歷。這篇小說正面描寫的是伍太太與荀太太天眞的同性愛戀。兩位年近半百的婦女仍舊保持著少女時的愛戀之情，一見面就親密地交談個不停，所以小說題目是「相見歡」。在作者看來，在當時的情況下，少女間有一點天眞的同性戀傾向算不得反常，但這種關係一直維持到婚後很久就發人深省了。伍太太的女兒苑梅學過一點心理分析，她這樣解釋母親與荀太太的關係：這是由於「上一代人此後沒有機會跟異性戀愛，所以感情深厚持久些。」也就是說，荀太太和伍太太雖然後來都各自結婚，但卻沒有眞正戀愛過，所以依然能够保持與同性朋友的親密關係。這篇小說表面上是在寫兩位女性的同性戀傾向，實質上反映的卻是舊的婚姻制度下夫妻間愛情生活的缺乏。

《等》裏的童太太和奚太太也是舊式婚姻的受害者。兩人的丈夫都納了妾。童太太提起丈夫便怒不可遏，奚太太則心存幻想，仍在等待著丈夫從內地回上海來看她。小說結尾處以「生命自顧自走過去了」一句作結，對舊式婚姻制度下女性人生的浪費表示了深切的惋惜。

《封鎖》裏的呂宗楨與母親給訂下的妻子過著感情無歸宿的沉悶生活，想離婚又顧及孩子們的幸福，要納妾又沒有足够的金錢。他那渴望愛情的欲念只是在封鎖期間的電車上與吳翠遠偶然相遇時萌動了一下。封鎖過後，又像什麼事都未曾發生一樣回到了自己的座位。作者對呂宗楨怯弱性格表示了不滿。小說最後寫一隻烏殼蟲要從房間的一頭爬到另一頭，但電燈一亮，它就伏在地板上，一動也不動，呆了一會兒，它又爬回窠裏去了。這是對呂宗楨行爲的一個絕妙的暗喻。但作品主旨還是揭示舊式婚姻對於當事人愛情追求的「封鎖」。

另外《創世紀》中關於霆谷和紫微婚姻的描寫，《小艾》中關於席五老爺和席五太太婚姻的描寫，《茉莉香片》中關於聶介臣和馮碧落婚姻的描寫，《多少恨》中關於夏宗豫和夏太太婚姻的描寫，《花雕》中關於鄭先生和鄭夫人婚姻的描寫，也都是對於舊式婚姻制度的有力批判。

第二，歌頌自主的以兩性互愛為基礎的婚姻

「五四」以來，尊重愛情、戀愛自由、婚姻自主等觀念傳入中國。這些觀念是西方近代在肯定現實幸福，主張個體本位和男女平等的人道主義文化氛圍中形成的。這些觀念引起了中國婚姻狀況的大變革，為人們享受愛情生活和組建幸福婚姻提供了有利條件。現實生活中出現了一些自主的，以兩性互愛為基礎的婚姻。張愛玲的小說對此有所反映並給予充分肯定。《琉璃瓦》是其中比較突出的一篇。姚太太已經生了七個女兒，個個佳冶窈窕，隨俗雅化，合乎潮流，都是「琉璃瓦」。姚先生要拿女兒做官場生意。由他做主，將大女兒琤琤嫁給自己任職的一家印刷所的第一大股東的兒子。二女兒曲曲反抗父母包辦婚姻，自己做主嫁人。結果大女兒結婚後很快夫妻不和，二女兒結婚後卻婚姻美滿。三女兒心心受到二姐行為的鼓勵，繼續反對包辦婚姻，父母已經無力再加干涉。小說反映的是追求婚姻自主的年青一代與堅持包辦兒女婚姻的老一代之間的激烈鬥爭，並用對比方法寫出了兩種婚姻結果的不同。《桂花蒸　阿小悲秋》中的阿小與她的男人自由戀愛結合，甚至沒有舉行過婚禮。阿小的男人是個裁縫，掙的錢只夠自己使用。阿小不圖她的錢財，但小兩口卻是「極恩愛的」。《小艾》中的小艾與馮金槐也是自由戀愛，自主婚姻。婚姻生活同樣很好。小艾因在舊時代曾遭受身心摧殘，醫生說她可能不能生育。小艾很難過，而馮金槐反勸她說：「你不要還是想不開，有小孩子沒小孩子我一點也在乎，只要你身體好。」

第三，揭示經濟差異給婚戀生活帶來的負面影響

婚姻幸福與否並不僅僅是一個觀念和法律的問題。僅憑戀愛自主和婚姻自主並不能完全消除婚姻戀愛中的不幸。婚戀生活作為人類生活的一個組成部分，必然受到社會經濟生活的制約。即使婚姻當事人在法律上擁有了平等的自主權利，他們仍然會不同程度地受到他們所不能自主的經濟狀況以及在這些經濟狀況下所形成的關於人生幸福的觀念的支配。也就是說，只要在經濟地位上各個家庭之間、男女兩性之間還存在著重大差異，真正以兩性互愛為基礎的婚姻就難以普遍實現，賣淫或變相賣淫的社會現象就難以從根本上杜絕。「五四」以後，戀愛自由的觀念，婚姻自主的法律雖然逐步建立，但由於家庭與家庭、男性與女性在經濟地位上仍然存在著巨大差異，因而這些差異對於婚姻戀愛仍然發生著很大的影響。張愛玲小說的思想深度就在於對於這一婚戀現象也作了真實的反映。

　　《傾城之戀》講述的是一個不尋常的戀愛故事。女主人公白流蘇出身於已經破落的望族，與不務正業的丈夫離婚後回到娘家居住。當她的積蓄被娘家的兩個哥哥花完時，哥哥嫂嫂便開始冷言冷語地排擠她。此時她感到在娘家實在住不下去了。她曾想找個工作，但找工作很困難。徐太太對她說：「找事，都是假的，還是找個人是眞的。」之後她偶然認識了華僑富商范柳原。范柳原對她表示了好感。范柳原雖然粗枝大葉，但別有一種風神，白流蘇認爲他是可愛的。因而兩人開始戀愛。范柳原雖然喜歡白流蘇的東方女性美，卻疑心白流蘇僅僅是爲了錢財才要與自己結婚，同時他也不願意受婚姻的束縛，所以他只想讓白流蘇作自己的情婦。而白流蘇則要爭取與范柳原名正言順地結婚，覺得女人如果不借助婚姻的保護，要長久地抓住一個男人是困難的。於是，兩人由上海到香港，不即不離地用心周旋，都想逼迫對方首先表態，以達到自己的目的。在這場曠日持久的精神較量的最後，還是已經沒有了退路的白流蘇作了讓步，默認了自己的情婦地位。她想：雖然沒有婚姻的保障而要長期抓住一個男人幾乎是不可能的，「但是她跟他的目的究竟是經濟上的安全。這一點，她知道她可以放心」。

　　幸而幾天后的太平洋戰爭成全了白流蘇。兩個精刮透頂的人，生死關頭竟忘記了算計，流露出眞情：

　　　　流蘇到了這個地步，反而懊悔她有柳原在身旁，一個人彷彿有
　　了兩個身體，也就蒙了雙重危險。一顆子彈打不中她，還許打中他。
　　他若是死了，若是殘廢了，她處境更是不堪設想。她若是受了傷，
　　爲了怕拖累他，也只有橫了心求死。就是死了，也沒有孤身一個人
　　死得乾淨爽利。她料著柳原也是這般想。別的她不知道，在這一刹
　　那，她只有他，他也只有她。

接下來的一段是：

　　　　……在這動蕩的世界裏，錢財，地產，天長地久的一切，全不
　　可靠了。靠得住的只有她腔子裏的這口氣，還有睡在她身邊的這個
　　人。她突然爬到柳原身邊，隔著他的棉被，擁抱著他。他從被窩裏
　　伸出手來握住她的手。他們把彼此看得透明透亮，僅僅是一刹那的
　　徹底的諒解，然而這一刹那够他們在一起和諧地活個十年八年。

　　因此范柳原決定與白流蘇結婚。這一場傾城之戀有了一個圓滿的結局。結局雖然圓滿，但卻仍是一個蒼涼的故事。這一場戀愛談得比兩軍對壘還要

艱難。白流蘇由於經濟地位上的劣勢，受了許多委屈。作品中寫到她第二次被范柳原邀請去香港的心情時這樣寫道：「白老太太長歎了一聲道：『既然是叫你去，你就去罷！』她就這樣的下賤麼？她眼裏掉下淚來。這一哭，她突然失去了自制力，她發現她已經忍無可忍了。一個秋天，她已經老了兩年——她可禁不起老！於是她第二次離開了家上香港來。這一趟，她早失去了上一次的愉快冒險的感覺。她失敗了。固然，女人是喜歡被屈服的，但是那只限於某種範圍內。如果她是純粹為范柳原的風儀與魅力所征服，那又是一說了，可是內中還攙雜著家庭的壓力——最痛苦的成份。」而且，「到處都是傳奇，可不見得有這麼圓滿的收場。」作品給人的基本感受是：雙方經濟狀況的巨大差異殺盡了這場戀愛的風景，將這杯愛情的甜水沖淡了許多。

《留情》寫了一對雙方都是再婚者的夫妻生活。米先生年輕時婚姻不幸福，年近耳順時與36歲的寡婦淳于敦鳳再次結婚，希望「晚年可以享一點清福艷福，抵補以往的不順心」。但敦鳳與他結婚主要是為了尋找生活上的靠山。敦鳳曾對她的舅母說：「『我的事，舅母還有不知道的？我是完全為了生活。』老太太笑道：『那現在，到底是夫妻——』敦鳳著急道：『我同舅母是什麼話都說得的：要是為了要男人，也不會嫁給米先生了。』」她常常暗自拿25歲時死去的眉清目秀的前夫與現在這個「連頭帶臉」像個「高椿饅頭」的丈夫比較，覺得與他一起坐三輪車都有點難為情。這種變相賣淫的婚姻不僅使賣方時時感到不如意，也使買方感到夫妻感情上的隔膜。他們能夠在一起生活，但那維繫婚姻的愛情卻是殘留的。作者對此深感悲哀。她在小說結尾處寫道：「生在這世上，沒有一樣感情不是千瘡百孔的，然而敦鳳與米先生在回家的路上還是相愛著。」

白流蘇為了經濟所迫默認了自己的情婦地位。淳于敦鳳為了經濟所迫嫁給了自己不愛的人。還有一些女性則為了貪圖富貴而嫁給自己不愛的人。

《金鎖記》的主人公曹七巧，本是一個開麻油店人家的女兒。她雖然舉止輕佻一些，說話瑣碎一些，但卻不失為身心健康的女子。她哥哥貪圖錢財，將她嫁給世族姜家癱瘓在床的二少爺。她的婚姻是由哥嫂包辦的。但作者在這篇小說中關注的並不是包辦與否的問題，所以作品沒寫七巧婚前對這椿婚事的反對。可以認為，七巧也想借婚姻來改變自己的地位，追求榮華富貴。嫁到姜家後，她暗自愛上了三少爺姜季澤。但季澤雖是浮浪子弟，卻「抱定了宗旨不惹自己家里人」，對七巧敬而遠之。七巧在性愛方

面得不到滿足，再加上出身寒微而受到姜家上上下下的歧視，心理逐漸變態。十幾年後，丈夫和婆婆先後過世，她分得了一筆財產。分家之後，七巧帶著兩個孩子另外租了一幢房子居住。不久，已經將自己的那份家產揮霍殆盡的姜季澤來找七巧，向她表示愛情。喜出望外的七巧「低著頭，沐浴在光輝裏，細細的音樂，細細的喜悅……這些年了，她跟他捉迷藏似的，只是近不得身，原來還有今天！」但她很快意識到季澤可能是來閪騙她的財產。稍加試探，果然不出所料。一氣之下，她趕走了自己心愛的人。姜季澤剛走，七巧馬上就後悔起來：「無論如何，她從前愛過他。她的愛給了她無窮的痛苦。單只這一點，就使他值得留戀。多少回了，為了要按捺她自己，她迸得全身的筋骨與牙根都酸楚了。今天完全是她的錯。他不是個好人，她又不是不知道。她要他，就得裝糊塗，就得容忍他的壞。她為什麼要戳穿他？人生在世，還不就是那麼一回事？歸根究底，什麼是真的，什麼是假的？」從此，在情愛方面絕望了的七巧更加看重自己的錢財，因為那是她忍受了許多痛苦換來的。她時時處處疑心別人要來算計她的錢財。同時，性愛方面的缺憾又使她的性格變得異常乖戾，不近人情。她下意識裏把兒子長白當作半個情人，對兒媳芝壽、絹姑娘抱著極端的敵意，以至於接連折磨死兩個兒媳。女兒長安近三十未嫁，她也曾著急過，但當她看到長安找到男朋友童世舫後那種掩飾不住的滿足時，又不自覺地忌恨起來，終於以拆散女兒的婚事為快。黃金的枷鎖禁錮了曹七巧一生，耗費了她的生命，扭曲了她的性格。她又「用那沉重的枷角劈殺了幾個人，沒死也送了半條命。」在生命即將結束的時候，面對著自己萎縮了的軀體，曹七巧想像她可能走的另一條人生道路，不覺潸然淚下。「她摸索著腕上的翠玉鐲子，徐徐將那鐲子順著骨瘦如柴的手臂往上推，一直推到腋下。她自己也不能相信她年青的時候有過滾圓的胳膊。就連出了嫁之後幾年，鐲子裏也只塞得進一條洋縐手帕。十八九歲做姑娘的時候，高高挽起了大鑲大滾的藍夏布衫袖，露出一雙雪白的手腕，上街買菜去。喜歡她的有肉店裏的朝祿，她哥哥的結拜弟兄丁玉根，張少泉，還有沈裁縫的兒子。喜歡她，也許只是喜歡跟她開開玩笑，然而如果她挑中了他們之中的一個，往後日子久了，生了孩子，男人多少對她有點真心。七巧挪了挪頭底下的荷葉邊小洋枕，湊上臉去揉擦了一下，那一面的一滴眼淚她就懶怠去揩拭，由它掛在腮上，漸漸自己幹了。」

曹七巧為了錢財嫁到了姜家。她絕對沒有想到自己對性愛的需要是那麼強烈。作品觸目驚心地寫出了買賣婚姻對於人的健康心靈的摧殘，讀來令人毛骨悚然。同時它也給在金錢和愛情面前進行選擇的人們以深刻的啟示。

《沉香屑　第一爐香》中的梁太太也是一個典型。作品這樣介紹她：「梁太太是個精明人，一個徹底的物質主義者；她做小姐的時候，獨排眾議，毅然嫁了一個年逾耳順的富人，專候他死。他死了，可惜死得略微晚了一些——她已經老了；她永遠不能填滿她心裏的饑荒——許多人的愛——但是她求愛的方法，在年輕人的眼光中看來是多麼可笑！」她常常用丫環去引誘男人，然後再半路殺出來搶了去。她甚至利用自己的侄女葛薇龍為自己招惹男人。作品通過描寫她種種可笑的求愛方式給人這樣的啟示：切不可藐視人對於性愛的需要而將婚姻視為謀財之道。

一些婦女由於生活所迫，仍舊把結婚當作謀生的職業，有的則深受拜金主義思想的毒害，實際上將婚姻視為謀財之道。這些所謂的合法婚姻其實是變相的賣淫。「五四」以後的中國，戀愛自由，婚姻自主逐步得到社會的承認，這是歷史的進步。但由於男女經濟地位的不平等和社會貧富差別的懸殊，以及拜金主義對婦女的影響，戀愛自由和婚姻自主在有的情況下僅僅體現為婦女在法律上有了出賣自己的自由。張愛玲的小說在反映經濟生活對婚戀的影響方面是有深度的。

第四，對其他一些婚戀現象的評價

張愛玲還在小說中反映和評判了其他一些重要的婚戀現象。為戀愛而戀愛和為結婚而結婚就是其中之一。當戀愛結婚成為一種人生程序時，許多年輕人會像完成例行公事一樣，在沒有遇到真正的意中人之前就匆匆然、昏昏然地踏上這一關係終身幸福與否的人生征程。《年青的時候》描寫的就是這種現象。僅僅一次誤會就引起了潘汝良的戀愛興趣。他對於沁西亞「說不上喜歡不喜歡」。為了戀愛他竭力避免注意她的缺點，而「單揀她身上較詩意的部分去注意，去回味」。他是為了戀愛而戀愛。沁西亞是住在上海的俄國姑娘。在上海她難以找到中意的男朋友，便找了一個並不怎麼喜歡她，她也並不怎麼喜歡的俄國男子結婚了。她是為了結婚而結婚。作品通過潘汝良的自省和沁西亞婚後的萎靡不振暗示出這種不以真愛為基礎的婚戀的極端危險性。

《十八春》中所寫的沈世鈞和石翠芝的婚戀亦屬此類。兩人本來都另有所愛，沈世鈞愛的是顧曼楨，石翠芝愛的是許叔惠。但兩人各自的戀愛遭到

挫折後就耐不住寂寞，冒失地走到了一起。結婚的當晚才同時猛然醒悟：兩人互不喜歡。作品寫他們這時猶如兩個闖了禍的小孩一樣茫然無主。

比為戀愛而戀愛，為結婚而結婚後果更加不堪的是一種帶恨勉強成婚的婚姻現象。《十八春》中顧曼楨與祝鴻才的婚姻就屬這種情況。曼楨被品質惡劣的姐夫祝鴻才強奸了，並生下了一個兒子。曼楨恨透了鴻才，但在姐姐去世後為了照顧留在祝家的兒子就勉強嫁給了鴻才。當然，這只能給兩人和孩子帶來更多的痛苦。不久，他們只好離婚了。這種婚姻現象在實際生活中雖然不多，但勉強成婚的現象則相當普遍。張愛玲通過對曼楨和鴻才婚後沉悶的家庭氣氛的描寫告誡讀者：無愛不要結婚，帶恨更不要結婚。

視性愛如遊戲，也是一種重要的婚戀現象。《沉香屑　第一爐香》中的喬琪喬和《桂花蒸　阿小悲秋》中的哥兒達先生就是此類人物。

喬琪喬喜歡葛薇龍卻不尊重葛薇龍對自己的那份真摯的愛，朝秦暮楚，二三其德。哥兒達先生也同時與幾個女人相好而對哪一個也不動真情。在他看來，「所有的女人都差不多」。所以他對女人不過「想占她一點便宜就算了。如果太麻煩，那也就犯不著」。張愛玲在《國語本〈海上花〉譯後記》中說過：「戀愛的定義之一，我想是誇張一個異性與其他一切異性的分別。」因為賞識的是從外表到內心獨特的這一個，所以真的愛情必然具有相對的專一性和持久性。那些視性愛如遊戲的人往往更多地是將對方視為性伴侶，而不是情侶。性活動更具動物的普遍性，所以會有「所有的女人都差不多」的看法。這種人不容易對異性發生真摯、專一、持久的愛情。張愛玲作為一個主情主義作家，在作品中很自然地對他們表示了鄙夷。

人生有許多需求值得尊重，有許多利益值得維護。但如果為了維護個人的名譽地位而放棄愛情追求或者敷衍無愛的婚姻，在張愛玲看來也是可悲的。《紅瑰玫與白玫瑰》和《鴻鸞禧》就對這種可悲的婚戀現象作了反映。《紅玫瑰與白玫瑰》裏的主人公佟振保聰明能幹，「做人做得十分興頭」。他也很喜歡女人，但只要於他的名譽地位有礙，無論多深的感情他都會毅然割捨，意志堅定到令他自己也感到驚奇的程度。他先後曾遇到過兩個真愛他，他也真愛的女人，都這樣被他割捨了。一個是英中混血兒玫瑰，一個是朋友王士洪的妻子王嬌蕊。後來他娶了孟烟鸝為妻，妻子卻不能使他滿意。雖然事業有成，但生活卻不幸福。他「覺得他白糟塌了自己」。《鴻鸞禧》裏的婁先生也是個極能幹的人，同時也「最會敷衍應酬」。作者所批評的是他在愛情婚姻

這樣的大事情上也取敷衍態度。他通過媒人娶了一個愚笨的女人。他雖然對她不滿意，卻仍然與她生了四個孩子，而且還「三十年如一日」地謙讓她。他這樣做僅僅是爲了博得好名聲。這一點連他愚笨的妻子也明白：「若是旁邊關心的人都死絕了，左鄰右舍空空的單剩下她和她丈夫，她丈夫也不會再理她了，做一個盡責的丈夫給誰看呢？」好名聲是博得了，但如此敷衍人生又給他留下了多少心理缺憾？

　　由於被拍成了電影，短篇小說《色，戒》近年來引起了人們的關注。這篇小說的思想與此前的作品有所不同，表現的是作者對於女子過於痴情的反思和規勸。作品讓讀者思考的問題是，王佳芝對易先生這樣痴情究竟值不值得？但小說借用丁默村和鄭蘋如的本事來表達這一主題，必然帶來負面影響。鄭蘋如的家人在小說發表後不久就提出了強烈抗議。雖然作者聲明王佳芝不是鄭蘋如，但這種寫法是很容易引起誤讀的。

　　張愛玲還有幾篇傳奇色彩特別濃而思想性較弱的作品。這就是《心經》《茉莉香片》和《沉香屑　第二爐香》。《心經》寫的是父女之戀。女兒小寒愛上了自己的生身父親，準備一生不嫁，與父親廝守在家裏。父親許峰儀也愛自己的女兒，但他知道必須讓女兒離開自己，於是找了一個與女兒相貌相像的女子同居了。《茉莉香片》寫的是一個不幸的孩子尋求理想父親的故事。聶傳慶很小的時候，生母就去世了。他跟著抽大烟的父親聶介臣和後母生活，內心特別痛苦。後來得知他的生母曾與他的一個女同學言丹朱的父親言子夜相愛，被家庭拆散後才委屈地嫁給他現在的父親。他覺得言丹朱侵奪了本應屬於他的理想父親和幸福家庭，於是一時衝動將言丹朱打成重傷。《沉香屑第二爐香》寫的是一個英國小姐由於不諳人事而傷害了丈夫的故事。主人公是羅傑安白登，四十歲的大學教授。他與愫細蜜秋兒小姐結了婚。但愫細蜜秋兒被母親蜜秋兒太太培養得太純潔了，結婚後竟然對丈夫的性行爲大驚小怪，當晚逃到校院裏。人們誤以爲羅傑是一個性虐狂患者，羅傑被迫向學校提出辭呈。他無法面對周圍人將他視爲異類的眼光，只好用自殺的方式結束生命。

　　這三個作品雖然心理描寫很精微，但情節未免過分離奇，不能算是佳作。

　　綜上所述，張愛玲的小說確實反映了那個時代林林總總的婚戀現象。而且除少數作品之外，她的小說幾乎都體現了尊重愛情的思想傾向。

　　尊重愛情的主情主義在中國古代文學作品中已經有所萌芽。在當時，主情主義是對於主流意識形態揚理抑情或者尊禮抑情的反撥，具有進步意義。

在現代文學創作中，主情主義更成爲反對封建禮教的重要思想武器，得到充分體現。但在少數作品中，主情也有發展爲濫情的傾向。

張愛玲婚戀小說的思想傾向已如上述，那麼，其思想價值又當如何認識呢？

「五四」以後，雖然西方先進的婚戀觀念傳入中國並獲得越來越多的人們尤其是青年一代的擁讚，但舊的婚姻觀念依然有著廣泛的影響，依然在破壞著人們的幸福，而且即使那些擁讚新的婚姻觀念的人們對於婚戀問題也未必有全面深入的理解。因而，用文學的形式反映現實生活中存在著的種種婚戀問題，並以現代婚戀觀點給予道德的評判，以推進婚姻現狀的變革，仍然是時代向中國現代作家提出的一項艱巨的任務。當時也確有許多現代作家在這方面作出了自己的貢獻。但可以斷言，在中國現代文學史上，還沒有第二個作家像張愛玲這樣廣泛而深入地反映和評判過現代中國的婚戀問題，也就是說，還沒有第二個中國現代作家像張愛玲這樣盡心盡力而且成效顯著地完成了時代所交付的這一任務。這就是張愛玲小說的思想價值所在。同樣，張愛玲小說在中國現代文學史上的地位也應當主要從這個角度給予確定。

三、蒼涼基調的形成原因

張愛玲的小說的基調是「蒼涼」，這一點只要讀過她的作品的人都會很容易地感受到。這裏要討論的是她作品的這一基調是如何形成的。

我認爲這種蒼涼的情調主要來源於她對婚戀生活的認識。她是尊重愛情的，認爲愛情是人類的最高享品。但她在《國語本〈海上花〉譯後記》中說過：「我們是一個愛情荒的國度」。也就是說，在她看來，在現實的婚戀中，情感的純潔和眞摯是要大打折扣的，夫妻生活或者寡情淡味，或者反目成仇。人是感情的動物，卻生活在感情的荒漠中，如何能不起蒼涼之感？

作者的蒼涼感也不僅僅因爲人世間兩性之愛的淡薄。親子之愛、同胞之愛的殘缺不全也是引起她感傷的重要原因。後二者在她的許多作品中都有反映。《金鎖記》中曹七巧哥哥的對待妹妹，曹七巧的對待兒女，《傾城之戀》中白流蘇母親的對待女兒，她的哥哥的對待妹妹，《花雕》中川嫦父母的對待女兒，《琉璃瓦》中姚先生的對待女兒，《茉莉香片》中聶傳慶父親的對待兒子，這些都讓人體味到人與人之間的情感的冷漠。她之所以能够比其他現代作家更敏銳地感受到這些冷漠，與她出身於夫妻感情淡薄、親子關係冷漠的家庭有關。

　　另外，她的蒼涼感的產生也與她的望族家族背景和她的政治思想有關。她的祖父家、外曾祖父家、外祖父家，全是望族。這些家族隨著時代的變遷逐步衰敗下來。她沒有完全超脫這種家族意識的影響，時時顧影自憐，有一種破落戶的身世之感。她之所以酷愛《紅樓夢》與此不無關係。這種破落戶意識也影響了她對所處時代的認識。晚清以來，中國發生了巨大的時代變革。這種變革無疑是帶著動蕩、血污、偏激等種種缺陷的，但大方向是進步的。張愛玲對這一變革的進步性認識不足，更多地看到了它的破壞性。她在《傳奇‧再版的話》中說的一段話足以證明這一點：「時代是倉促的，已經在破壞中，還有更大的破壞要來，有一天我們的文明，不論是昇華還是浮華，都要成爲過去。如果我最常用的字是『荒涼』，那是因爲思想背景裏有這惘惘的威脅。」

四、俗中求雅的創作定位

　　張愛玲很早就準備成爲一個職業作家，以賣文爲生。因此她必須考慮贏得讀者，贏得市場。而她的小說也確有一定的媚俗和通俗的特點。

　　她在《論寫作》一文中曾說：「西方有這麼一句成語：『詩人向自己說話，被世人偷聽了去。』」「可是我們的學校教育卻極力的警告我們，作文的時候最忌自說自話，時時刻刻都得顧及讀者的反應。這樣究竟較爲安全，除非我們確定知道自己是例外的曠世奇才。」那麼寫什麼題材才能贏得讀者和市場呢？她說：「要迎合讀者的心理，辦法不外這兩條：（一）說人家要說的；（二）說人家愛聽的。」說人家要說的，「是代群眾訴冤出氣。」她認爲左翼作家走的是這條路，但不是她所擅長的。所以她要「說人家愛聽的」。她認爲當時人們愛聽的是「那溫婉，感傷，小市民道德的愛情故事。」因此她給自己的小說題材定位在寫兩性關係上。

　　不僅如此，她還很重視小說題材的傳奇性者故事性。她早期許多小說題材具有傳奇性。如有的寫戀子情結（《金鎖記》），有的寫戀父情結（《心經》），有的寫離婚後的姐姐陪伴妹妹相親，結果喧賓奪主（《傾城之戀》），有的寫姑媽利用侄女爲自己引誘男人（《沉香屑　第一爐香》），有的寫新娘不諳房事，導致新郎自殺（《沉香屑　第二爐香》），有的寫因母親與別人的父親曾戀愛過，就發生奇思怪想，以致大打出手（《茉莉香片》）。傳奇性故事容易獲得一般讀者的青睞，因此題材傳奇性常常是商業小說的特性之一。她的有些作品的題材雖然沒有傳奇性，但也多有故事性，情節有頭有尾，故事比較完整。

　　她早期小說在敘事方式上也盡量適應一般讀者的欣賞習慣，多用順敘和故事外敘事。在她早期的小說中，只有一篇《殷寶灩送花樓會》採用了故事內敘事的敘事方式。同時她的小說語言也大都比較通俗。

　　但我們不能因此就將張愛玲的小說歸類為「俗」。因為作者的迎合讀者是有限度的，她還十分關注作品的真實性，並努力以自己的認識去引領讀者。在《論寫作》中她說：讀者「要什麼，就給他們什麼，此外再多給他們一點別的——作者有什麼可給的，就拿出來，用不著扭捏地說：『恐怕這不是一般人所能接受的罷？』這不過是推諉。作者可以盡量給他所能給的，讀者可以盡量拿他所能拿的。」那麼她所說的再給讀者一些別的，這別的指的是什麼呢？我認為這就是生活的啓示。她曾反覆強調過啓示的重要性。她在《自己的文章》中說：「許多強有力的作品只予人以興奮，不能予人以啓示」。「我不喜歡壯烈。我是喜歡悲壯，更喜歡蒼涼。壯烈只有力，沒有美，似乎缺少人性。悲劇則如大紅大綠的配角，是一種強烈的對照。但它的刺激性還是大於啓發性。蒼涼之所以有更深長的回味，就因為它像蔥綠配桃紅，是一種參差的對照。」

　　從給人以啓示的創作目的出發，她總結了三條寫作方法。

　　一是用參差對照的寫法。她在《自己的文章》中說她「用的是參差的對照的寫法，不喜歡採取善與惡，靈與肉的斬釘截鐵的衝突那種古典的寫法」。為什麼要採取參差對照的寫法？她說「因為它是較近真實的。」「我只求自己能夠寫得真實些。」這正是《紅樓夢》的寫法。魯迅在《中國小說的歷史的變遷》第六講中談到《紅樓夢》的價值時這樣說過：「至於說到《紅樓夢》的價值，可是在中國底小說中實在是不可多得的。其要點在敢於如實描寫，並無諱飾，和從前的小說敘好人完全是好，壞人完全是壞的，大不相同，所以其中所敘的人物都是真的人物。」張愛玲在創作小說時也在朝這個方向努力。她的小說裏基本上沒有溢惡和溢善。這是她的作品耐看的一個重要原因。

　　二是從華靡中寫素樸。她在《自己的文章》中說：「我喜歡素樸，可是我只能從描寫現代人的機智與裝飾中去襯出人生的素樸的底子。因此我的文章容易被看做過於華靡。但我以為用《舊約》那樣的單純的寫法是做不通的，托爾斯泰晚年就是被這個犧牲了。我也並不讚成唯美派。但我以為唯美派的缺點不在於它的美，而在於它的美沒有底子。……只是我不把虛偽與真實寫成強烈的對照，卻是用參差的對照的手法寫出現代人的虛偽之中有真實，浮

華之中有素樸。」張愛玲有的小說寫得細膩，華麗，妙語連珠，但並沒有流於唯美，而是寫出了真實的人性。《傾城之戀》最爲典型，既寫兩人華麗的調情語言和兩人的精刮，同時也寫出了兩人的真情。

三是追求「要一奉十」的寫法。在《自己的文章》中，她這樣談論自己的美學追求：「我的作品有時候主題欠分明。但我以爲，文學的主題或者是可以改進一下。寫小說應當是個故事，讓故事自身去說明，比擬定了主題去編故事要好些。許多留到現在的偉大作品，原來的主題往往不再被讀者注意。因爲事過境遷之後，原來的主題早已不使我們感覺興趣，倒是隨時從故事本身發現了新的啓示，使那作品成爲永生的。……和《復活》比較，《戰爭與和平》的主題果然是很模糊的，但後者仍然是偉大的作品，至今我們讀它，依然一寸寸都是活的。現代文學作品和過去不同的地方似乎也就在這一點上，不再那麼強調主題，卻是讓故事自身給它所能給的，而讓讀者取得他所能取得的。」她要學習《紅樓夢》的寫法，本著真實的原則，寫出複雜的生活，與讀者一起去體悟多彩多味的人生，這就是張愛玲的美學追求。她在《論寫作》中說，「個人的欣賞能力有限，而《紅樓夢》永遠是『要一奉十』的。」

這三種表述，其實是一個意思，就是追求作品的自然和真實。張愛玲不僅是這樣說的，也是努力這樣做的。她的一些優秀的小說真實自然地反映了各種婚戀現象，能給讀者以很高的審美享受和深刻的思想啓迪。

《傳奇》的扉頁上張愛玲曾寫過這樣一句題詞：「書名叫傳奇，目的是在傳奇裏面尋找普通人，在普通人裏尋找傳奇。」從這句題詞中可以看出，張愛玲在追求小說題材方面的一種平衡。她既希望能够在普通人的生活題材中尋找傳奇性以滿足一般讀者的興趣，又希望能在傳奇性題材中挖掘出具有普遍性的內涵，以啓示讀者。結合前面的分析，我們不妨將張愛玲自己所歸納的平衡作一個引申，用「俗中求雅」來概括其小說創作定位：她一方面迎合著讀者，講他們愛聽的溫婉感傷的小市民的愛情故事，在普通人中尋找傳奇，並盡量將故事講得通俗，另一方面又努力將小說寫得真實自然，讓作品耐人尋味，以求給讀者生活的啓示。她追求的是雅俗共賞。這一創作定位在其早期小說創作中體現得尤爲充分。

五、廣泛的藝術借鑒

張愛玲的小說創作受到中國傳統小說如《紅樓夢》、《海上花列傳》等的

影響很大。她酷愛《紅樓夢》，愛不釋手。《紅樓夢》的思想雖然是複雜和豐富的，但就其主要方面而言，是主情主義的，而張愛玲的小說就總體而言也是如此。《紅樓夢》的創作原則是如實描寫，要一奉十，張愛玲的小說也是如此。《紅樓夢》特別重視對於家什和服飾的描寫，張愛玲的小說也是如此。《紅樓夢》特別重視採擷人物豐富生動的口頭語言，張愛玲的小說也是如此。《金鎖記》中有一段對於曹七巧早上與妯娌，小姑給老太太請安的描寫，可以看出張愛玲小說在描寫和語言方面所受《紅樓夢》的影響：

> 眾人低聲說笑著，榴喜打起簾子報導：「二奶奶來了。」蘭仙雲澤起身讓坐，那曹七巧且不坐下，一隻手撐著門，一隻手撐了腰，窄窄的袖口裏垂下一條雪青洋縐手帕，身上穿著銀紅衫子，蔥白線鑲滾，雪青閃藍如意小腳褲子，瘦骨臉兒，朱口細牙，三角眼·小山眉，四下裏一看，笑道：「人都齊了。今兒想必我又晚了！怎怪我不遲到——摸著黑枕的頭！誰教我的窗戶衝著後院子呢？單單就派了那麼間房給我，橫豎我們那位眼看是活不長的，我們淨等著做孤兒寡婦了——不欺負我們，欺負誰？」

張愛玲也十分喜愛和重視《海上花列傳》。她因此將其翻譯為國語和英語。在張愛玲看來，《海上花列傳》也是一部寫愛情的書。而且這部書的特點也是眞實自然並能曲盡男女間複雜奧妙的心理。她的創作與這部小說的精神和原則也有許多相通之處。

張愛玲同時還注重借鑒西方現代文學的思想方法和藝術技巧。在思想方法方面，《金鎖記》、《心經》明顯受到弗洛伊德心理分析學說的影響。在藝術技巧上，張愛玲則有意將電影的某些轉換手法吸收到小說創作當中。如《金鎖記》在寫曹七巧姜家生活時，中間跳過了十年。作者運用了一個蒙太奇鏡頭式的描寫進行過渡，很有意味：

> 風從窗子裏進來，對面掛著的迴文雕漆長鏡被吹得搖搖晃晃，磕托磕托敲著牆。七巧雙手按住了鏡子。鏡子裏反映著翠竹簾子和一副金綠山水屏條依舊在風中來回蕩漾著，望久了，便有一種暈船的感覺。再定睛看時，翠竹簾子已經褪了色，金綠山水換了她丈夫的遺像，鏡子裏的人也老了十年。

她的小說在描寫方面最突出的特點是善於通過意象來表現人物心理和渲染氣氛。如在《沉香屑 第一爐香》中，葛薇龍初進姑媽家，發現姑媽果然

不是規矩人，害怕自己「平白來攪在渾水裏」。這時作品通過一個意象來表現葛薇龍的恐懼：「薇龍一擡眼望見鋼琴上面，寶藍磁盤裏一株僊人掌，正是含苞欲放，那蒼綠的厚葉子，四下裏探著頭，像一窠青蛇，那枝頭一拈紅，便像吐出的蛇信子。」再如寫葛薇龍結婚後與喬琪喬到灣仔逛市場，忽然有一種奇異的感覺：「然而在這燈與人與貨之外，有那淒清的天與海——無邊的荒涼，無邊的恐怖。她的未來，也是如此——不能想，想起來只有無邊的恐怖。」這裏通過天與海的意象來描寫葛薇龍對於未來的擔憂，給人的印象更加深刻。《金鎖記》中寫七巧向季澤示愛，遭到拒絕後準備走開，又不甘心，背倚在門上。作者接著寫道：「她睜著眼睛直勾勾朝前望著，耳朵上的實心小金墜子像兩隻銅釘把她釘在門上——玻璃匣子裏蝴蝶的標本，鮮艷而淒愴。」一個蝴蝶標本的意象使讀者對曹七巧的悲劇命運有了直觀的感受。《心經》中許小寒看著八層樓陽臺上的青藤順著籬笆往外爬，就想到爸爸要離開自己。但離開自己後，他的心也還會像青藤一樣找不到歸宿。這裏，青藤意象對許小寒的心理描寫也起到了重要的輔助作用。還有《等》中的烏雲蓋雪貓和《封鎖》中的烏殼蟲也是類似的意象。在精細的描寫基礎上運用意象手法，增強了作品的表現力。這種手法的運用，是張愛玲吸收並融會詩歌意象手法於小說創作的一種藝術創新。

第七章　錢鍾書小說專題

第一節　生平與《人・獸・鬼》評介

一、生平

　　錢鍾書（1910～1998），字默存，號槐聚，曾用筆名中書君，1910 年出生於江蘇省無錫縣一個書香門第。五歲時進私塾讀書，十歲時入無錫縣立第二高等小學即東林小學學習。錢鍾書的父親錢基博是一位著名學者，著有《現代中國文學史》等著作。由於父親的嚴厲督促，錢鍾書少年時期就打下了紮實的國學基礎。1923 年考入蘇州美國聖公會辦的桃塢中學。1926 年桃塢中學停辦，他又轉學進入無錫輔仁中學。輔仁中學不是正式的教會學校，但也是無錫聖公會的中國會友集資創辦的。由於這兩個學校都十分重視外語教學，錢鍾書在外語方面得到了很好的培養。1929 年入清華大學外文系。1933 年清華大學畢業後在上海光華大學教書近兩年。1935 年考取公費留學生資格，入英國牛津大學英文系攻讀兩年，後又入法國巴黎大學進修法國文學一年。自 1938 年回國至 1949 年，他先後擔任過西南聯大外文系教授、湖南藍田國立師範學院英文系主任、上海暨南大學外文系教授等職。錢鍾書並非專業作家，他主要致力於學術研究，後來成為學貫中西的著名學者，重要著作有《談藝錄》、《管錐編》、《七綴集》等。他的文學創作只有三種，即散文集《寫在人生邊上》、短篇小說集《人・獸・鬼》和長篇小說《圍城》。但這不多的創作卻奠定了他在中國現代文學史上不容忽視的地位。

二、《人・獸・鬼》評介

《人・獸・鬼》出版於 1946 年，收 1944 年以前所作短篇小說 4 篇：《上帝的夢》、《貓》、《靈感》和《紀念》。

《靈感》是諷刺欺世盜名的所謂多產作家的。一個多產而有名的作家，因為沒能獲得諾貝爾獎金而憂憤成疾，死後靈魂進入地府。沒想到一大群男女老少跑來與他吵鬧。原來他們都是他書中的人物，因為被他寫得半死不活，有氣無力而來向他索命。他們向地府中的「中國地產公司」司長告他「謀財害命」罪。接著又有一位他生前的老朋友來找他算賬。這位朋友剛死幾天，說是由於作家在他過五十歲生日時在報紙上發表文章吹捧他，頌詞像「追悼會上講死人的好話」，所以折了他的壽。作家這時才猛然醒悟，原來自己的死並非因為沒有得到諾貝爾獎金，而是因為寫了自傳。最後，這個作家被罰到一個後起的作家書中充當一個人物。他深知書中半死不活人物之苦，於是趁押送小鬼不備，一下子鑽進正在與那位後起作家戀愛的房東女兒的耳朵裏，投胎成為他們的孩子。這篇小說以荒誕的形式嘲諷那些只顧賺錢而粗製濫造的所謂「多產作家」，獨出心裁，頗有新意，但情節流於滑稽，屬於鬧劇類型。

《上帝的夢》通過上帝夢中造人的情節剖析人性。上帝在夢中為了排遣寂寞而製造了一個男人和一個女人。但不久就發現他們只在需要幫助時才來讚美上帝，平時則「把他撇在一邊」；而且貪心不足，兩人都曾瞞著對方要求上帝為自己另造一個更美的異性。上帝慍怒，便給他們製造了種種災難，想讓他們「窮則呼天」。沒想到他們還沒來得及呼求上帝，就已死於上帝所製造的瘟疫。上帝在後悔中從夢裏醒來。醒後犯了猶豫：造人與自己做伴並非理想的辦法，但如果不造人，自己是永生的，如何打發這無窮無盡的歲月？這篇小說通過上帝所造的一男一女寫了人性的自私和貪心，又通過上帝在是否造人問題上的兩難處境，表現了人生難以達到理想境界的見解。小說的形式雖類似神話，卻蘊涵著很深的人生哲理。缺點是開頭部分寫得過於冗長。

《貓》寫的是一個上流家庭的生活和紛爭。已屆中年的李太太愛默以駕馭丈夫和吸引丈夫的朋友為能事。當那些社會名流向她爭相獻媚並因她而爭風吃醋時，她才感到生活的意義。丈夫李建侯請了一個大學生齊頤谷來家作秘書，也被她弄得神魂顛倒。然而當她得知丈夫一氣之下臨時找了一個年青女子作情人外出度蜜月時，卻突然失去了精神支柱，又氣又惱禁不住哭了。「這

時候，她的時髦、能幹一下子都褪掉了，露出一個軟弱可憐的女人本相。」貓在西方文化中常常被用來比喻陰險刻薄的女人，作品以「貓」爲標題暗含著對李太太愛默的諷刺。這篇小說對上流社會浮華生活方式的描寫十分成功，特別是對愛默性格的虛榮和脆弱揭示得十分深刻。作品也有不足之處，如到愛默家閒聊的客人的對話雖然妙趣橫生。但就整體構思來說，筆墨未免用得過多。

《紀念》寫的也是婚外情戀，但情境與《貓》有很大不同。知識女性曼倩結婚後，因抗戰而隨丈夫才叔遷移到內地一座小山城居住。才叔每天上班，曼倩由於沒有工作，沒有社交，也沒有孩子，常常感到孤獨寂寞和青春的逝去。這時才叔的表弟天健也來到這個城市的一個航空學校。天健已有女友，但對表嫂也頗有好感。而他的殷勤來訪正好滿足了曼倩情感上的需要。但曼倩並非眞的厭棄了自己的丈夫而願與天健結婚，她只是要藉此尋求一種精神上的刺激和證明自己尚有魅力。因此她只想與天健保持一種不即不離的精神聯繫。然而天健卻以爲必須發生肉體上的關係才算是戀愛的完成，所以有一次終於勉強曼倩與自己超越了感情的界限。事後曼倩因感到對丈夫的負罪而「厭恨天健混帳」。不久，天健死於戰事，曼倩覺得他可憐，同時「也領略到一種被釋放的舒適」，而對兩人間的秘密，「忽然減少了可恨，變成一個值得保存的私人紀念，像一片楓葉、一瓣荷花，夾在書裏，讓時間慢慢地減退它的顏色，但是每打開書，總看得見」。小說描寫的是曼倩既想尋求精神刺激，又希望不違背爲妻之道的複雜心理。作品所要揭示的便是人性這方面的弱點。與前幾篇小說相比，《紀念》在藝術上有了很大進步。這篇小說敘述不枝不蔓，語言生動活潑。人物性格的塑造也十分成功：曼倩的幽嫻、天健的圓滑、才叔的厚道，都讓人覺得眞實而自然。更重要的是作者在心理描寫方面顯示了非凡的才能。他將曼倩那種微妙的心理變化表現得十分細膩而又深透。

《人·獸·鬼》體現了作者描寫人性弱點的創作傾向。除《靈感》一篇是對具體社會現象而發外，其餘三篇均可視爲這類作品。《貓》裏的愛默、《紀念》裏的曼倩與《上帝的夢》裏那一對要求上帝爲自己另造一個異性的夫妻，顯然有著內在的相通之處。這一創作傾向在作者此後所寫的《圍城》中得到了發展。

第二節 《圍城》論析

長篇小説《圍城》是錢鍾書的代表作，寫於 1945 年和 1946 年。作者在《序》中説：「這本書整整寫了兩年。兩年裏憂世傷生，屢想中止。由於楊絳女士不斷的督促，替我擋了許多事，省出時間來，得以錙銖積纍地寫完。」《圍城》最初曾在鄭振鐸和李健吾主編的《文藝復興》上連載。1947 年出版單行本，1948 年再版，1949 年三版，受到了許多讀者的歡迎。《圍城》描寫的是抗戰時期國統區一部分高級知識分子的灰色人生。愛情婚姻是它探討的重要問題之一。但它並非《儒林外史》式的那種諷刺小説，也非一般的言情小説，它實質上是一部世情小説。它的主旨是描寫人性的弱點和表現人生的荒涼。

一、描寫人性弱點

《圍城》的主人公是從歐洲留學歸國的方鴻漸。作品以他的經歷爲線索，對當時的人情世態作了反映。如情敵之間的爭雄奪雌，同路人之間的勾心鬥角，同事之間的排擠傾軋，夫妻之間的互相折磨，婆媳妯娌之間的勃谿鬥法，親家之間的鄙夷挑剔，在《圍城》中都有生動而冷峻的描繪。而在這種描繪中，人性的種種弱點和醜陋就得到了充分的揭示。

《圍城》中多處寫到多角情愛。在歸國的輪船上，「覺得崇高的孤獨，沒人敢攀上來」的女博士蘇文紈正準備向方鴻漸示愛，但在矜持間，不能自約的方鴻漸竟被已有未婚夫的放蕩的鮑小姐引誘了去。蘇小姐妒火中燒，罵他們無恥。然而鮑小姐剛剛下船，她又馬上打扮得裊裊婷婷來找方鴻漸。到上海後，蘇小姐雖然看中的只是方鴻漸一人，卻同時將方鴻漸、趙辛楣、曹元朗幾個男人籠絡在自己身邊，希望他們爭風吃醋以提高自己的身價。而趙辛楣也眞的醋意大發，從不放過一次掃方鴻漸面子的機會，甚至還特意設宴請客，企圖通過灌醉情敵使其丟人現眼以達到自己的目的。然而方鴻漸卻無意與趙辛楣爲敵，因爲他並不喜歡蘇小姐。他經常到蘇小姐家走動，是由於已愛上了蘇小姐年輕漂亮、聰明活潑的表妹唐曉芙。當蘇小姐得知方鴻漸找自己只是幌子，「醉翁之意不在酒」時，便由妒生恨，將方鴻漸以往買假文憑、與鮑小姐鬼混等醜事添油加醋地告訴了唐小姐，致使方、唐的戀愛功虧一簣。後來，方鴻漸、趙辛楣到了三閭大學，又捲入了新的情戰漩渦。陸子瀟向孫柔嘉求愛；孫柔嘉已經有意於方鴻漸，便故意就此事向方鴻漸請教處理辦法；方鴻漸雖然對孫柔嘉還只是朦朦朧朧

有些好感，卻下意識裏起了妒意，建議孫柔嘉將陸子瀟的情書不加任何答覆地全部退還。趙辛楣則與中文系主任汪處厚的年輕太太有了越軌交往，從而引起了一場軒然大波。而揭發他們私情的不是別人，恰恰是同樣對汪太太懷有非分之想的老校長高松年。通過這些變化多端的多角情愛的描寫，《圍城》歎爲觀止地展示了人們在情場角逐中表現出來的種種可笑情狀，揭示出放蕩卑污、自私狹隘等人性弱點。

同路人之間的關係也是《圍城》所描寫的一個重要方面。在第五章中，方鴻漸、趙辛楣、孫柔嘉、李梅亭、顧爾謙五人搭夥，從上海出發，翻山越水，赴湖南中部的三閭大學應聘。作品一方面寫他們的舟車勞頓，一方面展示他們表演的一幕幕滑稽劇。這一行人走到金華時，趙辛楣預測旅費不夠，建議將大家帶的錢集中起來使用。李梅亭並不悉數交出，當大家都挨餓時，他卻偷偷到街上買烤山薯吃。走到寧都，方鴻漸和趙辛楣準備先到吉安領學校彙來的路費，讓其他三人等李梅亭的行李到了再追上。這時作品裏有這樣一段描寫：

> 孫小姐溫柔而堅決道：我也跟趙先生走，我行李也來了。」
>
> 李梅亭尖利地給辛楣一個 X 光的透視道：「好，只剩我跟顧先生。可是我們的錢都充了公了。你們分多少錢給我們？」
>
> 顧爾謙向李梅亭抱歉地笑道：「我行李全到了，我想跟他們同去，在這兒住下去沒有意義。」
>
> 李梅亭臉上升火道：「你們全去了，撇下我一個人，好！我無所謂。什麼『同舟共濟』！事到臨頭，還不是各人替自己打算？說老實話，你們到吉安領了錢，乾脆一個子不給我得了，難不倒我李梅亭。我箱子裏的藥要在內地賣千把塊錢，很容易的事。你們瞧我討飯也討到了上海。」
>
> 辛楣詫異說：「咦！李先生，你怎麼誤會到這個地步！」

這的確是一場誤會，但誤會裏卻透露出許多人情世故。

走到界化隴時孫小姐病了。方鴻漸和趙辛楣向李梅亭討仁丹給她吃。可李梅亭的藥是準備到內地賣好價錢的。他想：一包仁丹打開了不過吃幾粒，可是封皮一拆，餘下的便賣不了錢，又不好意思向孫小姐算帳。雖然仁丹值錢無幾，他以爲孫小姐一路上對自己的態度，也不夠一包仁丹的交情，而不

給她藥呢，又顯出自己小氣。」看看孫小姐不過是胃裏受了冷，便取一粒已經開瓶的魚肝油充數。李梅亭這種錙銖必較的處世心理在現實生活中，是相當有典型意義的。

他們到達三閭大學後，馬上又踏進了同事之間排擠傾軋的是非圈。一個不大的學校，就有什麼「粵派」、「少壯派」、「留日派」等許多小派別，把學校鬧得烏烟瘴氣。歷史系主任韓學愈爲了讓妻子到外文系當教授，不擇手段地排擠正在外文系任教的方鴻漸。他請學生吃飯，指使他們在班上搗亂並向學校當局上公呈要求「另換良師以重學業」，同時又設法挑撥方鴻漸與外文系主任劉東方的關係。有些所謂「學者」，表面上衣冠楚楚，道貌岸然，實際上卻像豬一樣在槽邊爭食。錢鍾書對他們作了有力的揭露和辛辣的嘲諷。

《圍城》還用不少筆墨描寫方鴻漸和孫柔嘉的小家庭生活。方鴻漸、孫柔嘉結婚後都想按著自己的意志行事。結果經常發生齟齬和衝突。他們爲了擇職吵，爲了親戚吵，爲了朋友吵，甚至無緣無故，爲了隨便一句話也要吵。夫妻結合猶如冤家相逢，互相把對方當作出氣筒。最後終於無法相容，各奔東西。尤其是孫柔嘉，戀愛時裝得天眞幼稚，溫柔和婉，婚後卻像刺猬一樣難纏。難怪方鴻漸要發感慨：「老實說，不管你跟誰結婚，結婚以後，你總發現你娶的不是原來的人，換了另外一個。」作品通過方鴻漸、孫柔嘉婚後生活的描寫，撕去了浪漫詩人罩在小家庭窗前玫瑰色的紗幕，披露了世上許多夫妻生活的眞實狀況。

婆媳、妯娌之間的勃谿鬥法在《圍城》中也有出色的反映。婆婆嫌孫柔嘉架子大，不柔順，對她初次見面沒給公婆叩頭也耿耿於懷。因而常常旁敲側擊，指桑罵槐地撩撥她。孫柔嘉有兩個妯娌，本來矛盾重重，但有一次聽見公公誇孫柔嘉是新式女性能自立的話，便馬上將她認作共同敵人，盡釋前嫌，一致對外。作者幽默地寫道：「孫柔嘉做夢也沒想到她做了妯娌間的和平使者」。妯娌倆不僅背後對孫柔嘉挑剔誹謗，當面說話也常常「隱藏機鋒」，要聽得懂眞意猶如參禪一樣困難。作者從主人公的角度對此作了透視。他寫道：方鴻漸「一向和家庭習而相忘，不覺得它藏有多少仇嫉卑鄙，現在爲了柔嘉，稍能從局外人的立場來觀察，才恍然明白這幾年來兄弟妯娌甚至父子間的眞情實相，自己有如蒙在鼓裏」。對於親家之間的鄙夷挑剔，小說有一段既有趣又概括的描述：

兩親家見過面，彼此請過客，往來拜訪過，心裏還交換過鄙視，誰也不滿意誰。方家恨孫家簡慢，孫家厭方家陳腐，雙方背後都嫌對方不闊。遯翁一天聽太太批評親家母，靈感忽來，日記上添了精彩的一條，説他現在才明白為什麼兩家攀親要叫「結為秦晉」：「夫春秋之時，秦晉二國，世締婚姻，而世尋干戈。親家相惡，於今為烈，號曰秦晉，亦固其宜。」……

錢鍾書在《圍城‧序》中曾説：「在這本書裏，我想寫現代中國某一部分社會、某一類人物。寫這類人，我沒忘記他們是人類，只是人類，具有無毛兩足動物的基本根性。」實際上，《圍城》就是通過像男女、同路、同事、婆媳、妯娌、親家等這類比較一般的人際關係的描寫，來揭示人類的「基本根性」，尤其是劣根性。通過這類關係的描寫以及形形色色人物形象的塑造，人性的自私忌刻、貪鄙卑污、虛榮驕傲、偏執狹隘、奸詐狡猾以及意志薄弱等，就被淋漓盡致地展示了出來。

二、表現人生荒涼

以上述這種對於人性弱點的描寫為基礎，《圍城》又藝術地表現了作者對於人生問題的某些感悟。在作者看來，人性既然是那樣卑污偏狹，那麼人與人也就很難和諧相處，人生也就永遠追求不到理想境界；然而人又是耽於幻想的，總希望新的處境勝於舊的處境，於是便永遠擺脫不了「圍城」心態，即在城外的想衝進去，而在城內的卻想衝出來。在作者筆下，方鴻漸、孫柔嘉的婚姻是一座「圍城」。他們戀愛時嚮往著結婚，結婚後卻感到失望、彆扭甚至厭煩，最後終於分手。作者在第三章裏借人物對話對這一見解作了闡釋。褚慎明引用英國古語説，結婚彷彿金漆的鳥籠，籠子外面的鳥想住進去，籠內的鳥則想飛出來，所以結而離，離而結，沒有了局；蘇小姐則引用法國古語，説婚姻如被圍困的城堡，城外的人想衝進去，城裏的人想逃出來。其實不僅婚姻家庭是「圍城」，在作品中，三閭大學也是被作為「圍城」描寫的。當方鴻漸接到三閭大學的聘書時，心中非常興奮，以為從此「絕了舊葛藤，添了新機會」，但當他走到半路時，便有了一種「圍城」預感。他對趙辛楣説：「我還記得那一次褚慎明還是蘇小姐講的什麼『圍城』。我近來對人生萬事，都有這個感想。譬如我當初很希望到三閭大學去，所以接了聘書，近來愈想愈乏味，這時候自恨沒有勇氣原船退回上海。」後來果不出所料，三閭大學

的確是一個烏烟瘴氣、令人失望的齷齪之地。婚姻也好，三閭大學也好，一切人們所追求的境界都不過是一座「圍城」，這就是《圍城》所表現的最主要的人生哲理。此外，《圍城》還寫了偶然的機運對人生命運的巨大影響。如方鴻漸與唐曉芙分手時本來還有挽回的餘地，只是因為幾次陰差陽錯才導致好事不成。方鴻漸與孫柔嘉的分手也是如此。當晚上六點時，兩人還都準備與對方和好，而到了晚上十一點即方家慢五個小時的祖傳老鐘敲響六點時，兩人已經由於種種偶然的機運而最後決裂。

描寫人性的弱點和表現人生的荒涼是《圍城》的基本內容。這兩方面都體現了作者的悲觀主義態度。這種悲觀主義的形成，固然有深刻的現實生活依據，但同時也可以說是西方現代悲觀主義思潮影響的結果。悲觀主義使作者較多地看到社會人生灰暗卑污的一面，而較少注意其光明美好的一面。

三、藝術上的成就

《圍城》的思想內容規定了它的審美特徵。描寫人性弱點時多體現為揶揄嘲諷的喜劇態度，表現人生荒涼時則多透露出沉重傷感的悲劇情調。在作品中，作者的喜劇態度表現得比較明顯，而悲劇情調流露得較為含蓄。兩者交融，便構成了作品的基本審美特徵。

《圍城》在藝術上取得了較高成就。這首先表現為人物塑造的成功。主人公方鴻漸是寫得最為豐滿的一個。他正直善良，聰明幽默，但意志薄弱，優柔寡斷，既缺乏明確堅定的人生信念，也不懂得處世謀生的艱難。因而他極易為環境所左右，為他人所牽制，常常墜入尷尬難堪的境地。他瞧不起學位，卻為了滿足岳父和父親的虛榮心而買了一張子虛烏有的美國克萊登大學的假文憑；他又並非真想當騙子，所以在寄給三閭大學的履歷上沒有填寫曾得過博士學位的經歷。於是，當他在三閭大學得知韓學愈借助同樣一張假文憑而當了歷史系教授兼系主任時，便承受了「老實人吃虧」和「騙子被揭穿」的雙重痛苦。由於意志薄弱和優柔寡斷，他被鮑小姐引誘然後拋棄，被蘇小姐糾纏然後報復，被孫小姐誑騙然後制馭，飽嘗了各種感情的折磨。作品中另外一些人物也寫得性格十分鮮明。如孫柔嘉表面稚弱而胸有城府，蘇文紈表面文雅卻自私刻薄；趙辛楣執著而稍嫌傻氣，唐曉芙聰明卻過於驕傲；李梅亭蠅營狗苟，顧爾謙阿諛逢迎，高松年老奸巨滑，韓學愈猥瑣陰毒；鮑小姐淫蕩，范小姐做作；方遯翁陳腐，陸太太勢利。這些人物都能給人留下了深刻印象。

《圍城》人物塑造的成功，很大程度上得益於作者高超的心理描寫才能。錢鍾書善於體察人物微妙的心理活動，並能將其委婉曲折地描寫出來。如寫方鴻漸聽到范小姐說陸子瀟與孫小姐通信後的心理活動就很見功力：

> 孫小姐和陸子瀟通信這一件事，在鴻漸心裏，彷彿在複壁裏咬東西的老鼠，擾亂了一晚上，趕也趕不出去。他險的寫信給孫小姐，以朋友的立場忠告她交友審慎。最後算把自己勸相信了，讓她去跟陸子瀟好，自己並沒愛上她，吃什麼隔壁醋，多管人家閒事？全是趙辛楣不好，開玩笑開得自己心裏有了鬼，彷彿在催眠中的人受了暗示。這種事大半是旁人說笑話，說到當局者認真戀愛起來，自己見得多了，決不至於這樣傻。雖然如此，總覺得吃了虧似的，恨孫小姐而且鄙視她。不料下午打門進來的就是她，鴻漸見了她面，心裏的怨氣象宿霧見了朝陽，消散淨盡。她來過好幾次，從未能使他像這次的歡喜……

《圍城》在語言方面也有很高的造詣。首先是善用比喻。錢鍾書博聞強記，性喜聯想，因而旁徵博引，比喻聯翩。這些比喻不僅有助於描繪難以直寫的情狀，有時還能通過本體與喻體間的聯繫形成強烈的諷刺效果。如趙辛楣說高松年因地位升高而變糊塗了時，作者這樣議論說：「事實上，一個人的缺點正像猴子的尾巴，猴子蹲在地面的時候，尾巴是看不見的，直到他向樹上爬，就把後部供大眾瞻仰，可是這紅臀長尾巴本來就有，並非地位爬高了的新標識。」《圍城》語言的另一特點是機智俏皮。錢鍾書能通過巧妙的修辭方法，出其不意地造成幽默的效果。如趙辛楣與方鴻漸在蘇小姐家相遇，趙辛楣出於?忌，故意表示傲慢。這時作品中是這樣寫的：「趙辛楣躺在沙發裏，含著烟斗，仰面問天花板上掛的電燈道：『方先生在什麼地方做事呀？』」又如寫方鴻漸、孫柔嘉婚後的一次吵架時有這樣幾句：

> 鴻漸道：「早晨出去還是個人，這時候怎麼變成刺猬了！」
>
> 柔嘉道：「我就是刺猬，你不要跟刺猬說話。」
>
> 沉默了一會，刺猬自己說話了：「辛楣信上勸你到重慶去，你怎樣回覆他？」

前一例「問天花板上掛的電燈」運用的是「就感」修辭法，後一例「刺猬自己說話了」運用了「就錯」修辭法，這都使語言增加了誘人的趣味。

當然，《圍城》在構思上是存在著一定缺陷的。方鴻漸對孫柔嘉本來就缺

乏熱情，因而兩人的結合不能充分表現「婚姻如圍城」的思想。但它仍不失為一部現實主義的優秀小說。它的現實主義成就主要體現在眞實細緻地描繪了現代中國一部分知識分子的精神面貌，反映了一些較爲普遍的人情世態。

主要參考文獻

1. 魯迅著:《中國小說史略》,《魯迅全集》第九卷,人民文學出版社 1981 年版。
2. 楊義著:《中國現代小說史》(三卷),人民文學出版社,1986 年 9 月版。
3. 嚴家炎著:《中國現代小說流派史》,人民文學出版社,1989 年 8 月版。
4. 錢理群、溫儒敏、吳福輝著:《中國現代文學三十年》(修訂本)北京大學出版社,1998 年 7 月版。
5. 范伯群主編:《中國近現代通俗文學史》,江蘇教育出版社 2000 年 4 月版。
6. 范伯群著:《中國現代通俗文學史》,北京大學出版社 2007 年 1 月版。
7. 湯哲聲著:《中國現代通俗小說流變史》,重慶出版社 1999 年 1 月版。
8. 于潤琦總主編:《百年中國文學史》(三卷),四川人民出版社,2002 年 6 月版。
9. 王富仁著:《中國反封建思想革命的一面鏡子——〈吶喊〉〈徬徨〉綜論》,北京師範大學出版 1986 年 8 月版。